A SOLUÇÃO DOS 86%

Vijay Mahajan, ex-reitor da Indian School of Business, é titular da John P. Harbin Centennial Chair em Administração, na McCombs School of Business da University of Texas, em Austin. Tem numerosas láureas por seu trabalho, entre elas o Charles Coolidge Parlin Award, da American Marketing Association (AMA), por liderança visionária em *marketing* científico. A AMA igualmente instituiu o Vijay Mahajan Award, no ano 2000, por suas contribuições à estratégia de *marketing*.

Mahajan é autor ou editor de nove livros. Trata-se de um dos pesquisadores mais reconhecidos mundialmente nos campos de administração e economia. Foi editor do *Journal of Marketing Research* e consultor de empresas que estão entre as 500 maiores da revista *Fortune*, além de ter comandado programas de desenvolvimento de executivos em todo o mundo.

Kamini *Banga* é consultora de *marketing* e diretora gerente da Dimensions Consultancy Pvt. Ltd. Entre seus clientes figuram a Cadbury, Johnson & Johnson, Coca-Cola e muitas outras empresas de porte. Conhece profundamente boa parte da Ásia e do Sudeste Asiático, tendo realizado programas de treinamento em pesquisa de *marketing* e comportamento do consumidor. Numa estada de três anos em Londres, trabalhou com o Harris Research Center como consultora sobre questões étnicas para empresas como a British Airways e a BBC.

Kamini Banga escreve e edita artigos sobre administração para *Economic Times, The Smart Manager, Business Today* e outras importantes publicações indianas sobre negócios, sendo membro do conselho de administração de várias empresas. É graduada pelo Indian Institute of Management, o principal instituto de MBAs na Índia. Ex-moradora de Mumbai, na Índia, vive atualmente em Londres.

M214s Mahajan, Vijay
 A solução dos 86% : como ter sucesso na maior oportunidade de mercado dos próximos 50 anos / Vijay Mahajan, Kamini Banga ; tradução Raul Rubenich. – Porto Alegre : Bookman, 2006.
 224 p. ; 23 cm.

 ISBN 85-363-0686-6

 1. Comércio internacional – Países em desenvolvimento. I. Banga, Kamini. II. Título.

 CDU 339.5(1-772)

Catalogação na publicação: Júlia Angst Coelho – CRB 10/1712

VIJAY MAHAJAN | KAMINI BANGA

A SOLUÇÃO DOS 86%

COMO TER SUCESSO NA MAIOR OPORTUNIDADE DE MERCADO DOS PRÓXIMOS 50 ANOS

Tradução:
Raul Rubenich

Consultoria, supervisão e revisão técnica desta edição:
Gustavo Severo de Borba
Doutor em Engenharia da Produção pelo PPGEP-UFRGS
Professor da Unisinos

2006

Obra originalmente publicada sob o título
The 86% Solution: How to Succeed in the Biggest Market Opportunity of the Next 50 years
© 2006, Pearson Education, Inc., sob o selo Wharton School Publishing

Capa: *Paola Manica*

Leitura final: *Renato Merker*

Supervisão editorial: *Arysinha Jacques Affonso*

Editoração eletrônica: *Laser House*

Reservados todos os direitos de publicação, em língua portuguesa, à
ARTMED® EDITORA S.A.
(BOOKMAN® COMPANHIA EDITORA é uma divisão da ARTMED® EDITORA S. A.)
Av. Jerônimo de Ornelas, 670 – Santana
90040-340 – Porto Alegre RS
Fone: (51) 3027-7000   Fax: (51) 3027-7070

É proibida a duplicação ou reprodução deste volume, no todo ou em parte, sob quaisquer formas ou por quaisquer meios (eletrônico, mecânico, gravação, fotocópia, distribuição na Web e outros), sem permissão expressa da Editora.

SÃO PAULO
Av. Angélica, 1.091 – Higienópolis
01227-100 – São Paulo – SP
Fone: (11) 3665-1100   Fax: (11) 3667-1333

SAC 0800 703-3444

IMPRESSO NO BRASIL
PRINTED IN BRAZIL

Dedicatória

Este livro é dedicado aos consumidores, executivos, líderes políticos, formadores de opinião e governos e organizações não-governamentais que estão buscando e sugerindo soluções que possam ser de real importância para os países em desenvolvimento – os mercados dos 86%.

Apresentação à Edição Brasileira

As desigualdades sociais e o aumento da pobreza vêm provocando crescente preocupação aos governos e à sociedade em geral. Atualmente, 2,7 bilhões de seres humanos vivem com menos de US$ 2 por dia e 40% da população não tem acesso a serviços básicos de saneamento. No Brasil, os números são estarrecedores e têm piorado ante o baixo nível de crescimento da economia. Pelo menos 35 milhões de brasileiros vivem abaixo da linha de pobreza.

As ações para mudar esse cenário têm sido objeto de ampla divulgação, pesado apoio através de *marketing* político, mas eficácia marginal. A pobreza em alguns países e regiões, inclusive no Brasil, tornou-se um negócio altamente rentável e uma fonte de votos. Em reunião em Brasília, ao terminar a defesa da tese de que a melhoria das condições sociais passa primeiro *pela educação básica e a promoção do crescimento econômico para gerar renda e emprego,* recebi um alerta. "Gostei da tese", disse-me um parlamentar, "mas lembre-se de que eu, e muita gente nesta casa, vivemos disso". Em reunião no Recife, durante a fase de crescimento econômico acelerado na década de 70, um líder empresarial queixou-se ao então presidente que tinha perdido seis de seus 12 empregados domésticos. "Imagine, disse ele, foram trabalhar numa fábrica, lá têm aposentadoria garantida e assistência. Não foi para isso que fizeram uma revolução". O presidente ficou perplexo e comentou: "mas é isso que eu quero", e saiu do grupo. A pobreza tem muitos aliados. O assistencialismo eleitoreiro, os governos sem programa ou sem imaginação, os políticos inescrupulosos e os empresários retrógrados.

Neste contexto, no qual diferentes percepções acabam encobrindo o real problema, as ações têm sido executadas no sentido de alcançar auxílio financeiro para a redução da pobreza. Essas ações possuem impacto no curto prazo, mas não resolvem de forma sistêmica a situação. Assim, torna-se cada vez mais necessária uma mudança de paradigma buscando o crescimento global sustentável. Esse é o desafio proposto pelos autores nesta obra. A partir de uma visão inovadora, eles avaliam o problema da desigualdade social percebendo que uma das soluções é a identificação do potencial de consumo dos países em desenvolvimento. Os autores identificam o mercado dos 86% (referência aos 86% da população mundial que vivem em países com renda per capita anual inferior a US$ 10 mil), que foi descrito em um artigo publicado por Wind, Mahajan e Pratini de Moraes em 2000, como o mercado global invisível. Entretanto, para entender esses mercados, gerar resultado econômico e, ao mesmo tempo, desenvolvimento social sustentável, as empresas precisam mudar alguns modelos mentais vigentes.

Você apostaria recursos de sua empresa buscando vender produtos para os habitantes das aldeias na Índia? Neste país, mais da metade dos habitantes são analfabetos e apenas um terço vive em casas com televisão. Entretanto, essa população representa 70% dos 900 milhões de habitantes da Índia – um mercado que pode ser comparado a duas vezes a população americana.

Valeria a pena investir em um país que possui renda per capita anual de menos de US$ 1.000? Em um país com 1,3 bilhão de habitantes, como a China, isso representa US$ 1,3 trilhão. Dados recentes mostram que a China possui hoje o quarto PIB mundial, após apenas 10 anos de crescimento acelerado. E no Brasil? A realidade não é diferente. Segundo Pesquisa da Latin Panel, 2005, o mercado de base da pirâmide (classes C, D, E) representa 42% do consumo nacional – um poder de consumo de R$ 372 bilhões. Embora as empresas possam ver o potencial desse mercado, a atuação no mesmo envolve a compreensão dos aspectos sócio-culturais dessas populações.

Para tratar o tema proposto, os autores organizaram o livro em 11 capítulos, que descrevem as características destes mercados e a potencialidade de crescimento sustentável dos países em desenvolvimento. No primeiro capítulo, os autores apresentam informações sobre o mercado dos 86% enfatizando suas características particulares e demonstrando o poder de consumo dos países desenvolvidos. A partir desta visão global, os autores exploram questões relevantes para atuação nestes mercados, como a importância do atendimento das necessidades dos consumidores (Capítulo 2), a adequação da marca ao mercado (Capítulo 4) e a aproximação do mercado de consumidores, a partir de um processo logístico diferenciado (Capítulo 9).

O Capítulo 3 apresenta uma característica muitas vezes não observada pelas empresas – o efeito do envio de recursos dos imigrantes para seus países de origem e seu impacto no desenvolvimento.

Os autores reforçam, ainda, a necessidade de mudança de paradigma para atuação no mercado dos 86%, especialmente no que diz respeito ao processo de produção – doses unitárias e em larga escala (Capítulo 6), e ao perfil populacional destes países (Capítulo 5). As questões referentes à infra-estrutura nos países em desenvolvimento são discutidas nos Capítulos 7 e 8. O Capítulo 10 descreve a importância do desenvolvimento de estratégias que permitam as organizações evoluírem com os mercados. No capítulo final, Conclusão, é realizada uma avaliação integrada dos temas discutidos nesta obra.

Grandes e pequenas empresas já se deram conta das novas realidades e começam a investir fortemente nos grandes mercados emergentes. Aliás, são os que mais crescem hoje, liderados pela China, seguida pela totalidade do Sudeste Asiático e pela Índia. Países do Leste Europeu, como a Rússia, do Oriente Médio, Norte da África e alguns da América do Sul, também estão mudando seus *parceiros* econômicos e promovendo profundas mudanças sociais.

O agronegócio brasileiro – setor que mais cresceu no país nesta última década – já vende mais da metade de suas exportações para os emergentes, cujas populações melhoram seus hábitos alimentares e assim passam a importar volumes crescentes de proteína animal e vegetal.

A percepção, pelas empresas, de seu papel no desenvolvimento sustentado, cria um número extraordinário de oportunidades. O crescimento das economias mais pobres e das classes mais pobres das economias médias constitui um novo horizonte para o desenvolvimento das empresas e se insere no contexto de ações pragmáticas para viabilizar o crescimento sustentável. Esta obra é uma contribuição efetiva para o progresso das sociedades. Deixa claro que as estratégias para atingir esse mercado dos 86% não podem ser as mesmas empregadas para atingir o mercado dos 14%. Soluções não convencionais e criativas são necessárias para chegar lá. Mas o futuro passa por esse desafio de crescer com os mais pobres.

M. V. Pratini de Moraes
Ex-Ministro da Agricultura,
de Minas e Energia e da Indústria e Comércio

Gustavo Severo de Borba
Doutor em Engenharia da Produção – PPGEP/UFRGS

Agradecimentos

Somos imensamente gratos às inúmeras pessoas que proporcionaram *insights* e informações, ou nos concederam seu precioso tempo para as entrevistas em que se baseia este livro. Sem o envolvimento e detalhado conhecimento de todas elas, não teríamos tido condições para apresentar *insights* e exemplos de locais tão diversificados do globo.

Temos igualmente uma dívida de gratidão com as pessoas que contribuíram, direta ou indiretamente, para os conceitos deste livro, tantas que se torna impossível fazer uma relação completa de seus nomes. Existem, porém, algumas que não poderíamos deixar de registrar, tamanha sua importância para o sucesso deste projeto.

Muitos executivos sêniores de companhias e organizações se dispuseram generosamente a compartilhar conosco seu precioso tempo e seus *insights*. Dentre eles destacamos Aman Mehta, do HSBC; Alex Kuruvilla, da MTV India; Hemant Luthra, Rajesh Jejurikar e P. Rajendran, de Mahindra & Mahindra; Suvalaxmi Chakraborty, Lalita Gupte, Nachiket Mor, Arnab Basu e Manmeet Singh e Madhav Kalyan, do Banco ICICI; Elsen Karstad, da Chardust Ltd.; Sarvesh Swarup, do CITI Group, Índia; Gautam Kumra, da McKinsey, Índia; Sumanta Dutta, da Coca-Cola, China; Roger H. Steadman, do Steadman Group; Satya Prabhakar, da Sulekha.com; Partha Rakshit, da AC Nielsen, Índia; o economista indiano Siddarth Roy; Indrajit Gupta e o jornalista Jehangir Pocha, da Businessworld; Alok Kejriwal e Gopalkrishnan, de contest2win; Sonal Jain, da CLSA; Rajiv Dubey, da Tata Motors; Chris Callen, da DHL, Índia; Tushar Shinde, da Carrier Aircon Ltd.; o diretor-gerente da Pakistan Oil Company, Tariq Kirmani; Mohamud Yunnus, do Grameen Bank; Ashok Alexander, da Fundação Gates, Índia; Manoj Kumar, da Fundação Naandi; Vijay Mahajan, da Basix; Dr. P.C. Reddy e Sangita Reddy, da Apollo Hospitals, bem como o Dr. Anji Reddy, da Dr. Reddy's Labs, e Ramlinga Raju, da Satyam Computer; e Drs. Srinagi e Ramesh Babu, da Medwin Hospitals; Fadi Ghandour, da Aramex; Gilberto Gonzalez Ortiz, do Grupo Bimbo; e Kavita Vamuri, à época na 3M-Austin.

Da Unilever, tivemos os *insights* e o apoio do presidente da Divisão de Alimentos, Vindi Banga; Sanjiv Mehta, CEO em Bangladesh, e Musharaf Hai, CEO no Paquistão; da mesma forma, foi valiosa a assistência de Damodar Mall, Rahul Welde, CR Sunderrajan, Sharat Dhall, Satyendu Krishna, Piyush Jain, Ashok Ganapathy, Donald Hepburn, Arnaz Bhiwandiwala e Samir Singh, da Hindustan Lever Limited; Ishmael Yamson, da Unilever, Gana; Alan Brown, da Unilever, China, e Doug Baillie, da Unilever, África.

Somos igualmente gratos pelas contribuições de inúmeros amigos em Hyderabad, principalmente Chandra Babu Naidu, ex-ministro chefe do governo de Andhra Pradesh, e da esposa dele, a Sra. Bhuvaneshwari Devi; e Preeti e Randeep Sudan, do governo de Andhra Pradesh.

Nossa gratidão vai também para muitos colegas, entre os quais citamos Jianmin Jia, da Universidade Chinesa, de Hong Kong; Ravi Shankar Kolathur, da Indian School of Business; Romana Khan, Bin Gu, Kerem Tomak, Genaro Gutierrez, Dae-Yong Ahn, e outros da Universidade do Texas, em Austin. Também muito nos beneficiaram os comentários e incentivos do Conselho Executivo e de colegas da Indian School of Business, em especial. Não poderíamos deixar de agradecer a Roberto Gomez Salazar, Dr. Jaime Alonso Gómez, Salvador Treviño, Myrna Marquez e Leslie Chavarria, da Escuela de Graduados em Administración y Dirección de Empresas – EGADE Tecnológico, de Monterrey. Nossos agradecimentos vão igualmente para os alunos do curso de marketing, segundo ano de graduação da Universidade do Texas, na disciplina Mercados Globais Invisíveis, do prof. Vijay, que proporcionaram inúmeros comentários e correções de grande valia.

Inúmeras pessoas ajudaram a guiar nossos caminhos, da idealização até o lançamento desta obra. Jerry Wind foi um colaborador do primeiro artigo de Vijay sobre este tópico, e, como co-editor da Wharton School Publishing, é dele a responsabilidade por nos incentivar a expandir as primeiras idéias e transformá-las em livro. Gostaríamos igualmente de agradecer ao Dr. Gita Piramal, que solicitou e publicou o segundo artigo de Vijay, "The 86 Percent Opportunity", em *The Smart Manager*, que foi imensamente útil no encaminhamento de nossas teorias sobre este tópico. O editor da Wharton School Publishing Tim Moore contribuiu com seu entusiasmo e seus *insights* para este projeto, que contou igualmente com utilíssimos comentários editoriais de, entre outros, Charles Decker e Bob Wallace.

As assistentes de Vijay – Diane Thompson, da Universidade do Texas, em Austin, e May Philips, da Indian School of Business – proporcionaram valiosos e incansáveis apoio e incentivo enquanto abríamos caminho em meio a incontáveis artigos e esboços.

Não poderíamos, por fim, deixar de agradecer às nossas famílias, pela tolerância e apoio demonstrados ao longo do preparo e concretização deste projeto.

Um dia com Geeti

Não há dia em que Geeti não gaste pelo menos alguns minutos para pensar em quanto o seu mundo mudou. Ela trabalha como representante de serviços ao consumidor no campus de uma empresa terceirizada na Hi-Tech City, em Hyderabad. Isso ali parece muito mais o Vale do Silício, na Califórnia, do que a Índia – onde fica Hyderabad. Geeti tem telefone celular, um televisor Sony, um computador Dell com conexão de Internet de alta velocidade que lhe permite comunicar-se com parentes, tomar conhecimento das notícias e das cotações de mercado do mundo inteiro. Seu condicionador de ar Haier faz um ruído aconchegante no apartamento de 90 metros quadrados. Todos eles, novos produtos de fabricantes locais e globais que entram freqüentemente no mercado. Ela acaba de comprar o primeiro automóvel, tendo optado por um modelo bem equipado da Maruti, custando cerca de US$ 3 mil (ou 138 mil rúpias), com uma entrada de apenas US$ 45 (ou 2 mil rúpias).

Ela sabe que seu novo carro não irá deslizar pelas macias auto-estradas mostradas nos comerciais da televisão ocidental. Em vez disso, precisará vencer ruas atravancadas e estradas rurais cheias de carros de boi, bicicletas, motonetas, pedestres e mendigos. E a eletricidade no apartamento dela muitas vezes falha durante várias horas do dia, deixando-a à frente da tela em branco do computador, à luz de lâmpadas operadas com baterias. Ela já está até pensando em comprar um inversor (uma fonte de energia permanente, parecida com uma pilha).

Apesar de todos esses problemas, Geeti tem um estilo de vida completamente diferente daquele que predominava na aldeia rural indiana em que ela passou sua infância. E que, agora, praticamente só existe nas suas recordações. Dia desses, Laju, a irmã mais velha, que continua morando na aldeia, ligou de um telefone celular operado por uma microempresária durante o semanal haat, ou dia de feira. Música hindi, dos mais recentes filmes de Bollywood, soava ao fundo. Laju falava sobre os sachês de produtos de marca amontoados sobre os balcões ao lado das especiarias e vestimentas tradicionais. Contava sobre como o marido, Shiv, e outros agricultores acompanhavam o andamento dos preços dos produtos agrícolas na Bolsa de Mercadorias de Chicago por meio de um centro de Internet via satélite *chamado e-Choupal. E, é claro, não esqueceu de contar como o filho, Anil, que trabalha no Oriente Médio com a esposa, Sudha, deposita dinheiro numa conta em Dubai que permite a Sudha sacar do caixa automático móvel do banco ICICI na aldeia. Laju não perdeu a oportunidade de perguntar à irmã mais nova quando é que ela e o novo marido pretendem ter filhos. Geeti ainda não sabe se algum dia terá tempo para filhos.*

A doméstica de Geeti, Lakshmi, chega todos os dias numa bicicleta guiada pelo marido, Ghelu Mohan. Eles estão pensando em trocar para um veículo melhor e já pediram a Geeti alguns conselhos a respeito. Afinal de contas, Geeti teve uma boa experiência com a Bajaj, a marca de sua motoneta antes de comprar o automóvel. Geeti comprou um telefone celular para a empregada, para que ela possa enviar mensagens sobre horários e planos para jantar. A empregada e sua família vivem num barraco de uma peça sem encanamento interno, mas assim mesmo sentem que a vida deles está mudando – para melhor.

No outro extremo, quando Geeti foi escolhida para acompanhar seu supervisor ao aeroporto para receber um cliente que chegava dos Estados Unidos, eles alugaram um Mercedes totalmente equipado de uma empresa local que já faz concorrência à Hertz, a locadora mundialmente famosa. Um sistema GPS cuidava dos endereços, e o rádio via satélite estava sintonizado numa emissora que transmitia música clássica enquanto eles se dirigiam ao hotel ITC Kakatia Sheraton. O automóvel com ar condicionado estava estacionado perto de meios-fios cobertos de lixo. Geradores barulhentos faziam-se ouvir através das janelas fechadas do carro. Ao olhar para a rua, Geeti viu filhos de trabalhadores da construção defecando na calçada. Ela também pensou na crise da AIDS que se espalhava por Andhra Prashad, o estado em que se localiza Hyderabad, e que registra a maior incidência dessa doença na Índia. A resposta a essa crise estava atraindo o melhor do exterior e do próprio país para ajudar, desde as iniciativas da Fundação Bill & Melinda Gates até um novo fundo de investimentos local (www.hyderabad10k.com), uma idéia importada dos EUA a fim de arrecadar dinheiro para projetos de saúde infantil e outras causas. Mesmo o mais luxuoso dos automóveis não conseguiria isolar completamente qualquer pessoa das realidades de uma sociedade e infra-estrutura subdesenvolvidas. Quanto tempo seria necessário para transformar a Índia em uma nação desenvolvida?

Geeti se considera no centro de um mundo complexo e em rápida transformação. Ela faz parte dos 86% da população mundial com uma renda bruta per capita inferior a US$ 10 mil por ano. A irmã dela, também. E igualmente os executivos dirigindo Mercedes. São esses os mercados que têm passado praticamente invisíveis aos olhos das empresas que atuam fora deles (e mesmo para algumas das que operam dentro de suas fronteiras), a maioria delas com as atenções, como sempre, concentradas nos 14% da população mundial que vivem nos países desenvolvidos.

Ocorre que esses 86% do mercado não apenas representam o futuro do comércio global, como também já significam magníficas oportunidades para empresas dotadas da imaginação e criatividade necessárias para "adivinhar" as necessidades de Geeti e outros consumidores como ela. Ninguém consegue distinguir essas oportunidades usando as lentes do mundo desenvolvido. Ninguém atinge esses clientes fazendo uso das estratégias de mercado que dão resultados nos mercados dos 14%. Os mercados em desenvolvimento não dispõem de auto-estradas pelas quais se roda macio em supercarros, não contam com mercados de consumo consolidados, não têm redes de distribuição e, em muitos casos, não sabem sequer o que é eletricidade. Os mercados em desenvolvimento são mais jovens, atrasados em matéria de tecnologia (apesar de estarem rapidamente queimando etapas nesse caminho), e inexperientes como consumidores. São, realmente, mercados completamente diferenciados. E no entanto, como discutiremos ao longo deste livro, quem dispuser de soluções criativas talhadas para atender essas características inteiramente diferentes dos padrões estabelecidos estará capacitado a transformar em feliz realidade todas as promissoras oportunidades desse universo dos 86%.

Prefácio
Você quer realmente participar deste mercado? Tem condições de sobreviver fora dele?

Os gerentes de um grande fabricante de material de escritório norte-americano estavam empenhados na elaboração do melhor método para vender um projetor portátil nos mercados em desenvolvimento quando eu lhes apresentei uma pergunta muito simples: De que maneira esse projetor conseguiria funcionar sem eletricidade? O silêncio foi *ensurdecedor*. Tratava-se de algo que não havia passado pela mente de nenhum dos participantes daquele projeto voltado especificamente para os países em desenvolvimento, apesar de ser uma questão que precisa ser respondida todos os dias nessas regiões. E foi formulando e respondendo a perguntas semelhantes que a Hewlett-Packard criou câmaras digitais funcionando com pilhas e sistemas de impressão que permitem a fotógrafos empreendedores operar com inteira autonomia. Você alguma vez se perguntou se sabe o que é um transformador? Se não souber, provavelmente é porque ainda não pensou suficientemente sobre a fraca infra-estrutura e outras condições peculiares dos mercados emergentes. Essas diferenças, e as estratégias necessárias para enfrentá-las, constituem o foco deste livro.

A fim de apreciar devidamente as complexidades desses mercados e as soluções voltadas para satisfazer suas necessidades, pense em um banheiro. A China atualmente só fica atrás dos Estados Unidos em número de usuários da Internet. E já se fazem estimativas de que, no ano de 2006, ela terá mais usuários de telefones de banda larga e celulares que qualquer outra nação do mundo. Apesar de todo esse avanço, mais de 60% dos cidadãos chineses não têm acesso a instalações sanitárias decentes. Isto significa que 700 milhões de pessoas na China (e outros 700 milhões na Índia) não dispõem de um banheiro básico. Pense um pouco sobre o significado disto. Pesquisadores do Media Lab do renomado Massachusetts Institute of Technology (MIT) dedicam-se atualmente ao desenvolvimento de computadores portáteis; cabe perguntar, não seria um computador embutido num banheiro a solução mais apropriada para o mundo em desenvolvimento? O aeroporto internacional de Frankfurt, na Alemanha, tem banheiros que esterilizam seus assentos e fazem a limpeza completa automaticamente. A Coréia do Sul, como decorrência lógica de sua obsessão nacional com tecnologia, já estabeleceu a meta de 10 milhões de "domicílios inteligentes" interligados, ou *online*, até 2007, o que incluirá banheiros que transmitem a temperatura do corpo humano, o ritmo cardíaco e análises da urina dos usuários para os respectivos médicos. Isso tudo enquanto um mercado de mais de 1 bilhão de pessoas continua virtualmente ignorado. Onde estão, então, as inovações focadas nas regiões do mundo que ainda não dispõem de sanitários decentes?

Não é nenhuma preocupação humanitária gastar algum tempo com tais questões. Ocorre que, ao criar soluções para o mundo em desenvolvimento, as empresas podem resolver um dos maiores problemas enfrentado por elas atualmente: o crescimento sustentado. O Estudo do CEO Global da IBM, edição 2004, constatou que quatro de cada cinco CEOs acreditam que o crescimento das receitas é a modalidade mais viável de sustentação do desempenho financeiro de qualquer companhia.[1] A questão é: de onde virá este crescimento? Com as maiores populações e as maiores taxas de crescimento do planeta, os mercados em desenvolvimento representam o futuro da economia global. A fim de avaliar as dimensões das oportunidades oferecidas por esses mercados dos 86%, precisamos de tendências e estratégias diferenciadas. Precisamos, por exemplo, de gerentes capazes de criar oportunidades de negócios vendendo sachês de xampu que custem centavos, distribuindo produtos em lojas do tamanho de cabines telefônicas, ou oferecendo cartões de crédito a pessoas cuja idéia sobre o que é um banco não vá muito além de guardar moedas num cinto apropriado. Como o leitor poderá sentir nas próximas páginas, as empresas criativas que atendem a esses mercados estão dispostas a vender refrigeradores junto com as garrafas dos refrigerantes recém-lançados e a projetar automóveis que a princípio não pareçam muito mais do que um carro de boi. Elas conseguem vender a um cliente no estado norte-americano da Califórnia produtos que serão entregues a parentes dele que vivem na periferia da Cidade do México. Em resumo, essas empresas vêm se utilizando de um conjunto diferenciado de estratégias de mercado a fim de reconhecer e concretizar as oportunidades oferecidas por esses mercados dos 86%.

PREFÁCIO 19

O objetivo deste livro é contestar o pensamento dos dirigentes empresariais dos mercados desenvolvidos com relação a estratégias que no passado sempre deram bons resultados. Gerentes atuando em países em desenvolvimento encontrarão alguns novos *insights* de diferentes partes do mundo em desenvolvimento que provavelmente darão bons resultados em suas regiões. Empreendedores irão constatar as ricas oportunidades do mundo emergente. Finalmente, líderes de governos, organizações não-governamentais (ONGs) e outras poderão colher valiosas impressões a respeito da dinâmica dos negócios neste novo cenário.

Este livro teve seu ponto de partida num telefonema a Vijay, em meados da década de 1990, pelo professor Jerry Wind, da Wharton, que havia sido procurado pelos organizadores de uma conferência da Organização das Nações Unidas (ONU). Eles buscavam estratégias criativas a fim de incentivar as nações em desenvolvimento a se auto-sustentarem, em lugar de ficarem sempre à espera de empurrões do mundo desenvolvido. A questão em voga chegava a ser um insulto a tais nações. Afinal de contas, inúmeras companhias altamente bem-sucedidas haviam surgido e crescido nesses mesmos países. O empreendedorismo vai bem, obrigado. Enquanto pessoas bem intencionadas discutiam, nas nações mais ricas, a ajuda ao desenvolvimento, cidadãos dos países pobres deixavam suas terras em busca de empregos no mundo desenvolvido e com seus ganhos ali conseguiam mandar para casa muitos bilhões de dólares. Como é que essas pessoas inteligentes e caridosas do mundo desenvolvido não se davam conta dessa realidade?

Depois dessa discussão, Vijay, Jerry e Marcos V. Pratini de Moraes, então ministro da Agricultura do Brasil, escreveram em conjunto um artigo sobre os princípios para chegar aos 86% esquecidos da economia mundial em "The Invisible Global Market",[2] publicado no ano 2000 em *Marketing Management*. Vijay continuou a estudar e a desenvolver este tópico na Universidade do Texas, em Austin, e depois como reitor da Indian School of Business, em Hyderabad, quando escreveu e publicou um segundo artigo sobre "The 86 Percent Opportunity".[3] Conversou com executivos e funcionários de governos de vários países em desenvolvimento. O crescente interesse por essas idéias lhe pareceu tão encorajador que ele decidiu trabalhar com Kamini neste livro. Trabalhando como consultora, Kamini está em contato direto com diversos empreendimentos econômicos na Índia que já aplicam novas estratégias nos mercados em desenvolvimento. Nós testemunhamos ao vivo as criativas estratégias ali utilizadas.

Ao mesmo tempo em que nos dedicávamos a este trabalho, C. K. Prahalad e outros concentravam suas atenções nas mesmas áreas do mundo a partir de uma perspectiva diferente. No seu admirável trabalho *The Fortune at the Bottom of the Pyramid*,* Prahalad põe em destaque o potencial dos cidadãos mais pobres

---

* N. de R. Publicado no Brasil pela Bookman Editora com o Título *A Riqueza na Base da Pirâmide*.

do mundo. Os mais pobres dentre eles, contudo, representam apenas um dos segmentos desses mercados. Você saberia satisfazer as necessidades da crescente classe média, ou dos segmentos de luxo desses mercados? No ano de 2004, um único Rolls Royce foi vendido na Índia por mais de US$ 700 mil, cerca de 1.500 vezes a renda bruta per capita nesse país. Este livro focaliza o espectro inteiro das oportunidades de negócios nesses mercados emergentes, tanto para os mais pobres quanto para os consumidores com mais recursos. O livro também discute as características desses mercados que precisam ser levadas em conta na elaboração de estratégias de mercado.

Além das estratégias específicas exploradas no livro, esperamos que os exemplos apresentados nos próximos capítulos consigam inspirar o leitor a pensar com maior extensão a respeito das abordagens e/ou estilos de negócio candidatas ao sucesso em sua parte do mundo. Todos os dias, empresas inovadoras apresentam novas maneiras de abordar ou superar as limitações e com isso respondem às diferentes necessidades dos mercados emergentes. Essas empresas estão desenvolvendo as soluções para os 86%. Desafie suas idéias preestabelecidas e faça o mesmo.

Vijay Mahajan, Austin, Texas

Kamini Banga, Londres

NOTAS

[1] "Your Turn." O Estudo do CEO Global 2004, *IBM Business Consulting Services, IBM Corporation, 2004*

[2] Vijay Mahajan, Marcos V. Pratini de Moraes e Yoram Wind. "The Invisible Global Market: Strategies for Reaching the Forgotten 86 Percent of the World." *Marketing Management, Winter 2000*, pp. 31-35.

[3] Mahajan, Vijay, "The 86% Opportunity," *The Smart Manager*, 1º Trimestre (2003) 17-25. Republicado em *Business Today* (Índia), Edição de Colecionador, 4 (2003) 50-58.

Sumário

1 AS TERRAS DAS OPORTUNIDADES 25
   A oportunidade dos 86% 28
   Muitos níveis de oportunidades 36
   Características dos mercados emergentes e das oportunidades
   que criam 40
   Encontrando soluções 47
   A solução dos 86% 49
   Notas 49

**2 NÃO PRODUZA UM AUTOMÓVEL QUANDO A MELHOR SOLUÇÃO
FOR UM CARRO DE BOI** 51
   Projetando para saris de seis metros 54
   Exigências mínimas 57
   Guiando o carro de boi 68
   A solução dos 86% 68
   Notas 69

3 MIRANDO NA ECONOMIA DO RICOCHETE 71
   A economia do ricochete 73
   Ajustando a mira 78
   Efeitos aumentados 86

	A solução dos 86%..	86
	Notas...	87
4	**CONECTE AS MARCAS AO MERCADO**.......................................	**89**
	Economias de mercados fragmentados...................................	92
	Consciência de marca..	94
	Estratégias para equiparar-se às marcas locais.......................	95
	A corrida das marcas...	104
	A solução dos 86%..	104
	Notas...	105
5	**PENSAR JOVEM**..	**107**
	Uma fonte de juventude...	110
	Estratégias para o mercado jovem...	113
	Juventude significa crescimento...	122
	A solução dos 86%..	123
	Notas...	124
6	**COMO CRESCER PENSANDO PEQUENO**.....................................	**125**
	Preço invertido..	127
	Pequenos domicílios..	128
	Estratégias para pensar pequeno...	129
	Pequenas maravilhas...	138
	A solução dos 86%..	139
	Notas...	140
7	**FAÇA SUA PRÓPRIA INFRA-ESTRUTURA**....................................	**141**
	Uma história de dois mercados..	143
	Infra-estrutura reguladora e financeira...................................	145
	Encontrando oportunidades na infra-estrutura.......................	146

SUMÁRIO

    Superposição de infra-estruturas 158
    A solução dos 86% 159
    Notas 160

8   **QUEIMANDO ETAPAS** 161
    Estratégias dos saltos tecnológicos 163
    Além da tecnologia apropriada 174
    A solução dos 86% 175

9   **LEVE O MERCADO AOS CONSUMIDORES** 177
    Distribuição complexa 179
    Estratégias para levar o mercado ao consumidor 180
    Enxergando oportunidades que ainda estão fora de alcance 191
    A solução dos 86% 192

10   **DESENVOLVER COM O MERCADO** 193
    Estratégias para crescer junto com o mercado 194
    Quatro caminhos 206
    Oportunidades de evolução 208
    A solução dos 86% 208
    Notas 209

CONCLUSÃO: UMA OPORTUNIDADE IMPERDÍVEL 211
    Um entrelaçamento complexo 213
    A convergência das civilizações 215
    Consolidando os ganhos 216
    População equivale a lucro 217
    Notas 217

ÍNDICE 219

As terras das oportunidades

O rápido desenvolvimento dos 86% da população mundial situados em países com renda per capita anual inferior a US$ 10 mil é o fator que vem transformando essas áreas nas novas terras das oportunidades. No entanto sua complexidade e características distintas, exigem a utilização de estratégias diferentes de mercado para a concretização dessas oportunidades.

Devido ao lento crescimento registrado no país sede, a Procter & Gamble (P&G) não vacilou em debandar de Cincinnati (EUA) para fortalecer sua presença na Índia em 2004 com uma verdadeira derrubada dos preços de detergentes, xampus e outros produtos dessa área. A Hindustan Lever, da Unilever, que se acostumara com um mercado bem menor e sem agitação desde sua instalação na Índia no longínquo ano de 1888, dessa vez reagiu agressivamente. Os preços de alguns produtos foram reduzidos praticamente à metade dos praticados até o início do surgimento dessa concorrência. A Unilever, da mesma forma que outras empresas com mercados domésticos pequenos, estava havia muito tempo estabelecida no mundo em desenvolvimento, mas a P&G e outras empresas norte-americanas até então se mantinham presas ao enorme e atraente mercado doméstico, ou a segmentos mais afluentes no exterior. Passara, porém, a perceber as amplas oportunidades que surgiam na Índia, China, Rússia e outros mercados em desenvolvimento. E logo se deram conta de que essas oportunidades não seriam transformadas nos sucessos esperados se insistissem na simples repetição das estratégias utilizadas em mercados desenvolvidos. Elas precisavam de novas soluções.

Qual a razão desse repentino interesse? O mercado indiano de US$ 10 bilhões em bens de consumo "rapidamente perecíveis" tem uma previsão de chegar ao dobro dessa fabulosa cifra nos próximos dez anos. Mesmo se for preciso concretizar essa receita ao ritmo de uma rúpia a cada transação (o que equivale a cerca de dois centavos de dólar norte-americano, ou o preço de um sachê de detergente), este é definitivamente um mercado que não pode ser ignorado. Embora as vendas de xampus e detergentes por centavos possam parecer uma insignificância em comparação com os itens de alto preço tão comuns nos mercados dos países desenvolvidos, a verdade é que esses sachês representam mais de US$ 1 bilhão em vendas anuais na Índia – aí computadas exclusivamente as vendas da Hindustan Lever.

Na China, as vendas do varejo vêm crescendo a um ritmo anual de 15% nos últimos 20 anos, tendo atingido US$ 628 bilhões em 2004, tornando-se o terceiro maior mercado mundial de varejo. Embora o mercado chinês de US$ 47 bilhões de alimentos enlatados venha crescendo ao ritmo de 8% ao ano, a Nestlé foi a única grande marca global dentre as cinco maiores empresas de alimentos processados na China em 2003. (As outras foram a Ting Sin e a Uni-President Enterprises, de Taiwan, seguidas pela Hai Pa Wang International Food e a Long Fong, com a Nestlé em quinto lugar. Certamente não são marcas muito conhecidas fora da região, mas, se for por isso, quem, dez anos atrás, já havia ouvido falar de Haier ou Lenovo?)

Os mercados emergentes fazem roncar seus motores

Cortesia da Saatchi & Saatchi

Os mercados dominados pelos jovens e o impressionante aumento do número de carros particulares transformaram o automobilismo num esporte de crescente popularidade nos países em desenvolvimento. Depois da escolha de Pequim como sede da Olimpíada de 2008, Xangai recebeu seu primeiro Grande Prêmio de Fórmula 1 de automobilismo no final de 2004, algo raro nos países em desenvolvimento. A China investiu mais de US$ 300 milhões pelos direitos de realizar a corrida e para construir um novo autódromo com 200 mil lugares. O autódromo tem o formato do caracter chinês *shang*, que significa tanto "alto" quanto "para cima". A corrida foi o tema dominante na televisão nacional chinesa durante três dias, sob o patrocínio da empresa nacional de petróleo Sinopec e multinacionais como a Mobil e a Toyota. Enquanto isto, o jovem piloto indiano de Fórmula 1 Narai Karthikeyan dominou os principais noticiários durante o Grande Prêmio australiano de Fórmula 1, em março de 2005. Karthikeyan já tem um bilhão de fãs, o que é uma bênção para patrocinadores como a Bharat

Petroleum, Tata Motors e a fabricante de pneus Bridgestone (ver o anúncio que ilustra a página anterior). A condutora iraniana Laleh Seddigh tornou-se uma celebridade e símbolo de mudança entre os fãs das corridas sem distinção de padrões culturais ou etários. O automobilismo é tão popular nos países em desenvolvimento que já surgiu um concorrente para a Fórmula 1. Patrocinado por um integrante da família real de Dubai, a nova entidade Grand Prix A1 convidou 25 países – entre eles México, Brasil, Líbano, Paquistão, África do Sul e China – para a formação de uma equipe cada, com as corridas programadas para a temporada de recesso da Fórmula 1. Embora uma percentagem muito pequena da população das economias dos 86 por cento tenha condições de adquirir e manter um automóvel particular, esses mercados estão claramente fazendo roncar seus motores.

O mercado de *Scooters*, automóveis, refrigeradores, cervejas e muitos outros produtos está passando por um processo de aquecimento nos países em desenvolvimento. Xangai, na China, promoveu, em 2004, seu primeiro Grande Prêmio de Fórmula 1 – uma indicação evidente do crescente interesse por este esporte no mundo em desenvolvimento. A "classe de consumidores" – aquela em que se incluem pessoas com poder de compra equivalente a US$ 7 mil – tem cerca de 1,7 bilhão de membros ao redor do mundo. Quase a metade deles vive no mundo em desenvolvimento. Por esse padrão, esses consumidores incluem mais de 240 milhões na China, o que fica escassamente abaixo dos 270 milhões de membros da classe do consumo nos Estados Unidos, e 120 milhões na Índia, o equivalente à classe do consumo no Japão. Na verdade, o tamanho desta classe de consumo na Índia e China sozinhas é maior do que em toda a Europa Ocidental (embora seu poder de compra certamente não seja o mesmo dos europeus).

Esses números do mundo em desenvolvimento crescem com estonteante rapidez. Em 2003, a China tinha mais de 10 milhões de carros particulares, mais de um milhão deles apenas em Pequim. Na China, um quarto da população tem televisores a cores (mais de 300 milhões), e mais de 16% da população (mais de 200 milhões) tem telefones móveis. Companhias de países como Japão, China, Coréia, Índia, Brasil e Turquia dominam atualmente os mercados nas nações em desenvolvimento. Na Índia, a Samsung, LG e Hyundai conseguiram, cada uma, vendas de cerca de US$ 1 bilhão no decorrer da última década. Essas empresas do mundo em desenvolvimento sabem, a partir de experiências próprias, o que é preciso fazer para satisfazer as necessidades desses mercados.

Embora grandes nações em desenvolvimento, como China e Índia, estejam hoje claramente presentes nos radares das empresas globais, são inúmeras as grandes companhias que enfrentaram e enfrentam grandes dificuldades quando se trata de aproveitar as oportunidades representadas por esses mercados. Tais empresas lançaram produtos e depois os retiraram desses mercados, mudaram suas marcas ou viram suas posições ameaçadas por concorrentes locais. As empresas multinacionais de telefones celulares concentraram suas atenções, ao entrarem na China, principalmente nas grandes cidades, mas empresas chinesas, como a Ningbo Bird e TCL, conseguiram cercá-las concentrando-se nas zonas rurais e fabricando de acordo com as preferências e os estilos locais, com isso conquistando a metade desse imenso mercado. (Os concorrentes globais, tendo aprendido com os prejuízos iniciais, alteraram radicalmente suas estratégias e já estão conseguindo assumir boas fatias desse mercado.) As companhias fabricantes de cervejas na China e outros mercados em desenvolvimento viram suas marcas mundialmente famosas sofrer derrota após derrota no confronto com astuciosos concorrentes locais. O que essas companhias aprenderam da maneira mais difícil é que os mercados dos 86% se comportam de maneira muito diferente daqueles situados nos 14% das nações desenvolvidas. Os mercados em desenvolvimento podem ser as novas terras das oportunidades, mas, você está equipado com as estratégias de mercado adequadas para transformar tais promessas em realidade?

A OPORTUNIDADE DOS 86%

Durante gerações, o mundo desenvolvido foi a terra das oportunidades. Imigrantes se amontoavam em navios ou caminhões para tentar chegar à terra prometida. Muitas empresas aplicavam grandes recursos para servir a essas populações. Os mercados desenvolvidos têm renda alta e infra-estrutura bem desenvolvida, por isso não é surpresa alguma o fato de ser o mundo desenvolvido o lugar ao qual a maioria das empresas dedica grande parte de suas atenções, e a verdade é que ainda são mercados atraentes. Hoje, porém, esses mercados desenvolvidos representam uma parte decrescente da economia mundial. Apenas 14% dos mais de 6 bilhões de habitantes da Terra vivem em países com renda per capita superior a US$ 10 mil (ver a Figura 1-1). Kenichi Ohmae batizou este limite entre nações desenvolvidas e não desenvolvidas de "o clube dos US$ 10 mil", embora existam muitas outras definições sobre o que é um país em desenvolvimento (ver o destaque).[1] Definições à parte, o mundo desenvolvido é aquele em que a maioria das companhias há muito tempo vem concentrando seus recursos, com base no mesmo argumento que Willie Sutton usou para explicar porque ele assaltava bancos – porque era nos bancos que o dinheiro estava. O resto do mundo, 86% da população, sempre foi considerado pobre demais, ou remoto demais, para ser levada em consideração. Isso, porém, deixou de ser verdade, e vai sendo a cada dia reformulado.

CAPÍTULO 1 ■ AS TERRAS DAS OPORTUNIDADES **29**

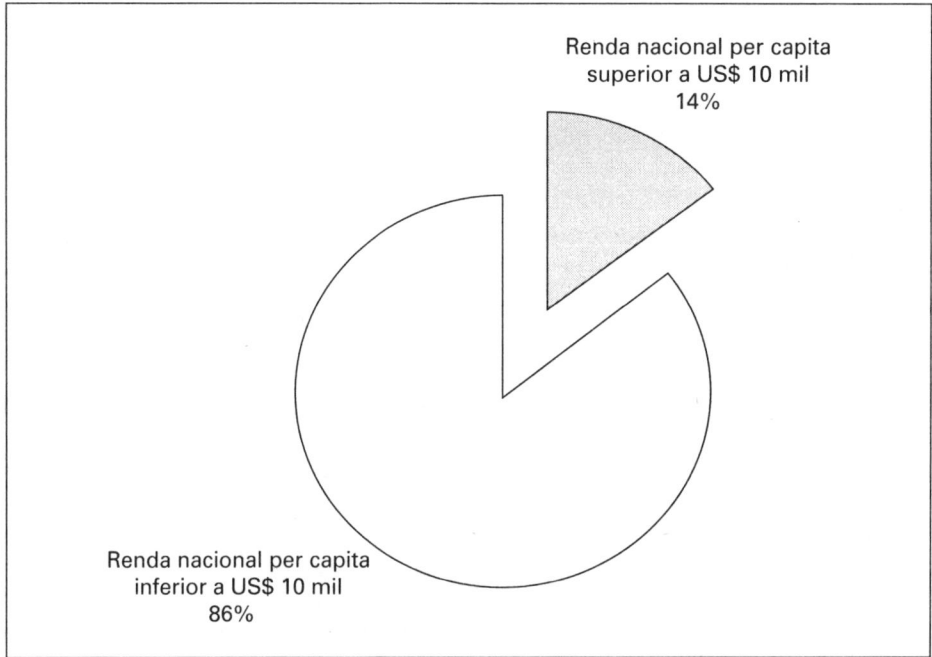

FIGURA 1-1 Embora a grande maioria das empresas concentre suas atenções e atividades nos mercados desenvolvidos, 86% da população mundial vivem em países em desenvolvimento com renda nacional per capita inferior a US$ 10 mil. Essa percentagem continuará a aumentar nas próximas décadas.

Quando surgem os mercados emergentes?

Embora a renda per capita nacional de US$ 10 mil constitua um razoável delimitador, existem várias outras definições sobre o que são países emergentes ou em desenvolvimento. Usa-se até mesmo o fato de uma nação ser membro da Organização para a Cooperação e o Desenvolvimento Econômico (OCDE) como indício de desenvolvimento, mas a verdade é que a OCDE inclui entre seus associados países como Turquia, México e Polônia, que de maneira geral são classificados como emergentes. Outros sistemas, como uma lista da revista britânica especializada em economia The Economist, usam classificações mais fluidas que situam lugares como Hong Kong e Cingapura no mundo emergente apesar de contarem com rendas relativamente elevadas. Há também as avaliações baseadas na paridade do poder de compra (PPC). Ao estabelecer o limite entre os mundos desenvolvido e em desenvolvimento, escolhemos a marca da renda nacional per capita de US$ 10 mil, identificada por Kenichi Ohmae como um marco significativo do desenvolvimento nacional em função de suas reais implicações quanto à receita disponível e ao desenvolvimento de mercados. Com isto não estamos ignorando as substanciais variações e características diferenciadoras de países que possam compartilhar uma renda nacional per capita semelhante.

Não podemos esperar até que elas "cresçam"

Não seria mais sensato esperar que essas nações em desenvolvimento se tornem desenvolvidas antes de sair em busca de eventuais oportunidades? Os riscos seriam assim reduzidos, e os possíveis problemas de negócios seriam aqueles que já se tem experiência em resolver. Em tal momento, essas populações terão receitas disponíveis suficientes e infra-estrutura amadurecida para possibilitar a criação de empreendimentos lucrativos baseados em modelos de outras nações desenvolvidas. A verdade, porém, é que não podemos esperar. Isso levará tempo demais. Quantas nações atingiram o status de desenvolvidas nos últimos 50 anos? Quantas outras atingirão esse mesmo ponto nos próximos 20 anos? Exceto o Japão, apenas um punhado de países de população relativamente escassa conseguiu chegar ao desenvolvimento desde a década de 1970, entre eles Israel, Cingapura, Taiwan, Kuwait, Irlanda e possivelmente a Coréia do Sul. Não há uma única nação desenvolvida na América do Sul ou África, e na Ásia elas são poucas. O Japão precisou mais de 27 anos para avançar de uma renda nacional per capita de menos de US$ 1.000 até atingir o clube dos US$ 10 mil. Embora outros países pretendam seguir este exemplo, é muito difícil apostar em quantos deles conseguirão concretizar o fenomenal crescimento necessário para poder ingressar neste clube de elite nas próximas duas décadas.

No ano de 2020, na China e na Índia apenas cerca de 5% da população terão uma renda nacional per capita de mais de US$ 10 mil. Como mostramos na Figura 1-2, muitos países estão ainda a uma enorme distância da meta dos US$ 10 mil. Supondo uma taxa de crescimento constante de 5,5 por cento, a Índia precisaria de quase 60 anos para entrar no clube dos US$ 10 mil.

Nesse ínterim, muitas fortunas serão criadas ou perdidas, e companhias e marcas serão consolidadas ou destruídas. No longo prazo, essas economias emergentes serão nações desenvolvidas, mas, como observou o economista John Maynard Keynes, "no longo prazo, estaremos todos mortos".[2] Não podemos nos iludir com a perspectiva de que será possível esperar pelo amadurecimento desses mercados.

Esses mercados contêm atualmente "nações desenvolvidas" inteiras

Ainda que o desenvolvimento venha a ser lento, o simples fator tamanho das populações dos mercados em desenvolvimento indica a possibilidade de que logo venham a existir mais pessoas ricas nos mercados dos 86% do que nos mercados dos 14%. Por exemplo, se apenas um pouco menos de 6% do mundo em

CAPÍTULO 1 ■ AS TERRAS DAS OPORTUNIDADES **31**

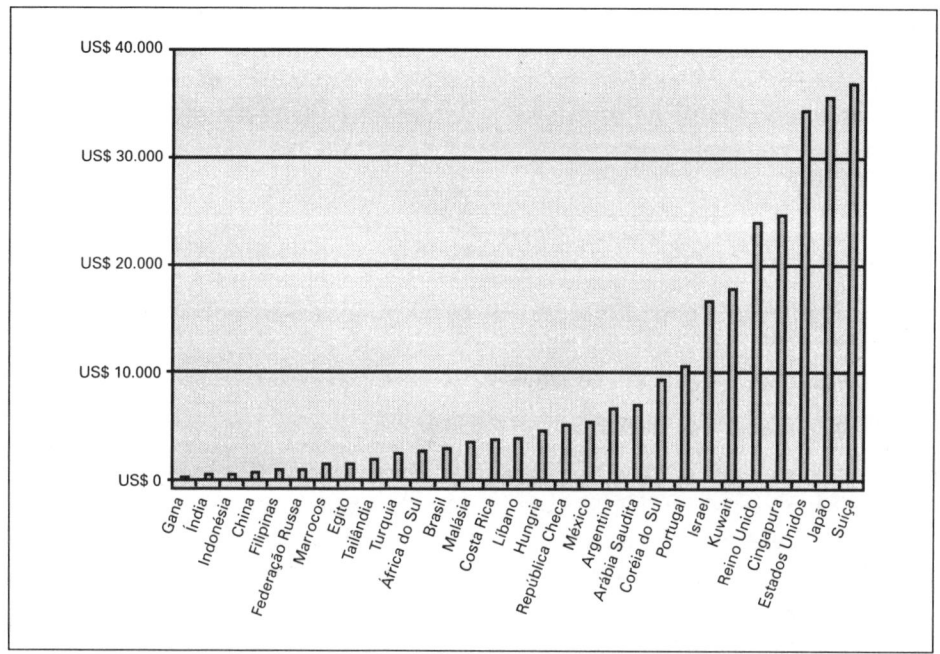

FIGURA 1-2 Embora apresentem rápido crescimento, muitos países em desenvolvimento, especialmente aqueles com maior população, têm muito ainda pela frente até poderem ingressar no "clube dos US$ 10.000". (Fonte: Banco Mundial, Relatório do Desenvolvimento Mundial, 2003, PNB per capita em 2001).

desenvolvimento atingisse a marca da renda nacional per capita de US$ 10.000, isso representaria uma população de mais de 350 milhões, maior do que a população inteira dos Estados Unidos.

É nesses mercados que está o crescimento

À medida que os mercados de consumo e as economias se expandem, empresas tais como a General Electric, apostam cada vez mais, seu futuro no mundo em desenvolvimento (ver o destaque a seguir). Essas companhias reconhecem que é nesse mundo que se opera o crescimento. Enquanto os países desenvolvidos apresentaram índices de crescimento do seu PNB de menos de 3% anuais entre 1980 e 1995, os países em desenvolvimento tiveram um crescimento médio de 6% nesse mesmo período. Os Estados Unidos ainda respondem por cerca de um terço da economia global, mas seu crescimento é mais lento que o do mundo em desenvolvimento – cerca de 3% por ano. O PNB agregado da China cresceu cerca de 10% ao ano desde o fim da década de 1970, e a Índia vem ostentando um crescimento anual de cerca de 6% desde 1991.³ O espantoso tamanho das populações no mundo em desenvolvimento deveria ser argumento suficiente para colocar todas as empresas numa pausa para reflexão. Elas representam mais de 5 bilhões dos 6 bilhões de habitantes do planeta e devem crescer para mais de 6 bilhões, dos 7 bilhões de habitantes que o mundo terá nas próximas duas décadas. Desconsiderando o Japão, os EUA e a União Européia, menos de 2% da população mundial está em outros mercados desenvolvidos.

Encontrando crescimento num mundo de crescimento lento

A General Electric, que foi pioneira no desenvolvimento do mercado indiano de terceirização e tecnologia durante o período do CEO Jack Welch, atualmente considera o mundo em desenvolvimento um dos principais fatores para a continuação de seu crescimento no futuro. Como destacou seu relatório anual de 2004, "nós nos preparamos para promover nosso próprio crescimento num mundo de crescimento lento... As receitas globais cresceram 18% e atingiram US$ 74 bilhões em 2004. As mais promissoras oportunidades de negócios para a GE estão no mundo em desenvolvimento, onde nossas receitas de 2004 atingiram US$ 21 bilhões, um crescimento de 37%... Acreditamos que 60% do nosso crescimento, na próxima década, estarão vinculados a países em desenvolvimento, contra cerca de 20% nos últimos 10 anos. É importantíssimo para nós entender os futuros clientes, fornecedores e concorrentes nessas regiões, nas quais acreditamos que a GE conte com uma significativa vantagem competitiva".³

Esses mercados em desenvolvimento têm consumidores gastando atualmente muito dinheiro, e com mais ainda para ser gasto. Populações consideráveis e altas taxas de crescimento se traduzem em mercados de rápido crescimento, como é mostrado na Figura 1-3. Cerca de 35 a 40% dos lucros das companhias norte-americanas presentes na relação das 500 maiores da Standard & Poors procedem de fora dos EUA. Apesar do antiamericanismo registrado em boa parte do mundo depois do início da invasão do Iraque, as empresas norte-americanas tiveram lucros de US$ 102 bilhões de suas filiais no exterior no primeiro semestre de 2004, um aumento de 38% em relação ao ano anterior. A Goldman Sachs estima que em menos de quatro décadas os PNBs combinados do Brasil, Rússia, Índia e China (as chamadas "economias BRIC") poderão ser maiores que os do G6 em termos de dólares americanos. Dos seis países mais ricos, com base no PNB, apenas os Estados Unidos e o Japão permaneceriam na lista do G6 no ano de 2050.⁴

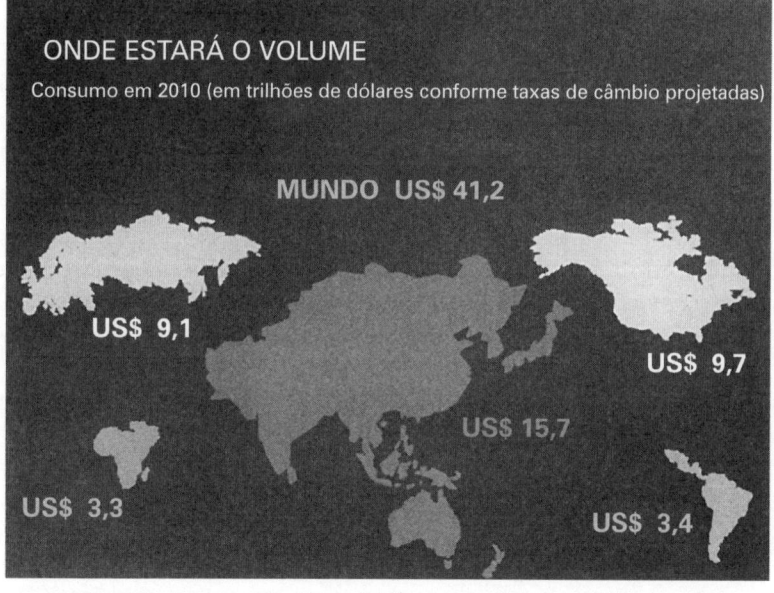

FIGURA 1-3 À medida que o consumo global aumentar de US$ 21,7 trilhões para US$ 41,2 trilhões entre 2003 e 2010, o centro se transferirá da América do Norte para a Ásia e outras partes do mundo em desenvolvimento. (Fonte: Donald Hepburn, Unilever, 2004).

Esses mercados são o futuro

À medida que os mercados em desenvolvimento experimentam rápido crescimento de população e receitas, vão se tornando mais centrais para a definição do futuro de muitos setores industriais. Atualmente já ajudam a determinar os padrões tecnológicos e vão igualmente desempenhando um papel cada vez mais importante em termos de cultura e entretenimento. Por exemplo, Bollywood, na Índia, produz cerca de 1.200 filmes por ano, em comparação com os 450 de Hollywood. As bilheterias dos cinemas indianos vendem 12 milhões de ingressos por dia. O lançamento do musical *Bombay Dreams* na Broadway norte-americana em abril de 2004 (apesar do seu questionável desempenho financeiro) é mais um sinal daquilo que o co-produtor do espetáculo, Shekhar Kapur, diretor e produtor em Bollywood, chama de processo de "colonialismo cultural ao contrário". Kapur prevê o dia, não muito distante, em que o Homem Aranha tirará sua máscara para revelar um rosto indiano ou chinês. (A propósito, uma versão da história do super-herói aracnídeo já foi lançada, tendo como cenário Mumbai e um indiano como o "mocinho" da história.) Pode ser uma visão chocante demais para o mundo autocentrado de Hollywood, mas que, visto de Bollywood, não tem nada de surpreendente. O sucesso de filmes produzidos na China, como *Hero*, *Crouching Tiger, Hidden Dragon*, que arrecadaram US$ 128 milhões nos mercados norte-americanos, é outro indicador da emergência de novos centros de produção cinematográfica. Cerca de 600 festivais internacionais de cinema ocorrem anualmente no mundo inteiro, muitos deles nos países em desenvolvimento.

Não é apenas nos rostos que os filmes estão mudando, mas também nos temas. Enquanto Hollywood produz filmes como *Waterworld* e *The Day After Tomorrow*, projetando um futuro com a Terra submersa pelas águas, Bollywood se concentra mais em temas do mundo em desenvolvimento. No filme *Water*, por exemplo, facções numa cidade futurista lutam pelo controle dos escassos suprimentos de água potável da Índia. No filme indiano de 2004 *Swades* ("*Nós, o Povo*"), Shah Rukh Khan interpreta um cientista da NASA que retorna a uma comunidade rural da Índia, a fim de trabalhar para melhorar os suprimentos locais de eletricidade e água potável, vivendo num *motor home* estocado com água engarrafada e conectado via satélite à Internet – uma casa sobre rodas com todas as instalações modernas inexistentes na localidade. Esses filmes são muito voltados para as realidades do mundo em desenvolvimento. A fim de entender para onde o mundo se dirige, as grandes empresas precisam estar presentes nesses cenários reais.

Quem consegue aqui, consegue em qualquer lugar

Conforme uma velha canção popularizada por Frank Sinatra, Nova York era o campo de testes para indivíduos e empresas. No entanto, muitas das empresas que tiveram suas garras quebradas nos impiedosos mercados do mundo em desenvolvimento conseguiram descobrir meios de exportar suas soluções para o resto dos mercados dos 86%, e até mesmo para os 14% da população do mundo desenvolvido.

A TCL nasceu na China para se tornar o maior produtor mundial de televisores, comprando a venerável marca RCA em 2003 e a partir daí criando uma companhia de US$ 3,5 bilhões com fábricas na China, Vietnã, Filipinas e Alemanha. Em dezembro de 2004, o fabricante chinês de computadores Lenovo (antiga Legend) comprou uma posição majoritária no setor de PCs da IBM por US$ 1,75 bilhão, em dinheiro e ações, transformando-se no terceiro maior produtor de PCs do mundo e assumindo o controle da marca ThinkPad. A IBM conserva uma posição minoritária na companhia resultante dessa fusão. Os 600 milhões de dólares em dinheiro vivo que a IBM conseguiu com essa transação são insignificantes, representando menos de um por cento das receitas de US$ 89 bilhões que a companhia obteve em 2003. No entanto, esse movimento colocou a marca IBM em condições de crescer na China e no resto do mundo, com um sócio nacional no mercado mundial de maior crescimento para os computadores pessoais.

A Haier, produtora de eletrodomésticos, conseguiu, em apenas duas décadas, progredir da fábrica única que tinha na China para a condição de segunda maior produtora de refrigeradores no mundo, e nestas condições obtendo uma presença marcante nos alojamentos de estudantes no mundo desenvolvido. A companhia mexicana de cimento Cemex, depois de enfrentar e superar os pesados desafios logísticos do seu mercado interno, progrediu para se transformar no terceiro maior produtor de cimento do mundo, com operações em mais de 30 países. O conglomerado turco Koc Group, que oferece produtos e serviços que vão de eletrodomésticos a serviços financeiros, relatou receitas superiores a US$ 11 bilhões no exercício de 2003. Mais de 45% dessas receitas procedem de vendas internacionais, impulsionadas pelas aquisições de marcas locais na Alemanha, Áustria, Romênia e outras partes do mundo. A brasileira Embraer transformou-se na quarta maior produtora mundial de aviões comerciais, e o segundo maior exportador brasileiro em 2004.

As soluções para os desafios desses cenários mais do que exigentes levam a produtos melhores e mais baratos. Marcas que consolidaram uma ampla base de apoio no mundo em desenvolvimento têm condições de arcar com o preço desse impulso para entrar nos mercados dessa parte do globo.

MUITOS NÍVEIS DE OPORTUNIDADES

Um dos perigos de se falar a respeito do "mundo em desenvolvimento" ou mesmo dos "mercados dos 86%" é que a insistência pode fazer supor a existência de uma oportunidade de monopólio de mercado. Nada poderia estar mais longe da verdade. Seria simplismo demasiado focalizar tanto apenas os segmentos muito pobres quando os mais luxuosos desses mercados. O que existe, na verdade, é uma série contínua de mercados – todos eles puxando rapidamente para cima. O mercado dos 86% representa uma miscelânea de cenários amplamente diferentes entre si, atravessando fronteiras nacionais, ou mesmo no interior dessas fronteiras, como pode ser confirmado na demanda de veículos que vão desde bicicletas a carros de luxo.

Bicicletas, motos e automóveis

O representante da Daimler Chrysler na Índia vendeu apenas uma dúzia de Mercedes SL500 em 2003, cada um deles valendo 8,2 milhões de rúpias (US$ 179 mil). Foi em média apenas um carro vendido por mês, e mesmo assim ele considerou 2003 um ano bom para os negócios. Ao mesmo tempo, empresas como a Tata Motors buscam nichos de mercado em conjunto com projetistas de motos para desenvolver um automóvel com um notável preço de cerca de US$ 2.000 a fim de torná-los acessíveis às pessoas que mal conseguem comprar uma moto.

Mesmo os automóveis, porém, não representam o espectro inteiro desse mercado. Dos 40 milhões de veículos que trafegam pelas estradas e vias urbanas da Índia, 76% não são automóveis, mas principalmente veículos de duas rodas, entre os quais motos, motonetas e bicicletas (ver a Figura 1-4). Veículos de duas rodas, considerados os "veículos da família", custam bem menos que os automóveis e têm manutenção consideravelmente mais acessível. Em 2003-2004, pouco menos de um milhão de veículos de passageiros foram vendidos na Índia, contra os 5,6 milhões de veículos de duas rodas vendidos nesse mesmo período.[5] A partir desses dados, cabe o questionamento: por que será que as atenções da mídia se concentram principalmente na indústria automobilística no mundo em desenvolvimento?

As bicicletas constituem uma grande parte deste mercado de veículos de duas rodas, dominado por empresas dos mercados em desenvolvimento. A China é, de longe, a maior produtora mundial de bicicletas. Exporta 500 mil bicicletas por ano para a União Européia. Outros grandes produtores estão em países como a Índia, Vietnã e Polônia. As empresas nesses países entendem que o transporte

Divisão do Mercado
2003-2004

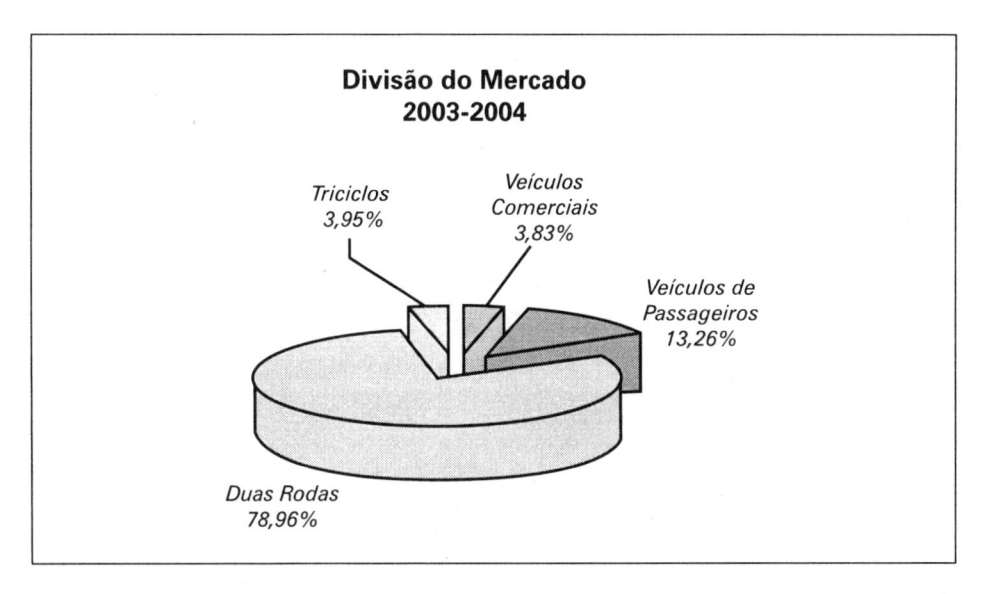

- Triciclos 3,95%
- Veículos Comerciais 3,83%
- Veículos de Passageiros 13,26%
- Duas Rodas 78,96%

FIGURA 1-4 Um imenso mercado trafega sobre duas rodas. (Fonte: Fabricantes de Automóveis da Índia. 2004).

em duas rodas significa algo muito diferente das competições das Olimpíadas e da *Tour de France*.

Vale a pena concentrar esforços nesses veículos de baixo preço? Ao atender as necessidades desse mercado, o Hero Group, na Índia, tornou-se o maior fabricante mundial de bicicletas e criou uma das marcas mais populares na Índia. A partir de sua sociedade com o grupo japonês Honda Motor Company já se tornou o maior fabricante mundial de veículos de duas rodas, especialmente de motos. Em 2003, as vendas da Hero ultrapassaram US$ 1,8 bilhão, quase igual às vendas globais da Pier 1 Imports (o conglomerado de produção e vendas de móveis e decoração com sede em Fort Worth, no Texas, e ações negociadas na Bolsa de Nova York, que ocupou, em 2003, o 801° lugar na lista das mil maiores empresas do mundo da revista *Fortune*). O Hero já colocou 55 milhões de bicicletas e 7 milhões de motos/motociclos nas ruas e estradas da Índia. Enquanto as empresas automobilísticas buscavam cautelosamente estabelecer seus negócios na Índia e na China, o Hero Group da Índia foi levado por seus humildes veículos de duas rodas para um crescimento anual composto de 29% em receitas e 40% nos lucros entre 1998 e 2003. No exercício 2002-2003, o grupo apresentou lucro de 46% sobre o capital investido. O Hero atualmente exporta bicicletas, componentes, motos, mobiletes e acessórios para mais de 70 países, e tem também realizado altos investimentos na consolidação da sua marca em serviços.

Segmentos diversificados

Como bem ilustra o mercado para veículos, os países em desenvolvimento têm segmentos bem diversificados.

- **O rico e o super-rico** – Em 2004, um homem de Pequim pagou o equivalente a US$ 215 mil num leilão por aquele que seria o número de mais sorte de um telefone celular (133-3333-3333). Embora o comprador não tenha sido identificado, fica evidente que mesmo o mundo em desenvolvimento tem muita gente com dinheiro para investir em banalidades. A lista de bilionários do ano de 2004 da revista *Forbes* incluiu pela primeira vez pessoas do Cazaquistão, Polônia e Ucrânia, e Lakshmi Mittal, o magnata do aço indiano, avançou para o terceiro lugar, atrás apenas de Bill Gates e Warren Buffet. Enquanto cerca de 400 milhões de chineses vivam com menos de US$ 2 por dia, a revista *Asia Money* informa que mais de 50 mil chineses já amealharam fortunas individuais de mais de US$ 10 milhões. Embora praticamente a metade dos mexicanos viva na pobreza, esse país tinha mais de 85 mil milionários em 2004, e mais bilionários do que a Arábia Saudita, Suíça e Taiwan. Grande parte do Vietnã é um aglomerado de áreas rurais pobres, mas economistas do Banco Mundial calculam que um domicílio médio de quatro pessoas na Cidade de Ho Chi Minh (antiga Hanói) tenha gasto, em 2002, o equivalente a US$ 20 mil (com base na paridade do poder de compra, ou PPC). Não surpreende, então, o fato de a Louis Vuitton ter triplicado seu espaço de lojas em Hanói em 2004. Nas duas décadas transcorridas desde o lançamento do primeiro campo de golfe chinês, em 1984, mais de 200 deles foram instalados na China continental, número esse que, conforme as projeções, será o dobro dentro da próxima década. Até mesmo uma fábrica de iates de luxo foi estabelecida na China, embora o mercado interno possa ser ainda uma fábula pelos próximos anos. Ainda assim, as Mercedes e os Bentleys dos países em desenvolvimento estão rodando por estradas embarradas do interior, em que muitas vezes disputam espaço com outros tipos de trânsito. Os fabricantes de automóveis também tiveram de acrescentar luzes e ar condicionado aos bancos de trás porque, com os baixos custos da mão-de-obra, esses carros são muitas vezes conduzidos por motoristas particulares.

- **A classe média** – As vendas de bens duráveis, carros e telefones celulares estão crescendo em paralelo com o que ocorre com os rendimentos e as aspirações nos mercados emergentes. Em 2003, a Academia Chinesa de Ciências Sociais concluiu que a classe média representava 19% dos 1,3 bilhão de habitantes do país – quase 250 milhões de pessoas – e que deverá chegar a 40% da população total no ano de 2020. A classe média chinesa poderá ultrapassar o segmento social equivalente dos EUA dentro de uma ou duas décadas. (Embora outras estimativas sejam mais moderadas, todas elas indicam a existência de uma crescente e significativa classe média na China.) Para este segmento, a equação preço-valor é o mais importante dos fatores. A Housing Development Finance Corporation Ltd. (HDFC), fundada por Hasmukhbhai Parekh, tornou-se a principal fonte de financiamento de construção de moradias na Índia, oferecendo empréstimos a taxas mínimas de juros com entradas reduzidas. Isto tornou realidade para milhares de pessoas o sonho da primeira casa própria. Esses crescentes mercados de classe média também têm impulsionado a demanda de automóveis, eletrodomésticos, empréstimos para pagamento de anuidades escolares, e muitos outros produtos e serviços.

- **Os pobres** – Cerca de 1,1 bilhão de pessoas vivem, nos países em desenvolvimento, ganhando menos de US$ 1 (um dólar) por dia, o que inclui um terço das populações da Índia e do Brasil. O rápido crescimento econômico no Leste e no Sul da Ásia ajudou a diminuir o número de pessoas vivendo em pobreza absoluta, de 40% da população global em 1981 para 21% em 2001. Contudo, os extremamente pobres ainda representam uma significativa porção dos mercados em desenvolvimento. Ao contrário das percepções populares, esses segmentos de renda extremamente baixa ainda assim consomem produtos como água potável, eletricidade, chá, produtos de limpeza de baixo custo, cremes dentais, serviços de transporte e comunicação. Embora os preços e as margens de lucro sejam baixas, os grandes volumes de ítens podem tornar esses mercados lucrativos, especialmente entre os produtos voltados para as necessidades mais prementes da população. Existem poderosas oportunidades para construir mercados entre os pobres, como C. K. Prahalad demonstrou em *A Riqueza na Base da Pirâmide*.

- **Os camponeses** – Em 1984, estimou-se que a fatia da Índia rural no consumo total de produtos perecíveis (entre eles pasta de dentes, cremes e produtos alimentícios) e duráveis excedeu o consumo da Índia urbana. Um estudo nas pequenas cidades indianas sugeriu que as receitas de telefones pagos oferecendo serviços locais e internacionais foram maiores que as obtidas em cidades maiores. Diferentes segmentos rurais apresentaram oportunidades diferenciadas. Por exemplo, o fazendeiro rico é um bom mercado potencial para equipamentos agrícolas, transporte para estradas rurais, aparelhos de TV, bens de consumo duráveis, geradores e telefones celulares. Existe uma grande demanda de serviços baratos de habitação e informação sobre a meteorologia, cotações dos produtos agrícolas nas bolsas de mercadorias e disponibilidade de matérias-primas e outros insumos. Globalmente, áreas conhecidas como "teledesertos" começam a "florescer" com *links* de alta velocidade via satélite. Nômades beduínos no Oriente Médio negociam suas ovelhas e cabras via telefone celular. Em países da África ocidental como Costa do Marfim e Gana, telefones celulares compartilhados dão aos plantadores de café e coco condições de ligar às bolsas de produtos nas cidades e negociar preços mais vantajosos. Mesmo que possa constituir uma tarefa gigantesca conseguir acesso a esses mercados, muitas empresas começam a descobrir o potencial que podem vir a representar.

Muitas empresas têm conseguido lucrativos negócios vendendo artigos básicos aos segmentos mais pobres da população, oferecendo artigos de luxo aos ricos, ou suprindo as inúmeras oportunidades que surgem entre esses extremos. Todos esses segmentos compartilham um ambiente e características comuns que modelam as oportunidades dos mercados em desenvolvimento. Esses diferenciais, a seguir resumidos, são o ponto central das estratégias de marketing discutidas ao longo deste livro.

CARACTERÍSTICAS DOS MERCADOS EMERGENTES E DAS OPORTUNIDADES QUE CRIAM

Cada uma das diferenças específicas entre os mercados em desenvolvimento representa desafios para as empresas que tentam ingressar nesses mercados, ao mesmo tempo em que cria oportunidades para os empreendedores que encontrarem as soluções adequadas.

Característica nº 1: Mercados e cultura exigentes

Poeira e calor, falta de eletricidade, estradas e orçamentos precários são fatores limitadores de muitos produtos no mundo em desenvolvimento. Embora as empresas possam vir a ser tentadas a produzir artigos de segunda categoria para esse mundo, é bom não esquecerem que os consumidores são muito exigentes, esperando o máximo de valor pelo seu escasso dinheiro. Produtos e serviços também precisam ser adaptados às culturas e tradições locais, quase sempre muito diferentes das dos países ricos. Como vender jóias e vestuário em países islâmicos, que não permitem que as mulheres exibam o rosto? Como vender alimentos e produtos de beleza a um mercado cuja maior preocupação é com a possibilidade de serem *halal** Os consumidores nesses mercados ainda não desenvolveram uma cultura de consumo. Eles não sabem ser consumidores, e por isso estratégias usadas nos mercados ricos, como a garantia de devolução do dinheiro pago por produtos insatisfatórios, nem sempre dão os resultados esperados. As *memsahib* (donas de casa indianas) e outras redes sociais podem

---

* N. de R. Certificação de produtos para consumo muçulmano/islâmico.

exercer um grande impacto com relação ao crescimento e afirmação de produtos, marcas e mercados.

> Oportunidade: Adaptando-se a culturas diferentes, ambientes rústicos e metas rígidas de preço e desempenho, as empresas conseguem desenvolver projetos de impacto para o lançamento de produtos e serviços. Às vezes essas soluções podem parecer mais um "carro de boi" motorizado do que um automóvel tradicional. Seja no atendimento da demanda de alimentos *halal* ou no suprimento de serviços bancários aos islâmicos ou mesmo através de telefones celulares que apontam o caminho para Meca, as empresas conseguem atingir um mercado muçulmano que representa um de cada cinco consumidores nas economias em desenvolvimento. Como você precisa modificar ou criar produtos e serviços projetados para as condições locais dos mercados em desenvolvimento? Como pode incentivar o consumismo e utilizar-se das redes sociais a fim de construir mercados para os seus produtos?

Característica n° 2: São altas as taxas de emigração para o mundo desenvolvido

Não são apenas produtos e serviços que o mundo em desenvolvimento exporta para o mundo rico: vai também muita gente para aquelas que ainda são as terras prometidas. A população norte-americana nascida no exterior cresceu para 31 milhões de pessoas no último censo, realizado no ano 2000, um aumento de 57% em relação ao censo de 1990. Esses imigrantes mantêm-se em contato com familiares e amigos nos países de origem. Globalmente, imigrantes remeteram para esses países cerca de 93 bilhões de dólares no ano de 2003, uma cifra que perdeu apenas para o total do investimento externo direto em questão de fluxo financeiro do mundo desenvolvido para os países menos favorecidos. Embora os imigrantes sejam formalmente participantes dos mercados desenvolvidos, eles na verdade fazem parte de algo muito maior do que isso. Essas diásporas globais estão redefinindo as fronteiras dos mercados e criando redes sociais que se estendem do mundo desenvolvido para aquele em desenvolvimento.

> Oportunidade: Passando a entender as redes sociais globais de imigrantes e seus amigos e familiares nos países de origem, as empresas podem contar com os recursos do mundo desenvolvido para satisfazer as necessidades de usuários finais no mundo em desenvolvimento. As empresas conseguem desenvolver "injeções de dinheiro" para vender produtos que são pagos nos EUA mas entregues

a parentes dos pagantes em lugares como o México ou na Índia. As empresas podem igualmente servir a imigrantes no exterior criando serviços para aglutinar as redes espalhadas dessa "economia de ricochete". De que maneira você conseguiria realizar negócios ao longo dessas redes sociais globais?

Característica n° 3: Os mercados são fragmentados

Os mercados em desenvolvimento são altamente fragmentados, com poucas marcas nacionais detentoras de uma presença dominante. Por exemplo, as grandes empresas cervejeiras viram inicialmente a China como um mercado imenso, monolítico, à espera de ser coberto com suas megamarcas globais. Depois do fracasso de uma primeira tentativa, contudo, tornou-se claro para elas que esse mercado precisaria ser conquistado praticamente garrafa a garrafa. As marcas locais prosperavam, e as grandes cervejarias começaram a adquiri-las. Conforme definiu Wai Kee Tan, vice-presidente de assuntos corporativos na Ásia da cervejaria Interbrew S.A., com sede na Bélgica, "a China é uma nação, mas não um mercado nacional".[6] A MTV e o HSBC tiveram sucesso exatamente com a estratégia de transformar suas marcas em marcas locais, mercado por mercado no mundo inteiro. Estratégias e portfólios de marca precisam ser modelados de acordo com a realidade de economias fragmentadas em mercados paralisados.

> Oportunidade: Adquirindo e desenvolvendo fortes marcas locais e adaptando marcas globais aos mercados locais, as empresas conseguem cair nas graças das comunidades regionais. Elas têm condições, mais do que ninguém, de adaptar suas marcas globais de maneira a conquistar o apoio do mercado local. Qual é então o equilíbrio adequado das marcas globais com as locais, indispensável para fazer a ligação adequada com os mercados?

Característica n° 4: As populações são mais jovens e em constante crescimento

Enquanto o Japão, a Europa e os Estados Unidos se preocupam com as aposentadorias e o rápido envelhecimento de suas populações, as economias emergentes são principalmente jovens. Peter Drucker declarou que "o mercado dos jovens acabou",[7] mas a verdade é que, no mundo em desenvolvimento, o mercado dos jovens está apenas dando a largada. Enquanto apenas 21% dos habitantes dos EUA têm menos de 14 anos de idade, essa faixa representa 33% da população da

Índia, 29% no Brasil e 33% no Irã (e, não esquecendo, essas percentagens dizem respeito a uma base muito maior de população). A maior parte do crescimento da população mundial está por acontecer nos países em desenvolvimento.

Oportunidade: Uma população jovem cria oportunidades de mercado em educação, jogos, entretenimento, roupas, *fast-food*, cafés, moda, revistas e livros, produtos de beleza, música e outros produtos e serviços. Embora os jovens estejam permanentemente conectados ao que acontece no mundo, os jovens nos mercados em desenvolvimento podem ser muito diferentes daqueles no mundo rico, e as empresas precisam estar permanentemente atentas a este desvio da tradição. Pensando jovem, as empresas conseguem conectar-se com esses impressionantes mercados. Como você agiria no sentido de criar ofertas e estratégias com a pretensão de alcançar esses mercados jovens?

Característica n° 5: A renda e o espaço são limitados

Os ganhos e o fluxo de recursos financeiros são bem menores nos países em desenvolvimento. Nos segmentos rurais e naqueles mais pobres, a renda escassa limita as compras. Mesmo nos setores mais afluentes, no entanto, existe uma tendência a limitar o volume das compras. Em cenários em que a escassez tem passado recente e muitas vezes ainda é o presente, o dinheiro é quase sempre mantido como liquidez, em vez de comprometido em investimentos imediatistas. As taxas de poupança na China e em nove outros países em rápido desenvolvimento aumentaram de 20% para 34% entre o começo da década de 1970 e os primeiros anos da década de 1990, ao mesmo tempo em que a poupança nos países industrializados se reduzia. Enquanto os consumidores compram sempre que possível tamanhos "super" ou "econômico" no mundo desenvolvido, sachês de xampu e outros produtos são a origem de bilhões de dólares das receitas realizadas nos países pobres. No mundo desenvolvido, os clientes pagam um adicional pelo conforto. No mundo em desenvolvimento, os clientes compram pouco pelas mais diversas razões. As residências são muito menores, por isso móveis e outros produtos precisam ser produzidos em escala compatível com isso. A Índia, com 342 habitantes por quilômetro quadrado, tem densidade populacional 11 vezes maior que a dos EUA (31/km^2), e a China, com 135 habitantes/km^2, tem densidade populacional 4,5 vezes maior que a dos Estados Unidos.

Oportunidade: Reduzindo o tamanho das embalagens, proporcionando pagamentos reduzidos, usando consórcios de demanda e

adaptando seus produtos aos espaços menores, as empresas conseguem construir mercados de bilhões de dólares com fluxo de poucos centavos a cada transação. Da mesma forma que os sistemas de estoque *just-in-time* da Toyota ou da Dell Computers, as empresas precisam projetar sistemas capazes de ajudar os consumidores a preencher suas "despensas *just-in-time*". Como você conseguiria desenvolver um grande negócio baseado em pagamentos, embalagens e produtos menores?

Característica n° 6: A infra-estrutura é deficiente

Grande parte da população rural dos mercados dos 86% é inacessível por transporte motorizado, e, da mesma forma, não conta com acesso a bons sistemas sanitários e de eletricidade. Ao mesmo tempo, as cidades experimentam um crescimento muito rápido, fator este que tem representado tremenda sobrecarga para a infra-estrutura urbana. A infra-estrutura é frágil ou subdesenvolvida em qualquer parte do mundo em desenvolvimento. As redes de transporte são praticamente inexistentes. Quedas da rede elétrica são freqüentes. Água potável e sistema de esgoto muitas vezes são inexistentes. Os sistemas econômicos subdesenvolvidos e regulamentações restritivas deram origem a florescentes economias informais ou paralelas nas nações em desenvolvimento. As estimativas indicam que a economia informal já representa no mínimo 40% do PNB das nações de baixa renda.

> Oportunidade: A infra-estrutura deficiente cria oportunidades para empresas dispostas a preencher essas lacunas com sistemas de purificação de água, geradores, conversores e outros produtos da mesma linha. Ela também cria oportunidades para empresas que possam encontrar maneiras de trabalhar em torno das brechas na infra-estrutura, por exemplo, refeições prontas que não exijam refrigeração. A economia informal pode apresentar oportunidades para as empresas legalizadas. De que forma você encontraria oportunidades nas deficiências da infra-estrutura?

Característica n° 7: A tecnologia é subdesenvolvida

O mundo desenvolvido teve uma vantagem de várias décadas em matéria de telefonia fixa, computação e outras tecnologias. O mundo desenvolvido teve

CAPÍTULO 1 ■ AS TERRAS DAS OPORTUNIDADES **45**

tempo ainda maior para construir indústrias de tecnologia intensiva como produtos farmacêuticos e biotecnologia, com o apoio de instituições acadêmicas e de redes de fornecedores. Como poderiam os países em desenvolvimento sequer sonhar em competir neste cenário? Assim, o mercado para a tecnologia não terá sempre desenvolvimento excessivamente lento no mundo dos 86%?

> **Oportunidade:** Novas tecnologias poderosas podem romper as fronteiras do mundo em desenvolvimento. Sem as restrições existentes nos sistemas legados, as empresas têm oportunidades para criar novos sistemas a partir do zero, muitas vezes equiparando-se e até ultrapassando tecnologias anteriores. As tecnologias têm a característica de ampliar-se com grande rapidez à medida que os consumidores as adotam, isto sem os enormes custos observados nos mercados desenvolvidos. Como você pode criar, ou comandar, as tecnologias indispensáveis para permitir que o seu negócio vá avançando em paralelo com as necessidades do mercado?

Característica n° 8: Os canais de distribuição são inadequados

As nações em desenvolvimento caracterizam-se pelos sistemas deficientes de distribuição. Nas grandes cidades, a distribuição se dá principalmente por intermédio das lojas informais, como as *paanwalla* na Índia, as *tiendas de las esquinas* no México, e as lojas *sari-sari* nas Filipinas. Um mercado de 600 milhões de habitantes está ainda isolado nas aldeias indianas, 42% das quais têm população de menos de 500 pessoas, e precárias conexões com o mundo externo. A falta de mídias, estradas e eletricidade cria barreiras aparentemente impenetráveis. Algumas aldeias não têm qualquer estabelecimento de varejo, e algumas oportunidades de distribuição, como dias de feira ou festividades locais, são temporárias por natureza.

> **Oportunidade:** Estabelecendo a distribuição ou utilizando os sistemas próprios de cada local – como pequenos varejos e dias de feira – no mundo em desenvolvimento, as empresas podem encontrar caminhos destinados a "levar o mercado ao povo", encontrando assim os mercados difusos e fragmentados do mundo em desenvolvimento em que pretendem operar e ter sucesso. De que maneira você conseguiria criar as redes de distribuição necessárias para atingir os mercados dispersos dos países em desenvolvimento?

Característica nº 9: Os mercados experimentam acelerada transformação

Por definição, os mercados globais dos 86% encontram-se *em desenvolvimento*. Embora possa levar décadas até que eles se tornem desenvolvidos, a certeza existente é de que continuarão a experimentar acelerada transformação. Em um ano, ou até mesmo em questão de meses, esses mercados podem apresentar mudanças. Examine-se, por exemplo, a rápida emergência da Coréia do Sul ao longo da última década, ou o crescimento da Índia e da China. Os consumidores ficam mais exigentes. A trajetória que esse desenvolvimento poderá atingir irá depender de fatores como os controles e regulamentações governamentais, práticas tradicionais e cultura de negócios, e das ações das empresas. O aumento das receitas e a melhoria das condições econômicas acabam alterando os hábitos de consumo e a própria sociedade em seu todo, criando mudanças previsíveis, tais como a crescente autonomia das mulheres, à medida que esses mercados vão amadurecendo. Esses mercados irão igualmente apresentar novos desafios e oportunidades a cada estágio do seu desenvolvimento.

> **Oportunidade:** Investindo no entendimento da complexa jornada rumo ao desenvolvimento, as companhias conseguem melhorar seus negócios de maneira a satisfazer as necessidades em mutação do mundo em desenvolvimento. As empresas podem fazer experiências com novos produtos e modelos de negócio em um determinado país e exportar aqueles que forem bem-sucedidos para outro, ou mesmo para o mundo desenvolvido. As empresas podem igualmente importar idéias de sucesso dos países desenvolvidos à medida que os mercados dos 86% amadurecem. De que forma você pode desenvolver o seu negócio com o mercado?

Em função dessas características particulares do mercado dos 86%, as empresas precisam quase sempre recorrer a soluções de mercado inteiramente diferentes daquelas existentes no mundo desenvolvido, como se resume na Tabela 1-1. Cada uma dessas características cria oportunidades de mercado com as estratégias adequadas, como pretendemos examinar com maior detalhamento nos próximos capítulos.

TABELA 1-1 Características especiais criam oportunidades de mercado

Características do mercado	Estratégia para concretização das oportunidades de mercado
Mercados, cultura e cenários são exigentes	Não construa um carro quando o mercado precisa de um carro de bois
São elevados os índices de emigração para o mundo desenvolvido	Mire na "economia do ricochete"

TABELA 1-1 Características especiais criam oportunidades de mercado (*continuação*)

Características do mercado	Estratégia para concretização das oportunidades de mercado
Os mercados são fragmentados	Faça a conexão das marcas com o mercado
As populações são jovens e em constante crescimento	Pense jovem
Renda e espaços são limitados	Cresça pensando pequeno
A infra-estrutura é deficiente	Proporcione infra-estrutura independente
A tecnologia é subdesenvolvida	Busque o salto de qualidade
Os canais de distribuição são deficientes	Leve o mercado às pessoas
Mercados em mutação acelerada	Cresça com o mercado

ENCONTRANDO SOLUÇÕES

Sucesso, nos mercados dos 86%, quase sempre significa desafiar conceitos estabelecidos. No negócio bancário, por exemplo, o Grameen Bank, fundado pelo professor Muhammad Yunus, passou a oferecer microempréstimos a empreendedores rurais que não receberiam um segundo olhar se entrassem pela porta da frente de um grande banco tradicional. O Grameen começou em uma aldeia de Bangladesh em 1976 e atualmente tem mais de 3 milhões de tomadores de empréstimos e emprega mais de 11 mil pessoas em mais de 43 mil pequenas localidades. Com um índice de recuperação de empréstimos superior a 99%, o Grameen Bank tem obtido lucros desde 1992, financiando seus empréstimos quase que inteiramente com capital próprio e poupança dos depositantes. O Grameen tornou-se uma marca de confiança que levou a outros negócios paralelos. De acordo com estimativas da Organização das Nações Unidas, entre 70 milhões e 750 milhões de microempréstimos foram oferecidos por milhares de financeiras em todo o mundo no começo de 2005. O modelo do microempréstimo foi adotado por empresas lucrativas como a Basix, na Índia, que oferece serviços financeiros a clientes nas áreas rurais em cerca de 10.000 localidades indianas. O microempréstimo tornou-se um negócio de respeitabilidade, junto com uma determinação que permite às companhias divisar as oportunidades escondidas nesses mercados. Esta mudança de pensamento é bem refletida num anúncio de 2004 sobre investimentos globais pela financeira norte-americana Franklin Templeton Investments, que proclama: "Você vê uma cultura antiga. Nós vemos modernas donas de casas". (Ver a Figura 1-5.)

Milhões de clientes potenciais de serviços financeiros permaneceram invisíveis até o momento em que alguém resolveu lançar um modelo de negócios com a capacidade de distinguí-los. No outro lado do espectro, as empresas competem por clientes bancários privados entre um crescente amálgama de clientes afluentes no mundo em desenvolvimento. Esses clientes também só emergiram recentemente, ou só recentemente passaram a ser assim percebidos. Quantos milhares de outros potenciais clientes não estarão à espera de alguma organi-

FIGURA 1-5 Um anúncio da Franklin Templeton Investments reconhece que os mercados dos 86% têm muito mais oportunidades do que aquelas visíveis a olho nu (Cortesia da Franklin Templeston Investments. Copyright 2004-2005. Franklin Templeton Investments. Todos os Direitos Reservados).

zação com a capacidade de levar até eles as soluções mais apropriadas a cada caso? Companhias que criaram estratégias apropriadas para os 86% da população mundial em mercados em desenvolvimento já concretizaram imensas oportunidades, mas isso exigiu que repensassem seus produtos, marcas, distribuição e muitas outras estratégias de mercado.

Os mercados em desenvolvimento certamente representam desafios de extrema dificuldade, como esgoto sanitário deficiente, escassez de água encanada, precariedade em alimentos e em roupas, falta de habitação e deficiências nos sistemas de ensino. No entanto, em meio a todos esses desafios, surgem enormes oportunidades, tanto nos segmentos do mercado que já apresentam receitas confortáveis quanto nos segmentos que ainda lutam para sair da linha de pobreza. As empresas podem trabalhar com organizações não-governamentais (ONGs), governos e outras organizações no sentido de minorar as crescentes necessidades desses países, ao mesmo tempo em que ali constroem negócios lucrativos. Nos capítulos a seguir, exploraremos em maior profundidade as oportunidades criadas pelas características exclusivas dos mercados dos 86% e algumas das soluções necessárias para concretizar todas as suas promessas.

A solução dos 86%

- Examine cada uma das características do mercado dos 86%, e a partir daí estude quais as modificações necessárias às suas estratégias de mercado e produtos para conseguir sucesso nesse mercado.

- Identifique suas estratégias atuais bem-sucedidas em mercados desenvolvidos que certamente não darão bons resultados nos mercados dos 86%. Até que ponto será preciso modificar tais estratégias?

- Avalie o tamanho total do mercado para suas ofertas de produtos e/ou serviços em mercados em desenvolvimento específicos. Existem concorrentes em condições de disputar esses mercados? O que é possível aprender com os modelos por eles adotados?

- Analise as iniciativas das ONGs, dos governos e empreeendimentos privados para suprir as necessidades de mercados em desenvolvimento específicos. O que é possível aprender a partir dessas iniciativas? Como trabalhar com elas no desenvolvimento de oportunidades de negócios e ao mesmo tempo concretizar objetivos sociais?

NOTAS

[1] Kenichi Ohmae. "The $ 10.000 Club." *Accross the Board*, outubro 1996, p. 13.

[2] John Maynard Keynes. *The General Theory of Employment, Interest and Money* (A Teoria Geral do Emprego, do Juro e da Moeda) 1936.

[3] General Electric, Relatório Anual 2004, 11 de fevereiro de 2005.

[4] Dominic Wilson e Roopa Purushothaman. "Dreaming with BRICs: The Path to 2050." Goldman Sachs, Global Economics Paper N° 99, 1º de outubro de 2003.
[5] Society of Indian Automobile Manufacturers. htpp://www.siamindia.com/General/production-trend.aspx.
[6] Gabriel Kahn, Dan Bilefsky e Christopher Lawton. "Burned Once, Brewers Return to China – with Pint-Size Goals." *The Wall Street Journal*, 10 de março de 2004, p. A1.
[7] Peter Drucker. "Meeting of the Minds." *Across the Board (The Conference Board)*, novembro/dezembro 2000.

2
Não produza um automóvel quando a melhor solução for um carro de boi

O projeto dos produtos precisa necessariamente refletir os desafios do cenário local e as demandas da cultura e religião locais. Quando se procura soluções criativas para tais necessidades, às vezes um carro de boi tem utilidade bem maior que um automóvel.

O alarme dispara no telefone celular Ilkone i800 de Mahmoud, com a voz do *muezzin** convocando para a oração. Ele estaciona seu sedan Lexus junto a uma das muitas mesquitas de Beirute, no Líbano. Além disso, quando em viagem, o telefone tem ajustes de zonas horárias para milhares de cidades e uma bússola embutida que indica a direção de Meca. Mahmoud é gerente sênior em uma empresa que trabalha com a fabricação de metais para a indústria automobilística. O empreendimento tem sido lucrativo, e Mahmoud certamente ajudou a fazê-lo chegar a essa condição. A crescente popularidade da Exposição de Automóveis do Oriente Médio, realizada anualmente em Dubai, e que já exibe mais de 500 modelos de 64 fabricantes, dá uma medida muito apropriada do crescimento da indústria na região. A exposição apresenta modelos dos últimos tipos de Mercedes, Jaguar e Ferrari, e também carros médios da GM, Ford, Suzuki e Peugeot. Com a população predominantemente jovem da região, as perspectivas dos modelos locais de automóveis são mais do que promissoras.

Ilkone 800

---

* N. de R. Religioso que convoca os muçulmanos para as orações.

Ao sair da mesquita, no entanto, Mahmoud não consegue deixar de pensar nos problemas derivados da agitação política regional e na ameaça de sanções internacionais contra o Irã, fatores que causam incerteza para os negócios na área. Mahmoud e seus colegas trabalham arduamente para estabelecer novos mercados em regiões menos voláteis em outras partes do mundo em desenvolvimento. Isto, no entanto, impõe que eles se adaptem a regras e diretrizes de mercado diferentes daquelas excêntricas, mas para eles familiares, que reinam perto de casa. Ao parar num bar e comprar uma Mecca Cola no intervalo entre duas reuniões, ele recebe uma mensagem instantânea de sua mulher, Aghdas. Ela também está num intervalo do trabalho e ansiosa para falar-lhe da casa que descobriu num *website* de ofertas imobiliárias. O casal decidiu comprar uma moradia bem maior do que a atual, graças a um novo empréstimo Sharia. Como muçulmanos devotos, eles não pretendiam recorrer a uma hipoteca ocidental padronizada, mas esses novos empréstimos lhes permitem perseguir o sonho de comprar a casa ideal sem precisar para tanto abrir mão de valores derivados da religião.

O mundo tem mais de um bilhão de muçulmanos, quase todos vivendo em países em desenvolvimento, juntamente com grupos diversos como hindus, budistas, cristãos e inclusive ateus. Como uma pessoa deve fazer para integrar a moderna tecnologia com cultura e passado tradicionais? Você, por exemplo, está projetando produtos e serviços para este mercado? A maior parte da população do mundo em desenvolvimento vive em comunidades rurais. Você por acaso se dedica a projetar produtos e serviços relevantes para as estradas empoeiradas desses mercados? Os consumidores desses mercados precisam mais de um automóvel ou de um carro de boi melhorado?

Num mundo de estradas e ruas esburacadas e empoeiradas, o carro de boi pode ter vantagens sobre um sedan de alto desempenho. Esse tradicional carro de imensas rodas movido pela força de enormes animais não dá status ao seu dono entre os vizinhos, nem pretende quebrar recorde algum de velocidade. Mas, se há alguma coisa que ele consegue fazer com sucesso é transportar cargas pesadas do ponto A ao ponto B, por mais difíceis que sejam os caminhos que ligam um ao outro. Quando a Hindustan Motors, a mais antiga montadora de carros da Índia, fez parceria com um sócio australiano para criar um veículo projetado especificamente para as zonas rurais da Índia, não buscou inspiração nos fabricantes de automóveis e caminhões do mundo desenvolvido. Pelo contrário, a companhia criou um veículo projetado para concorrer com os tradicionais carros de boi.

O resultante Veículo de Transporte Rural (VTR), com suas formas quadradas, é projetado para transportar tanto pessoas quanto mercadorias e outros bens (ver a Figura 2-1). É suficientemente estreito para não ficar prensado nas estreitas vielas rurais, tem um bom grau de dirigibilidade e adequada altura da carroceria. É suficientemente forte para percorrer sem susto as estradas desiguais do interior da Índia, com oito marchas para levá-lo dos esburacados trechos rurais até velocidades relativamente altas nas rodovias pavimentadas. É, na verdade, uma versão moderna do carro de boi. Adaptando-se às demandas diversificadas do transporte nas áreas rurais, tem assentos retráteis que podem se transformar em espaço para duas toneladas de carga ou, na posição normal, transportar até 20 passageiros por viagem. O VTR utiliza a tecnologia mais sofisticada disponível, inclusive engenharia contemporânea e índices de emissão de poluentes equivalentes aos padrões europeus.

O projeto do VTR baseou-se nas conclusões de um grande estudo das necessidades das comunidades rurais em toda a Índia, e pretende atender as especificações desse mercado. Trata-se de um veículo de baixa manutenção para uma área em que os raros serviços existentes são caros demais. Conta com amortecedores apropriados para enfrentar as estradas esburacadas. É também versátil, o que o torna extremamente útil como transporte pessoal, van de entrega, transporte de tropas, ônibus escolar e até mesmo como ambulância. Como a minivan, ou SUV, nos Estados Unidos, este VTR definiu sua própria categoria de veículo. E, da mesma forma que o SUV no mercado norte-americano, o VTR, projetado para as áreas rurais, fez sucesso também nos mercados urbanos, transportando crian-

FIGURA 2-1 O Veículo de Transporte Rural (VTR) da Hindustan Motors. O que você gostaria de ter ao seu alcance numa estrada rural embarrada: um reluzente automóvel de luxo ou este VTR?

ças e outros passageiros pelas estreitas ruas de Nova Delhi e outras cidades. O veículo, que tem uma versão movida a gás natural, também foi beneficiado por novos regulamentos referentes à poluição ambiental e seu controle. Embora as vendas iniciais do VTR não tivessem conseguido cobrir os custos de produção, o modelo a gás natural foi relançado e rebatizado como "Veículo de Confiança na Estrada" a fim de coincidir com as restrições impostas aos veículos a diesel, considerados mais poluentes. O modelo se transformou em grande sucesso de vendas para a Hindustan Motors. No ano fiscal de 2001, o VTR foi o principal fator da virada positiva dos negócios da empresa, com a venda de mais de três mil unidades garantindo receitas acima de 1 bilhão de rúpias (US$ 23 milhões). A empresa também começou a expandir suas vendas em Bangladesh, no Nepal, em nações africanas e outros mercados em desenvolvimento. No exercício 2003-2004, cerca de 60 mil veículos utilitários foram vendidos na Índia, um aumento de 14% sobre o ano fiscal anterior.

O VTR da Hindustan Motors dá uma boa idéia da importância de se analisar muito de perto as verdadeiras necessidades do mercado, levando em conta todas as suas diferenças e projetando produtos capazes de satisfazê-las. O VTR não é, certamente, a solução única para as necessidades diversificadas dos mercados em desenvolvimento. Muitos sedans, SUVs e outros tipos de veículos que fazem sucesso nesses mercados se parecem bem mais com aqueles dos mercados dos países ricos (ainda que mesmo esses modelos sejam normalmente adaptados às condições locais em detalhes não tão ostensivamente visíveis quanto os do VTR).

PROJETANDO PARA SARIS DE SEIS METROS

Cada segmento tem sua própria estratégia de "carro de boi", e as soluções por eles encontradas são quase sempre diferentes. Enquanto a Hindustan Motors pensou no setor rural como objetivo principal ao desenvolver seu "carro de boi" – o VTR, a Ford desenvolveu o Ikon para conquistar um crescente mercado de classe média na Índia. Como ocorre com muitas das empresas ocidentais que se lançam à conquista dos mercados em desenvolvimento, a Ford inicialmente tentou importar modelos do mundo desenvolvido (começando já com o Modelo A em 1907). Depois de abandonar o mercado indiano em 1954, a Ford retornou em 1995 quando o governo aprovou uma *joint venture* com a Mahindra & Mahindra Ltd. (M&M) para vender o Ford Escort, tendo como alvo o mercado ascendente de carros médios que o Esteem da Maruti Suzuki havia dominado durante nove anos. Mas, a despeito do enorme sucesso alcançado na Europa, o Escort teve, por parte dos compradores indianos, uma acolhida nada mais do que morna. Não era um carro projetado para as necessidades deles.

Em novembro de 1999, a Ford partiu para a criação do primeiro automóvel construído especificamente para o mercado indiano por uma multinacional. Engenheiros e outros profissionais testaram o carro nas piores estradas de toda a Índia, desde as ruas mais congestionadas do centro e da periferia de Nova Delhi até as estradas inundadas pelas chuvas das monções de Chennai, passando pela alta umidade de Kerala, pelas primitivas rodovias de Madhya Pradesh e vencendo as elevações até chegar à cidade de Ooty. Os engenheiros testaram o modelo em condições que foram desde as fracas nevadas de Simla até o calor dos assustadores desertos de Jaisalmer, e percorreram em altas velocidades as imensidões das estradas em geral vazias de Rajasthan. Durante todos esses testes, sofisticados sistemas de avaliação mediram as temperaturas do fluido de refrigeração, dos freios, do combustível e do interior do carro.

Os resultados dos testes realizados pela Ford provocaram mudanças no projeto do carro, entre elas detalhes como uma buzina mais potente, item que é extremamente utilizado na Índia. A Ford acrescentou um novo sistema hidráulico de embreagem e melhorou o alinhamento dos pedais para se adequar ao estilo indiano de guiar, em que a maioria dos motoristas normalmente parte em segunda marcha. A empresa aperfeiçoou igualmente a compactação do carro para enfrentar os altos níveis de poeira e umidade, criou um firme raio de ação para vencer as curvas fechadas nas estradas mais estreitas, aumentou a altura da parte da frente para maior segurança, e acrescentou firmeza à estrutura da carroceria para minimizar os choques na estrada. O Ikon valeu-se da engenharia e renome da Ford em matéria de necessidade de manutenção, com intervalos de revisão de 15 mil quilômetros, velas de ignição de longa vida, eixos de direção de manutenção gratuita e garantias para válvulas, um sistema de cinto de segurança de baixa manutenção e a transmissão selada.

A Ford identificou o fato de que são muitos os automóveis, mesmo na faixa de preço do Ikon, os quais são conduzidos por motoristas particulares, nestes casos os donos do veículo e as crianças sentam no banco de trás. A partir desta constatação, a empresa aumentou o conforto desse assento e acrescentou ar condicionado à traseira. (Outros fabricantes aprenderam a caro custo a importância do desenho do banco traseiro. Quando a General Motors lançou o Opel Astra na Índia na década de 1990, por exemplo, o ar condicionado insatisfatório da parte de trás foi o responsável pela decepção de incontáveis compradores.) O Ikon foi também projetado com portas altas e largas para facilitar o embarque e desembarque das indianas trajando saris de seis metros de tecido.[1]

Embora o carro tenha sido projetado para satisfazer as exigências práticas das condições indianas de dirigir, a Ford deu igualmente atenção especial à motivação dos clientes, procurando identificar esse modelo com a idéia do *josh* (alegria de viver). A Ford ofereceu também mecanismos inovadores de financiamento para colocar as prestações mensais de um Ikon ao alcance de um amplo segmento da população indiana. Garantiu ainda suporte de emergência 24 horas, mais tempo de serviço que os concorrentes, e um *website* para acompanhar os programas de fidelização dos clientes e da construção de relações de longo prazo com eles. Mais ainda, a Ford ofereceu serviços profissionais, inclusive o rigoroso cumprimento dos horários marcados para a manutenção, um sistema para um cuidadoso *check-up* periódico dos carros, e ordens de peças e serviços revisados com os clientes antes da conclusão dos reparos.

Apenas seis mil Escorts tinham sido vendidos na Índia nos dois anos anteriores ao lançamento do Ikon. A Ford vendeu cinco vezes esse número de Ikons (30 mil) entre fevereiro de 2001 e 2004, apesar da alentada concorrência. O Ikon superou o Esteem para se transformar no líder de sua categoria, com 22% do mercado. Com base nestes sucessos, a Ford India lançou novos modelos do Ikon e um SUV de preço relativamente acessível para o mercado indiano. Percorrendo as montanhas e desertos da Índia, a Ford conseguiu criar uma solução "carro de boi" para o segmento da classe média. Ela tem enfrentado dura concorrência de companhias inovadoras que se dedicaram ao projeto e fabricação de "carros de boi" mais modernos, entre elas a Tata Motors (trabalhando com um carro de US$ 2 mil), parcerias como as da Maruti/Suzuki e GM/Daewoo, e inclusive a fabricante de automóveis romena Dacia (recentemente adquirida pela Renault).

Outra solução para a camada mais baixa do mercado é o Veículo Utilitário Básico (VUB). É um veículo de quatro rodas, descoberto, projetado pelo Institute for Affordable Transportation, uma instituição sem fins lucrativos com sede nos Estados Unidos (ver Figura 2-2). Trata-se de um veículo feito para microempresários com renda inferior a quatro mil dólares anuais em mercados em desenvolvimento de clima temperado. Não tem vidros nem portas. Sua velocidade máxima é de 20 milhas (32 km) por hora, e faz 60 milhas (78 km) por galão (3,8 litros)

FIGURA 2-2 Sem teto e sem pára-brisa, o Veículo Utilitário Básico tem custo mínimo e manutenção simples, o ideal para servir a microempresários em países em desenvolvimento de clima temperado. (Fonte: Institute for Affordable Transportation).

de combustível, com motor a gás ou a diesel. A manutenção é simples e barata. O VUB vem num kit que custa cerca de US$ 900. É produzido principalmente com materiais simples e sobras de autopeças, e pode ser facilmente embarcado em contêineres para transporte marítimo. O VUB é igualmente de fácil montagem nos mercados aos quais se destina, com baixo investimento, equipamento simples e exigência mínima de mão-de-obra especializada.

EXIGÊNCIAS MÍNIMAS

A empresa que quiser exportar seus produtos e serviços para qualquer mercado global obviamente precisará redesenhá-los e adaptá-los às exigências e condições locais. Entretanto, dado que as condições existentes nos países em desenvolvimento – da renda per capita à infra-estrutura, passando pela cultura – são em geral completamente diferentes daquelas dos mercados mais afluentes, as soluções poderão ser completamente diferentes daquelas criadas para os mercados em desenvolvimento. Isto exige não apenas a adaptação de produtos existentes mas, às vezes, a criação de um produto inteiramente diferente. Não devemos pressupor que basta importar os produtos e estratégias do mundo desenvolvido para ter sucesso nos países em desenvolvimento. Alguns precisam ser adaptados, enquanto existem aqueles que precisam ser redesenhados desde o começo para poderem satisfazer as condições locais. Além das onipresentes estradas e ruas esburacadas e estreitas, fatores como cultura, religião e tradições exigem soluções diferenciadas, como veremos neste capítulo.

Estratégia n° 1: Entender que preço baixo não é sinônimo de má qualidade

O mundo em desenvolvimento exige alta qualidade a preços mais baixos, e por isso as empresas precisam elaborar soluções que caibam nessas duas condicionantes. Por exemplo, a arquiteta Simone Swan e a construtora Maria Jesus Jiminez criaram uma casa de adobe, de 51 metros quadrados, como modelo-piloto em Ojinaga, México, cujo custo total ficava em apenas US$ 5 mil. O projeto se baseava em arquitetura do Oriente Médio adaptada ao estilo mexicano, e as grossas paredes de adobe tornavam a casa mais resistente à expansão tanto do calor quanto do frio. Esta solução proporcionou menores custos de construção e gastos operacionais reduzidos em comparação com as construções típicas de concreto e madeira, que dependem de sistemas mais caros de calefação e refrigeração. Essas casas poderiam ser construídas por equipes de 20 famílias, sem recorrer aos construtores pagos.

O Grameen Bank criou um programa de habitação em Bangladesh que proporcionava aos futuros proprietários empréstimos de US$ 350, quatro colunas de concreto, uma laje de concreto pré-moldado, 26 coberturas para telhado de ferro corrugado, e um projeto de uma casa resistente a inundações. Nos primeiros cinco anos do programa, foram construídas 44.500 dessas casas, e 98% dos participantes pagaram o empréstimo fornecido pelo banco.

Da mesma forma, as empresas podem reduzir a manutenção e custo geral da propriedade por meio de inovações em produtos. Quando as empresas projetam um automóvel que irá precisar de reduzida manutenção, ou quando dão garantia aos produtos, eles poderão ter maior valor nesses mercados. A incorporação de painéis resistentes a batidas em automóveis ajuda a evitar a necessidade de mão-de-obra ao longo do caminho. Inovações semelhantes podem aumentar o preço inicial do produto (embora isso nem sempre ocorra) mas vão certamente reduzir os custos de propriedade com o passar do tempo. Em vez de prestar atenção exclusivamente ao preço de compra, calcule o preço da vida útil do produto a fim de encontrar maneiras de reduzir os custos de manutenção sem elevar significativamente o preço de compra.

Estratégia nº 2: Criar ou importar soluções inovadoras

Como descrito anteriormente, empresas como a Hindustan Motors e a Ford, encontraram oportunidades mediante a criação de soluções talhadas para as condições dos mercados locais. As empresas também devem se preocupar com a aplicação de métodos inovadores de projeto de produto para satisfazer as exigências do mundo em desenvolvimento. Por exemplo, vários dos "melhores produtos" de 2004, eleitos nas revistas *Business Week* e *Fortune*, poderiam encontrar aplicações no mundo em desenvolvimento. A Oral-B lançou os Brush-Ups no mercado norte-americano – escovas de dentes descartáveis que já vêm com creme dental. É um produto destinado às pessoas muito ocupadas que precisam escovar os dentes depois de uma breve refeição mas não têm como levar consigo escova dental e creme dental normais. Por serem a seco, os Brush-Ups não exigem água nem bochechos. Não seria um produto de tremenda utilidade em mercados com escassez de oferta de água? Outro caso seria o da bicicleta FLO, dobrável e que pode ser transportada como bagagem manual no mundo desenvolvido; teria aplicação no mundo em desenvolvimento, cabendo perfeitamente nos pequenos apartamentos das grandes cidades (isso, claro, se o seu preço de US$ 2 mil pudesse ser reduzido).

Embora a maioria das companhias farmacêuticas se preocupe em desenvolver soluções para os EUA e outros mercados desenvolvidos, que são realmente aqueles com condições e capacidade de dar suporte aos custos da pesquisa e desenvolvimento, outras empresas já se concentram na criação de soluções para o mundo em desenvolvimento. Um tratamento da "cegueira dos rios" (oncocercose) desenvolvido pela Merck, os tratamentos da AIDS desenvolvidos pela empresa farmacêutica indiana Cipla e outras, e o centro de pesquisas da AstraZeneca em Bangalore, dedicado à tuberculose, concentram esforços nos desafios do mundo em desenvolvimento. Embora esses mercados fossem considerados pobres demais para financiar o desenvolvimento de novas drogas, uma combinação de apoio de fundações como a Bill & Melinda Gates Foundation e de iniciativas públicas está criando mercados mais viáveis. Grandes companhias farmacêuticas, entre elas a Dr. Reddy's Laboratories, fundada pelo Dr. Anji Reddy, e a Ranbaxy, surgiram no mundo em desenvolvimento.

Estratégia n° 3: Cuidar de clientes que não sabem ser clientes

Os clientes, em muitos mercados emergentes, vivem em cenários em que tradicionalmente os fornecedores não conseguem suprir a demanda. Em países como Brasil, Irã, Romênia e Hungria, são muitas as histórias de clientes que tiveram de esperar durante muitos anos para receber uma linha telefônica. Não havia fornecedores diferentes oferecendo preços igualmente diferenciados, ao contrário dos países desenvolvidos. Havia pessoas que até faziam festa quando recebiam uma linha telefônica, e outras que vendiam seu número no mercado negro, a uma cotação muito maior do que a oficial. Demanda maior que o fornecimento significava escasso interesse por serviços de alta qualidade ou garantias para conservar os clientes. Em contraste, quando o fornecimento é maior que a demanda, como no mundo desenvolvido, o consumidor é o rei. Pode levar algum tempo para os consumidores do mundo em desenvolvimento se acostumarem com esta inesperada coroa. Afinal de contas, têm escassa relação com a experiência do consumo, e por isso mesmo seu comportamento de consumo tende a ser imprevisível.

Por exemplo, na maioria dos mercados desenvolvidos, a Amway usa uma garantia de devolução do dinheiro pago, sem questionamentos, por produtos insatisfatórios exatamente como sinal da confiança naquilo que oferece ao consumidor. Se os clientes não estiverem inteiramente satisfeitos com os produtos da empresa, podem devolver as garrafas para receber o preço que pagaram, ou substitutos, mesmo se elas estiverem vazias. A garantia mostra que a empresa aposta incondicionalmente na qualidade dos seus produtos. Ao oferecer semelhante garantia na China, em 1997, a Amway passou a enfrentar problemas. Os clientes começaram a devolver garrafas vazias para receberem dinheiro de volta depois de terem utilizado normalmente o produto. Uma barbearia descobriu que poderia usar o xampu da Amway de graça, pelo simples fato de devolver, vazio, todo o frasco do produto utilizado em serviços aos seus clientes. E não foi só: espertinhos passaram a comprar os frascos desse mesmo produto em quantidade, passando-o para outras embalagens e devolvendo os frascos vazios à Amway, em troca do dinheiro inicialmente pago. Desempregados de Xangai pagaram US$ 84 por um conjunto inicial de produtos na condição de distribuidores da Amway e nunca mais ficaram sem o produto. Outros simplesmente juntaram frascos vazios de lixeiras e os levaram à Amway para serem indenizados. Um empreededor de coleta seletiva ganhou quase US$ 10 mil por sacos cheios de garrafas vazias.

Quando as devoluções chegaram ao montante de US$ 100 mil por dia, a Amway teve a certeza de que havia alguma coisa errada. A empresa então alterou seu procedimento na China, implementando um processo mais rigoroso para selecionar distribuidores e outros que haviam transformado a devolução de frascos vazios num negócio lucrativo. Isto foi suficiente para resolver o problema? Muito pelo contrário: distribuidores e coletores começaram a protestar contra a empresa. Centenas de distribuidores indignados organizaram uma passeata até a filial da companhia para apresentar suas queixas. Alegaram ter direito ao dinheiro pela devolução dos frascos vazios. A Amway havia oferecido a mesma garantia em países desenvolvidos, em que as devoluções ficavam abaixo de 2% do total das vendas. A empresa se mostrou compreensivelmente surpresa com a reação dos chineses.

Da mesma forma, a Domino's Pizza viu seu negócio crescer rapidamente num país latino-americano, mas pelas razões erradas. Os clientes passaram a ver a garantia da entrega das pizzas no prazo máximo de 30 minutos como um desafio. Faziam de tudo para apresentar endereços complexos e confusos, tentando com isso atrapalhar o entregador e se habilitar a receber pizza de graça. Não era mais uma garantia de serviço, mas, sim, uma competição de entrega dentro do prazo.

O que essas empresas aprenderam foi que os clientes nos países em desenvolvimento não têm um claro entendimento do consumo e de todas as suas implicações. *A verdade é que eles não sabem ser consumidores.* Falta-lhes uma experiência com conceitos – como o de garantia pela vida inteira – que são tidos como pontos de partida indiscutíveis de um bom negócio nos mercados desenvolvidos. Isto é algo que precisa ser entendido quando se estiver projetando oferta de de produtos e serviços para países em desenvolvimento. Na China, a Amway provavelmente não precisaria ter oferecido a garantia de devolução do preço pago para vender seus produtos. Os clientes não estavam preparados para aquela "generosidade". Uma vez que o objetivo da empresa era comprovar a alta qualidade de seus produtos, deveria ter encontrado outros meios de fazer essa garantia chegar ao cliente, sem precisar correr esse risco. Poderia ter usado, por exemplo, apoios ou testes independentes para garantir a qualidade dos seus produtos.

O comportamento dos consumidores também afeta a experiência geral de outros clientes. Por exemplo, a JetAirways, fundada por Naresh Goyal, oferece serviços aéreos modernos e profissionais no mercado interno indiano, e pretende se tornar uma empresa aérea global. Contudo, quando os passageiros não admitem ficar em fila no portão de embarque, ou quando se comportam inadequadamente durante um vôo (veja o próximo texto em destaque), eles conseguem prejudicar a satisfação de voar de outros passageiros. Os clientes num restaurante de *fast-food* como o McDonald's, que não sabem como lidar com suas bandejas, em geral falam mal dessa experiência para amigos e conhecidos. Funcionários que não foram criados numa cultura de cliente também poderão enfrentar uma batalha muito árdua na tarefa de prestar serviços eficientes aos consumidores. De que forma as empresas conseguirão avaliar e melhorar a qualidade dos serviços quando eles são impactados pela falta de experiência de consumo de outros clientes e dos próprios empregados?

Céus nada acolhedores

A China criou uma das maiores frotas mundiais de aviões de passageiros e construiu aeroportos moderníssimos, transportando 80 milhões de passageiros em 2004. Este rápido crescimento, porém, tem o seu lado negativo. Em praticamente todos os vôos há passageiros de primeira viagem. Esses passageiros não sabem ser clientes. Os comissários e comissárias de bordo são forçados a lidar com esses estreantes que, por exemplo, não sabem lidar com seus cintos de segurança, são rudes e que chegam a tentar abrir a porta de emergência em meio a um vôo. Qualquer atraso num vôo e já surgem passageiros gritando por uma refeição, quando não ameaçam desistir do vôo. Tudo isto tem conduzido a um alto índice de demissões de comissários de bordo, apesar dos salários relativamente atraentes.

O lado sombrio de uma classe média em rápida expansão nos países em desenvolvimento é o fato de que muitos clientes, como os inexperientes passageiros de primeiro vôo, estão entrando nos mercados de consumo pela primeira vez. Isto significa que, por mais modernos que sejam os aviões e por mais claro que esteja o horizonte, um vôo na China pode ser, muitas vezes, uma experiência estressante.

Cabe às empresas ter consciência desta inexperiência com o consumo e aprender a lidar com seus efeitos. Elas precisam projetar promoções e programas de treinamento para enfrentar os efeitos negativos desta situação. Os governos têm utilizado com sucesso a educação para promover higiene, saúde e segurança pública (um exemplo disso é Cingapura, citada como uma cidade exemplar pela implementação de inúmeras iniciativas de melhoria da vida pública). Por exemplo, quando as autoridades de Xangai passaram a impor maior rigor às leis de trânsito, os cidadãos não estavam dispostos a aceitar esse comando, o que levou inclusive a uma série de ataques contra agentes policiais. Em agosto de 2004, o governo municipal criou um sistema para modificar este comportamento, passando a oferecer recompensas a quem registrasse, em fotografia ou em vídeo, flagrantes de violações das leis do trânsito. Esse procedimento resultou na aplicação de mais de 5 mil multas de trânsito nos primeiros três meses de experiência com o sistema. Com isso, o governo não apenas conseguiu punir os violadores, mas, principalmente, tornou o público consciente da importância do cumprimento dessas normas. As empresas poderiam usar estratégias semelhantes para recompensar e alterar o modo de agir dos consumidores. Podem, igualmente, trabalhar tendo em vista a própria inexistência de uma cultura de consumo. Por exemplo, alguns restaurantes de *fast-food* estão contratando funcionários para deslocar as bandejas, em vez de tentar treinar os clientes a fazerem isso. Isto funciona igualmente como um elemento a mais no alto conceito de que essas companhias desfrutam nos mercados em desenvolvimento.

Essa inexistência de cultura de consumo pode ser igualmente vista em mercados que não contam normalmente com publicações especializadas em críticas e avaliação de restaurantes e teatros. Quando a *Time Out* lançou sua edição de Pequim em maio de 2003 – ao mesmo tempo que em Mumbai, Moscou e outros mercados em desenvolvimento –, os proprietários de restaurantes ficaram chocados ao enfrentar, pela primeira vez na história de seus estabelecimentos, artigos críticos de especialistas anônimos. Esses restaurantes estavam acostumados com as críticas sempre favoráveis em publicações nas quais faziam anúncios. Não tinham noção alguma da existência deste aspecto crítico de uma cultura de consumo – publicações a serviço dos consumidores –, mas a revista já está ajudando a mudar essa situação. E certamente não faltarão oportunidades para criar outros canais semelhantes, sempre a serviço de um segmento cada vez mais abastado e sedento de informações.

Estratégia n° 4: Respeitar a força da religião e da cultura

Religião e tradição são fatores de peso na determinação da acolhida que produtos e serviços têm nas nações em desenvolvimento. Há pessoas que ainda pedem a um religioso que abençoe um novo computador ou automóvel que acabam de comprar. Embora a religião e a tradição tenham impacto sobre o progresso dos negócios em qualquer país, elas indiscutivelmente se fazem sentir com maior força nos mercados em desenvolvimento, o que torna ainda mais importante reconhecer sua influência e evitar entrar em choque com elas. A Organização Mundial da Saúde (OMS), por exemplo, estima que mais de 80% da população africana recorre à medicina tradicional. Isto tem significativo impacto não apenas sobre a saúde pública, mas igualmente sobre as oportunidades para as medicinas alternativas e também para os produtos farmacêuticos. A diversidade de religiões e culturas ao longo dos países em desenvolvimento pode chegar a ser dramática, coisa que às vezes um estrangeiro tem enorme dificuldade de compreender.

Lembremos a que ponto o selo de aprovação muçulmano, dizendo que um produto é *halal*, afetou a concorrência no setor em Bangladesh. O Lux da Unilever era o sabonete mais vendido em Bangladesh até 1996, com uma linha de sabonetes à base de resina vendida com o slogan "Shaundarjer shuchanay Lux" (A beleza começa com Lux). Nesse momento, um novo concorrente, o Aromatic, obteve consideráveis fatias de mercado com base numa garantia de que seus sabonetes de base vegetal eram superiores aos da Lux, de base animal. Em sua publicidade, o Aromatic passou a alardear que seu produto era *halal*, o que o tornaria mais aceitável para a população predominantemente muçulmana de Bangladesh. Em 1998, o Aromatic havia conquistado 31% do mercado, mas a partir daí concorrentes com produtos semelhantes começaram a investir sobre esta fatia. A campanha do *halal* foi tanto bem-sucedida quanto surpreendente. Embora nunca tenha ficado claro se suas insinuações a respeito de o sabonete Lux não ser *halal* tinham mesmo alguma razão de ser, o fato é que a simples possibilidade disso foi suficiente para derrubar a marca Lux à metade da fatia do valor que detinha até então num mercado em rápida expansão. A Lux mais tarde reformulou seus produtos e passou a usar uma base vegetal, reconquistando a seguir sua liderança de mercado. O Aromatic é que acabou perdendo as vantagens obtidas desde seu surpreendente lançamento, à medida que uma variedade de outros concorrentes *halal* entrou na concorrência, tendo sua fatia de mercado reduzida para apenas 7%. Foi, no entanto, uma experiência que proporcionou importantes lições sobre a força da religião e da cultura nos mercados emergentes.

Outras empresas também estabeleceram poderosas vantagens recorrendo às preferências religiosas e culturais na busca de clientes (ver o destaque a seguir). Na Europa, o surgimento do frango frito *halal* representa um desafio direto ao domínio da KFC (Kentucky Fried Chicken, rede norte-americana especializada), aproveitando a onda do aumento de grandes populações de imigrantes. A McDonald's chega a oferecer Chicken McNuggets *halal* na área de Detroit, estado de Michigan, que tem uma crescente população muçulmana. Surgem igualmente *websites* oferecendo aos viajantes indicações sobre onde encontrar alimentos *halal*, *kosher*, vegetariano hindu e outros, em praticamente todo o mundo.

Serviços bancários islâmicos: financiando a casa própria ao estilo Sharia

O Citibank, o USB Warburg, o HSBC e outros grandes conglomerados bancários estabeleceram filiais islâmicas para oferecer financiamentos, hipotecas e até mesmo fundos de investimentos de acordo com as restrições impostas pela lei da Sharia. O Guidance Financial Group anunciou, em 2004, financiamento da construção de casas com o título "Conquiste a paz de espírito neste Ramadan comprando sua casa como manda a Sharia". A estrutura dessas contas e instrumentos financeiros precisou ser repensada para se adaptar às restrições religiosas aos juros (usura) e à obrigação de fazer contribuições para os pobres, além das proibições que pesam sobre monopólios e a acumulação de capitais. Em lugar de contas com juros fixos, os bancos islâmicos oferecem aos seus poupadores fundos mútuos de maior risco, usando parcerias e distribuição dos lucros.

O Citibank oferece cinco produtos bancários islâmicos na Malásia (financiamento residencial, fundos unitários, contas de depósitos a prazo, contas de poupança e contas correntes). Seu plano de financiamento residencial é profundamente diferente das hipotecas existentes em outras partes do mundo. O comprador encontra a casa dos seus sonhos, o banco avalia as necessidades do comprador (extensão do financiamento e termos de pagamento), e só então o banco compra a casa da imobiliária. O banco então vende a casa ao cliente a um preço mais elevado, no qual estarão incluídos o custo real e a margem de lucro do banco. O comprador paga esse preço em prestações mensais fixas ao longo do prazo combinado. Assim, supostamente nenhum juro é cobrado, mas o banco não deixa de obter o seu lucro. Da mesma forma, contas correntes e de poupança são usadas para investimentos em negócios com altos valores, e o banco distribui parte dos lucros como recompensa aos donos das contas. Os fundos bancários islâmicos cresceram de 7,3% da carteira do Citibank em 1997 para 12,6% em 2003. O Citigroup, matriz do Citibank, contabilizou mais de US$ 5 bilhões em transações bancárias islâmicas entre 2000 e 2004.

A carteira de serviços bancários islâmicos continua a se expandir, com o surgimento de seguros e fundos *hedge* (de longo prazo). Em outubro de 2004, foi lançado o Sharia Equity Opportunity Fund, como o primeiro fundo *hedge* islâmico. Os programadores levaram dois anos e meio para desenvolver um fundo de acordo com as estipulações da Lei da Sharia, que proscreve o risco e a especulação inerentes à maioria destes fundos *hedge*.

Fabricantes de telefones celulares estão igualmente adaptando seus produtos para os mercados islâmicos. Empresas como a LG Electronics, da Coréia do Sul, e a Ilkone Mobile Telecommunication, com sede em Dubai, oferecem telefones destinados aos 1,4 bilhão de muçulmanos de todo o mundo. Esses telefones apresentam itens como o texto integral do Alcorão, com tradução para o inglês, chamadas programadas para a hora das orações (com a voz do Azan), horários das orações e orientação sobre como se voltar corretamente para a Qibla em mais de 5 mil cidades, e conversores de calendário *Hijri*. A Hosan Corp., da Coréia do Sul, vende dispositivos manuais com versões digitais do Corão em árabe e inglês.

Estratégia nº 5: Cuidar do significado mais profundo dos produtos

Há produtos que podem ter um significado mais profundo do que o seu objetivo ou função. Na Índia rural, por exemplo, as roupas são lavadas com sabão em barra, em vez de detergente em pó. As donas de casa consideram o ato de esfregar a barra de sabão nas roupas uma prova de amor. Ela ajuda a remover manchas persistentes e é uma maneira mais econômica de usar um produto de limpeza. Quando a Hindustan Lever lançou seu detergente em pó na Índia no começo de 1988, logo se tornou a marca dominante. Contudo, a companhia reconheceu que muitas clientes continuavam a usar sabão em barra para a lavagem das roupas porque o trabalho braçal representava uma prova de seu amor pelos familiares. Na interpretação das donas de casa indianas, ao passarem a usar detergentes elas estariam deixando de cuidar adequadamente dos seus entes queridos, não estariam sendo econômicas, e, como se não bastasse, com isso deixariam de honrar tradições e hábitos enraizados. Como é que alguém poderia querer remover manchas e sujeira das roupas sem ser à custa de muito esfregá-las? Nessa cultura, uma inovação destinada a poupar tempo apresentava, na verdade, conotações negativas.

Reconhecendo as dificuldades relativas à adoção dos sabões em pó, a Hindustan Lever desenvolveu um detergente em barra que oferecia todos os benefícios de uma lavagem moderna na forma tradicional de uma barra, com o benefício adicional de um desempenho superior em água salobra. O Rin Bar ganhou popularidade em toda a Índia por causa de sua adequação ao modo tradicional de lavar roupa naquele mercado. A utilização dupla de barra e pó é uma exclusividade indiana, e a Hindustan Lever transformou o mercado de sabão de lavar roupas em um mercado de detergente em barras.

Ao reconhecer o profundo significado da lavagem de roupas para as mulheres indianas, o detergente em barra da Hindustan Lever foi um produto que satisfez a necessidade de roupa limpa adaptada às exigências da tradição e cultura locais. Esse estilo permitiu às mães do mundo em desenvolvimento mostrar seu amor pela família ao mesmo tempo em que alcançavam melhores resultados na limpeza de suas roupas.

Muitas são as empresas que fazem uma adaptação superficial de seus produtos aos mercados em desenvolvimento, sem atender àqueles elementos mais enraizados da cultura e religião. Por exemplo, a Mattel viu aumentar o sucesso de sua boneca Barbie depois de substituir a versão tipicamente americana, de cabelos loiros e olhos azuis, por bonecas com as características de 45 diferentes nacionalidades em 150 países. As bonecas multiétnicas Bratz produzidas pela MGA Entertainment agradaram a um grupo ainda mais amplo e diversificado de clientes em todo o mundo, vendendo milhões de bonecas e ocupando uma parte significativa do mercado antes dominado pelas Barbies. A boneca falante Pequena Farah leva esta adaptação ainda mais longe. Custando apenas US$ 19,95, ela não apenas tem traje típico muçulmano como também recita 11 frases islâmicas em árabe ou inglês, como "Insh-Allah" (Se Alá permitir) e "Subhan Allah" (Glória a Alá). Num *website* relacionado, o Little Farah's Corner (www.toytutors.com/products/farah/aboutme.asp), as crianças têm mais informações sobre a família e interesses da boneca, que incluem os jogadores de basquete Tarik Abdul-Wahad, da equipe dos Mawericks, de Dallas, Texas, e Hakeem Olajuwon, dos Rockets, de Houston, igualmente no Texas. "Eles são excelentes jogadores e também humildes muçulmanos devotos", informa o site. A boneca não é, portanto, apenas um brinquedo, mas também um meio para que pais muçulmanos ensinem aos filhos seu idioma e valores, transmitindo-lhes, ao mesmo tempo, suas aspirações.

Estratégia nº 6: Mercado para a *Memsahib*

Na transposição de produtos para mercados em desenvolvimento, a dona de casa (*memsahib*, na Índia, *ama de casa*, no México) sem dúvida desempenha papel central como núcleo de introdução de tais produtos. Uma dona de casa abastada no México ou na Índia pode ditar tendências para camareiras e outras eventuais empregadas domésticas, um fato que é muitas vezes ignorado se as empresas concentram seus esforços no comprador final. Muitos domicílios na Índia, por exemplo, contam com empregados em tempo parcial (zelador, copeira, cozinheira, motorista ou faz-tudo) que interagem regularmente com a dona de casa. Ela os aconselha em todos os tipos de problemas e sobre compras de artigos tão diversos como remédio para a tosse, detergentes até utensílios e veículos automotores. Geralmente, ela se torna a responsável por decisões de compras de uma média de seis famílias. Quantas são, no entanto, as empresas que as consideram o mais importante fator de influência para produtos fabricados para seis famílias? Se ela mesma faz uso desses produtos, é bom refletir por um momento sobre o efeito multiplicador desse fato com respeito às vendas. Ela também desempenha papel muito mais ativo na vida dos empregados do que é costume nos países desenvolvidos. Por exemplo, não é incomum que ela se empenhe em garantir que as crianças de uma empregada freqüentem a escola, muitas vezes até mesmo pagando as mensalidades. Ela pode igualmente proporcionar aos empregados telefones celulares ou outras tecnologias que os ajudem a se manter em constante contato com ela.

Mesmo que a dona de casa não se interesse por ofertas do tipo compre-um-leve-dois, ou prêmios de cartões de crédito, ela pode repassá-las aos empregados.

São escassas as empresas que programam ofertas como essas percebendo a importância desses relacionamentos. As empresas poderiam oferecer à dona de casa cartões de crédito que proporcionassem recompensas talhadas conforme as necessidades dos empregados. Em vez de planos familiares para telefones celulares, as companhias poderiam oferecer planos coletivos para facilitar o trabalho de empregados de uma residência com produtos projetados, por exemplo, para limitar a utilização pessoal.

A tradição e a comunidade podem igualmente ser usadas para facilitar a adoção de inovações nos países em desenvolvimento. Por exemplo, o desenvolvimento de um mercado para o gás de cozinha aproveitou-se das tradições de cozinha comunitária para introduzir o novo produto nas regiões mais remotas da Índia. As mulheres na Índia rural tradicionalmente utilizavam esterco animal como combustível para cozinhar, e por isso a HPCL, distribuidora de gás propano, enfrentou um desafio ao tentar converter os consumidores da zona rural para a utilização do gás. Esses consumidores usavam a tradição das cozinhas comunitárias (*Sanjha chulha*) em aldeias rurais, em que as mulheres levam sua massa amassada a um forno central de argila (*tandoor*) para cozinhar seu pão. Ao introduzir o propano nesses fornos centrais, a empresa ajudou a espalhar a adoção desse combustível ao longo desse verdadeiro mundo rural.

As tradições podem ajudar a facilitar a aceitação de novos produtos, mas podem da mesma forma dificultar a introdução destes. As empresas precisam ser pacientes na introdução de novos produtos e serviços que exijam mudanças de hábitos. Nos primeiros anos do séc. XX, óleo filtrado e manteiga líquida eram os principais meios de cozimento na Índia. A manteiga líquida, com seu sabor lácteo, era a preferida, mas quando os preços do leite deram um salto na década de 1920, os preços da manteiga líquida também tornaram antieconômica sua utilização. Foi aí que a Hindustan Lever da Índia lançou uma inovação marcante, Dalda Vanaspati. Esse produto não apenas tinha o rico aroma e sabor da manteiga líquida, mas também a mesma aparência, a preço bem menor, porque era feito de óleo vegetal. Dadas a demanda da manteiga líquida e a vantagem da Dalda quanto ao preço, pareceria uma decisão muito lógica comercializar o novo produto. A manteiga líquida, porém, tinha um status especial derivado de sua antiga tradição no país e da importância nas tradições religiosas, em que o oferecimento de uma "imitação" era proibido.

A Dalda se tornou um produto muito popular, mas isso levou cerca de dez anos. A Hindustan Lever usou uma campanha de marketing com demonstrações por todo o país, anúncios na imprensa e vendas de porta em porta. Uma vez aceito, o produto teve um rápido crescimento. Na verdade, seu sucesso foi tamanho que os estoques acabaram ficando limitados e os clientes tinham de ficar horas em filas para comprar um pouco de Dalda. O produto chegou a ser apelidado de "ouro negro", e logo se desenvolveu um mercado negro em torno dele. A gigantesca demanda provocou o lançamento de marcas rivais no mercado. O governo teve de intervir para o estabelecimento de preços controlados e para garantir os estoques. Dalda tornou-se a marca registrada deste produto que é até hoje uma parte integrante da cultura indiana. Contudo, como demonstra o progresso da Dalda Vanaspati, quando a tradição e cultura podem ser manobradas e até mesmo transformadas com o passar do tempo, pode-se criar poderosas oportunidades para a construção de mercados.

GUIANDO O CARRO DE BOI

Os mercados em desenvolvimento quase sempre apresentam diferenças fundamentais em relação àqueles desenvolvidos, e os produtos e soluções de serviços a eles destinados precisam, por isso mesmo, refletir adequadamente essas diferenças. As empresas que estiverem dispostas a concretizar as oportunidades disponíveis no mercado dos 86% precisam, em primeiro lugar, reconhecer o impacto dessas diferenças quanto a ambiente, cultura, religião e experiência do consumidor.

Há ocasiões em que as soluções resultantes desse processo devem pender mais para carro de boi do que para automóveis modernos. A qualidade tem de ser elevada, mas pode ser definida de maneira diferente. As ofertas podem requerer significativas mudanças a fim de refletir a cultura e religião locais. A maneira de conquistar um cliente pode ser pelas necessidades da *memsahib*. Há também soluções que exigem uma fusão entre o velho e o novo, o moderno e o tradicional. Uma vez entendidas essas diferenças, as empresas podem construir "carros de boi" capazes de conduzi-las a lucros e crescimento pelo simples fato de se preocuparem com as reais necessidades do mercado.

A solução dos 86%

Avalie com cuidado a melhor forma de formatar um determinado produto para que ele reflita as condições e exigências locais num mercado específico (por exemplo, pessoas vivendo nos Andes ou em Xangai).

Identifique os segmentos específicos que poderão considerar sua oferta de produto ou serviço atraente hoje, e procure maneiras de criar outras ofertas para outros segmentos (rural/pobre, classe média, ricos). Você não estaria por acaso oferecendo automóveis a quem precisa efetivamente de um bom carro de boi?

Desenvolva estratégias diversificadas para um país com renda per capita de US$ 2.000, outro com renda per capita de US$ 5.000, e um terceiro com uma renda per capita de US$ 10.000. Em que, exatamente, suas estratégias precisam ser alteradas?

Procure maneiras de aumentar a durabilidade e reduzir o custo do ciclo de vida dos produtos.

Desenvolva estratégias para atrair consumidores que ainda não sabem consumir. Quais são os pontos de suas ofertas que precisam de mudanças? Quais os ensinamentos que pode oferecer aos consumidores?

Examine de que forma seus produtos e serviços precisam ser adaptados a religião è as tradições locais. Como você poderia tornar seus produtos mais atraentes para os mais de um bilhão de consumidores muçulmanos? Quais seriam os outros segmentos ainda ignorados?

Explore as comunidades e redes sociais que encaram a sua empresa de modo crítico. Procure maneiras de atrair a *memsahib* (dona de casa indiana). Como você poderia se inserir nessas redes sociais a fim de construir a aceitação de produtos novos?

NOTAS

[1] Como um indício do potencial de automóveis projetados para mercados específicos, uma equipe de cinco projetistas da Volvo, todas mulheres, criou um carro feminino. Ao toque da chave montada num berloque, suas portas em forma de asas de gaivota se abrem, e o chassis inteiro também se ergue por alguns centímetros a fim de facilitar o acesso, mesmo para as grávidas. A equipe criou igualmente um novo descanso de cabeça capaz de acomodar os mais diversos penteados. E desenvolveu um sistema de "Ergovisão" que escaneia o corpo da motorista na revenda e a partir daí reprograma assentos e outros itens na chave em código de maneira que o carro seja inteiramente adaptado às características da motorista. Alguém aí se aventura a desenvolver um projeto semelhante para as mulheres nos países em desenvolvimento?

Mirando na economia do ricochete

Com seus elevados índices de emigração para o mundo desenvolvido, o mercado dos 86% espalha-se por diásporas globais entrelaçadas que interagem continuadamente. Para atingir o mundo em desenvolvimento, as empresas muitas vezes precisam em primeiro lugar fazer "ricochete" nas redes sociais do mundo desenvolvido.

Juan, com esposa e filho, imigrou do México para os EUA – San Antonio, no Texas, mais precisamente – alguns anos atrás, e atualmente trabalha na construção civil, tendo rendimentos suficientes para manter um pequeno apartamento. Ele conseguiu seu primeiro cartão de crédito do Bank of America e teve há pouco aprovado um financiamento para a compra do seu primeiro automóvel. Ele realiza ligações com freqüência para os pais e outros parentes que vivem na periferia da Cidade do México, usando a AT&T ou um cartão telefônico que comprou numa loja de conveniência 7/11 (a Seven/Eleven é uma das maiores redes desse tipo de lojas nos EUA) para poder manter sob controle os gastos com o telefone. (Ele agora está literalmente de olho num serviço *Voice-over-IP* –VOIP – que poderá fazer uma assinatura de banda larga valer a pena.) Recentemente comprou duas sacas de cimento da Cemex que um irmão que mora perto dos pais recebeu em sua casa no México. É muito bom sentir-se em condições de começar a dar uma casa melhor para os pais. Juan encomendou também móveis para eles na Famsa, uma loja mexicana cujo website proclama ser *Su tienda sin fronteras* (sua loja sem fronteiras). O imigrante faz passes bancários para os pais e para os "clubes de oriundos", associações comunitárias que financiam obras públicas. Recentemente abriu uma conta no Citibank que lhe permite depositar, nos EUA, dinheiro ao qual seus pais terão acesso no México. O apartamento de Juan tem estado um tanto apertado desde que o cunhado dele, Javier, também imigrou para os EUA. O cunhado instalou-se no apartamento até conseguir moradia melhor, mas, mesmo assim, tudo é hoje mais fácil do que era quando Juan chegou ao Texas. Javier recebeu uma "matrícula consular", carteira de identidade do consulado geral do México, documento com o qual poderá abrir uma conta bancária e tirar licença de motorista. Juan e sua família estão planejando a primeira viagem ao México desde que se mudaram para os EUA, voando pela Aero Mexicana. Vai levar para casa inúmeros presentes, e pretende trazer de volta muita coisa do México, com isso contribuindo para o intercâmbio entre as duas economias. Embora viva hoje muito longe de suas origens no México, o coração e a carteira de Juan continuam sempre muito próximos de sua casa.

Imigrantes como Juan estão criando uma economia interligada que se estende entre mercados desenvolvidos e em desenvolvimento. Em conjunto, eles mandam para casa bilhões de dólares e criam demanda de serviços em seus novos endereços. O que você faria para tirar proveito desta florescente *economia de ricochete*?

Dedicando-se principalmente ao atendimento de imigrantes hispânicos na Califórnia, os fundadores das lojas de móveis e artigos eletrônicos La Curaçao, com sede em Los Angeles, construíram uma diversificada rede de negócios que apresentou, em 2004, receitas de mais de US$ 250 milhões. Usando sua própria fórmula, esse varejista oferece cartões de crédito a imigrantes recém-chegados que tenham renda mínima de US$ 1.500 mensais. Muitos deles ainda não são cidadãos norte-americanos, e para oito de cada dez deles, esse é o primeiro cartão de crédito. São, quase todos, clientes que certamente não aparecem na tela do radar de outras empresas. A música de fundo nas lojas é a salsa mexicana, os funcionários falam espanhol (cerca de 40 milhões de imigrantes que vivem nos EUA não se comunicam em inglês), e bandas de *mariachis* e outros artistas do gênero divertem o público num palco central. O fato de se tratar de uma empresa criada por dois irmãos israelenses que também começaram a vida nos EUA como imigrantes ilegais aumenta o interesse pelo empreendimento. Os dois fundadores talvez nem falem o mesmo idioma dos clientes das suas lojas, mas com certeza entendem as necessidades do mercado por eles constituído.

A certa altura, a rede La Curaçao deu um novo passo no seu negócio. Foi quando entendeu que esses clientes hispânicos tinham parentes e amigos ainda no México ou em outras áreas, quase todos com recursos ainda mais modestos que os dos imigrantes. O varejista lançou um sistema que permite a clientes radicados nos EUA comprar produtos para serem entregues aos parentes no México. Com isso estava reconhecendo o poder da "economia do ricochete". Essa economia funciona ao longo de um conjunto de relacionamentos entre imigrantes no mundo desenvolvido e seus familiares e amigos que continuam nos países de origem. O consumidor final dos produtos e/ou serviços envolvidos na transação pode permanecer no mundo em desenvolvimento, mas o pagamento vem do mundo desenvolvido.

Embora a maioria dos mercados seja estudada em separado (os dos EUA e do México, por exemplo), a verdade é que as interconexões entre eles são variadíssimas. Redes sociais e familiares se entrelaçam mundo afora. Mensagens de *marketing*, compras e fundos fluem por entre essas redes sem serem limitadas pelas fronteiras nacionais, ricocheteando ou saltando de um mercado para o seguinte. Isto significa que, como no caso da Curaçao, uma empresa pode vender determinado produto a um cliente em Los Angeles e entregar a encomenda a um parente/amigo do comprador na Cidade do México. O cliente de um banco em Nova York faz com a maior facilidade um depósito para um parente em Bangalore, na Índia. As oportunidades desse mercado de ricochete são riquíssimas, mas só recentemente empresas criativas como La Curaçao passaram a se dar conta de todo esse novo universo de negócios em que os recursos atravessam com a maior facilidade as fronteiras geopolíticas oficiais.

Movimentos interpessoais de capitais, em conjunto com os fortes laços sociais mantidos entre imigrantes e seus parentes e amigos no país de origem, criaram muitos caminhos de ida e volta entre os mercados dos mundos desenvolvido e em desenvolvimento. Como a grande maioria dos imigrantes se desloca em busca de trabalho, e muitos deles sempre sonham com mandar dinheiro para casa, este fluxo de retorno de recursos e produtos ao mundo em desenvolvimento é algo mais do que natural. Esses fluxos financeiros não se dão entre os amplos canais de comunicação financeira proporcionados pelos sistemas bancários tradicionais, mas, de preferência, percorrem trajetórias mais personalizadas entre esposos, esposas e filhos. Ao longo desses caminhos, quase invisíveis, fluem bilhões de dólares e as informações que alimentam os mercados.

Sempre que conseguem reconhecer de que forma as comunicações, produtos e capitais vão e voltam – ou ricocheteiam – entre os mundos desenvolvido e em desenvolvimento, as empresas tornam-se aptas a constatar que a rota mais direta até um cliente nem sempre é a linha reta, mas, em lugar disso, um passe bancário entre os dois mundos – como mostra a Figura 3-1.

A ECONOMIA DO RICOCHETE

Trabalhadores imigrantes enviaram para seus países de origem, em 2003, cerca de US$ 93 bilhões, quase o equivalente ao PNB de Cingapura, conforme um estudo do Banco Mundial. Essas remessas constituem a segunda maior fonte de

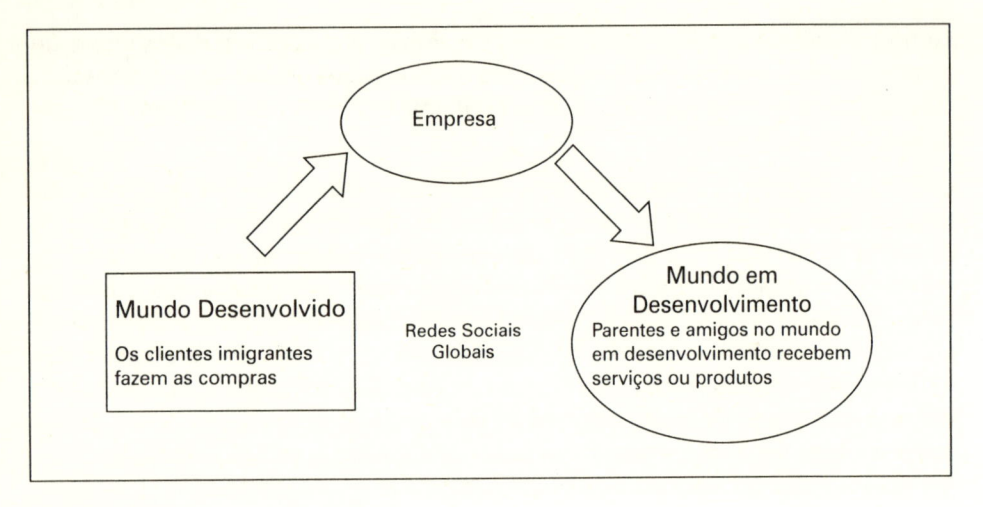

FIGURA 3-1 A economia do ricochete.

fluxo de caixa para os países em desenvolvimento, depois dos investimentos externos diretos (com cerca de US$ 150 bilhões), como é mostrado na Figura 3.2. Os fundos que os trabalhadores mandam do exterior para seus países de origem são mais do que o dobro dos fluxos financeiros líquidos oficiais, e superiores aos fluxos do mercado de capitais. Tais remessas têm aumentado com rapidez, tendo dado um salto de 20% entre 2001 e 2003, apesar dos inúmeros obstáculos criados pelas taxas bancárias, taxas cambiais e outros.

Os Estados Unidos são a principal fonte dessas remessas feitas por imigrantes. O destino principal dessas mesmas remessas é a América Latina, num fluxo de capitais que atingiu aproximadamente US$ 30 bilhões em 2003. Os latinos nos EUA tiveram receitas estimadas em US$ 652 bilhões no ano de 2003, e, em 2008, devem ser responsáveis por cerca de 10% de toda a receita disponível nos EUA. Já os indianos expatriados remeteram para casa mais de US$ 18 bilhões de diferentes partes do mundo em 2003, o dobro do mesmo item em 2000. Com o colapso da União Soviética, cerca de 400 mil imigrantes espalharam-se por Portugal representando cerca de 10% da força de trabalho e cerca de 20% do total dos depósitos bancários no final da década de 1990. Na Malaísia, 160 mil indonésias foram registradas como empregadas para todos os tipos de serviços domésticos, sem contar um número estimado de 100 mil ilegais da mesma procedência, uma força de trabalho imigrante equivalente a mais de um centésimo da população nacional, de 23 milhões de habitantes. Já em Nova York, conforme o censo de 2000, mais de 35% da população era de procedência estrangeira.

CAPÍTULO 3 ■ MIRANDO NA ECONOMIA DO RICOCHETE

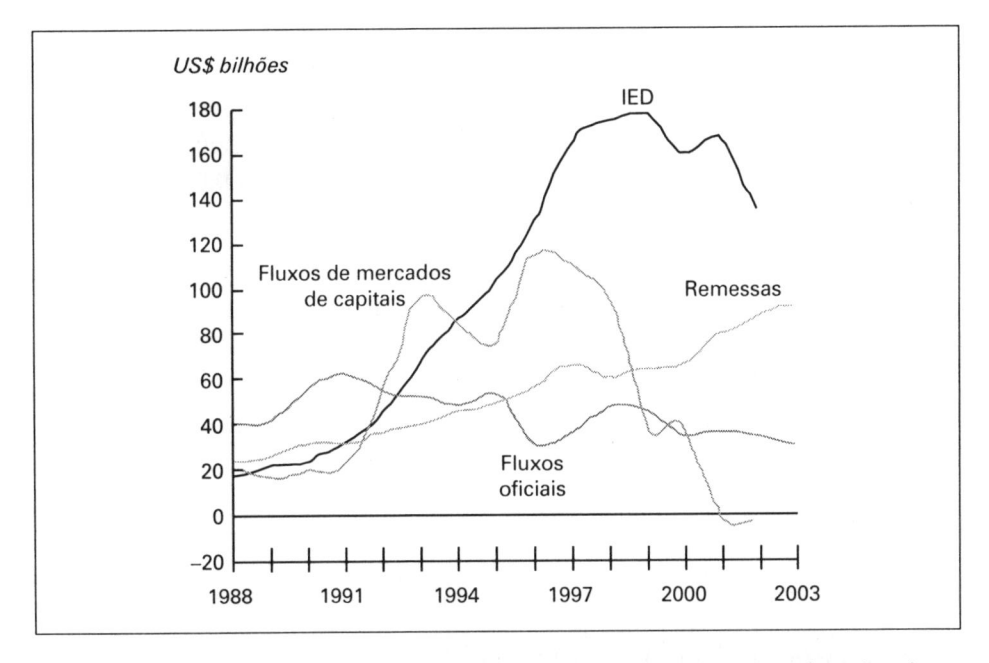

FIGURA 3-2 As remessas feitas por trabalhadores imigrantes para seus países de origem constituem a segunda maior fonte de recursos fluindo para os países em desenvolvimento, sendo superadas apenas pelos investimentos estrangeiros diretos (IED) (Fonte: Banco Mundial).

Os US$ 93 bilhões apontados pelo Banco Mundial constituem tão-somente as cifras oficiais, estimando-se que os números reais tenham proporções muito maiores, uma vez que esses fundos são movimentados muitas vezes pelos canais extra-oficiais da economia informal (como será exposto no Capítulo 7). Como um dos indicativos da extensão dessas transferências informais, basta constatar que, quando as restrições impostas depois dos ataques terroristas de 11 de setembro de 2001 em Nova York dificultaram o fluxo das transferências informais, as remessas para o Paquistão por meio de canais formais praticamente triplicaram nos dois anos seguintes. Estima-se em US$ 10 bilhões as remessas feitas do exterior para a China, com outros US$ 10 bilhões chegando por meio de serviços ilegais. E não é só o capital que está chegando irregularmente. Existem altos níveis de imigração ilegal. Estima-se que um de cada cinco casamentos entre imigrantes em Londres seja um casamento de fachada, com o único e exclusivo objetivo de fraudar as exigências das leis sobre imigração.

Qual a importância de todas essas remessas para as economias em desenvolvimento? Basta dizer que elas representaram mais de 37% para o PIB de Tonga e uma significativa porção do PIB de muitos outros países, como é mostrado na Figura 3-3.[1] O presidente do México, Vicente Fox, considerou os US$ 14 bilhões remetidos ao país por imigrantes legais e ilegais nos EUA um fator preponderante na redução de 16% registrada no número de famílias mexicanas vivendo abaixo da linha da pobreza entre 2000 e 2004, apesar da estagnação da economia nacional. Além desses fundos de ajuda direta às famílias nos países em desenvolvimento, fundos norte-americanos representam um quinto do capital investido em microempresas no México. Um estudo realizado no México chegou à conclusão de que cada dólar remetido por trabalhadores vivendo no exterior gerava três dólares em capacidade local de gastos.

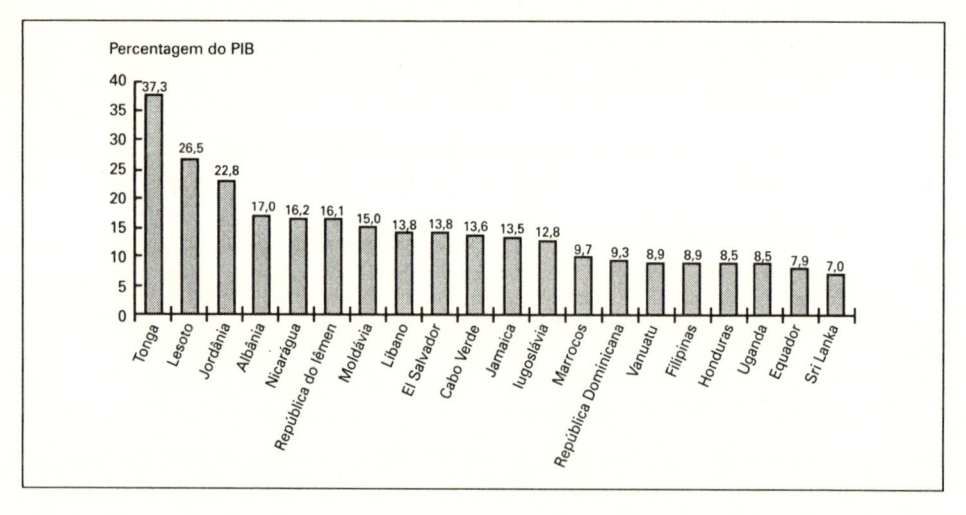

FIGURA 3-3 As remessas de trabalhadores que vivem no exterior representam significativa parcela do PIB de muitos países em desenvolvimento. (Fonte: Banco Mundial, 2004).

Servindo aos imigrantes

À medida que os líderes políticos e administrativos adquirem melhor compreensão da importância dos fluxos de capital originados pelas remessas de trabalhadores emigrados para os seus países de origem, preocupam-se em adotar medidas destinadas a facilitar esse fluxo de capital. Os ministros das finanças do Grupo dos 7 (G7), nações industrializadas, estão pressionando para integrar as remessas ao setor financeiro formal, e o Banco Interamericano de Desenvolvimento Econômico convenceu as empresas de serviços financeiros a reduzir pela metade os custos da transferência de dinheiro. O Banco Mundial igualmente recomendou a adoção de melhorias da infra-estrutura financeira, entre elas a redução dos custos das remessas, o incentivo à concorrência entre os agentes de transferência de capitais, o aumento do acesso aos serviços bancários para os trabalhadores migrantes nos países fonte das remessas, bem como nos países delas destinatários, e a melhoria do clima para investimentos mediante a liberalização das restrições cambiais. Reconhecendo o fato de que 75% dos mexicanos nos EUA que remetem fundos para seu país não têm contas bancárias, Washington passou a reduzir as restrições existentes quanto à identificação dos pretendentes a uma conta. Mais de 100 bancos norte-americanos já aceitam um documento de identificação chamado de *matrícula consular* e o número de registro no IR na abertura de novas contas.

No mundo em desenvolvimento, vários países passaram a incentivar esses fluxos financeiros. O governo do México, por exemplo, criou um departamento voltado exclusivamente para os mexicanos que vivem fora do país, departamento esse que se preocupa principalmente em facilitar essas transferências de dinheiro. A Índia estabeleceu algo semelhante, o Ministério de Assuntos de Indianos Não-Residentes, a fim de gerenciar as contribuições de indianos no exterior a organizações não-governamentais, manter zonas econômicas especiais para INRs e encaminhar outras questões a eles relacionadas. A Índia criou também um dia Pravasi Bharatiya Divas, comemoração anual destinada a fortalecer as ligações com os indianos no exterior. Uma das promoções que marcam a data é um prêmio a indianos não-residentes, como o reconhecimento póstumo concedido em 2003 ao astronauta norte-americano nascido na Índia Kalpana Chawla, uma das vítimas da acidente ocorrido em 2003 com o ônibus espacial Columbia.

Embora as restrições posteriores aos atentados terroristas de 11 de setembro de 2001 tenham tornado mais difícil para algumas nacionalidades a imigração nos EUA, a migração do mundo em desenvolvimento para as nações desenvolvidas continua a ser considerável. Em Nova York, seis de cada 10 crianças nascidas desde a década de 1990 têm pelo menos um dos pais estrangeiro, sendo as populações imigrantes de mais rápido crescimento as de Bangladesh, México e Paquistão. O Pew Hispanic Center estimou, em 2002, que 12% da população mexicana com maior índice de educação, bem como 75% dos jamaicanos na mesma condição, viviam nos EUA. Em 2002, os EUA tinham um terço de todos os estudantes fora dos respectivos países, e cerca da metade dos estudantes estrangeiros que conquistaram seus PhDs nos EUA continuavam no país cinco anos depois da conclusão dos estudos. (Contudo, o desenvolvimento de universidades e escolas de administração de empresas nos demais países começa a diminuir as matrículas de estudantes estrangeiros nos EUA.)

AJUSTANDO A MIRA

O Banco Mundial e organizações similares começaram a reconhecer o significado das remessas dos expatriados para as economias das nações em desenvolvimento, ao mesmo tempo em que as grandes empresas passaram a capitalizar sobre as oportunidades existentes nas interligações da economia do ricochete, utilizando-se das estratégias de mercado a seguir descritas.

Estratégia nº 1: Desenvolver a "tabela"

Como a rede La Curaçao descobriu, a primeira estratégia para o mercado do ricochete é criar produtos e serviços que possam ser pagos pelos imigrantes no mundo desenvolvido para parentes e amigos no país de origem. Como uma "tabela" no jogo de sinuca, as compras saltam do mundo desenvolvido para atingir o consumidor final visado no mundo em desenvolvimento. A seguir, alguns exemplos:

- O gigante mexicano do cimento, Cemex, desenvolveu um sistema pelo qual imigrantes mexicanos nos EUA compram cimento para seus parentes no México. Os parentes podem retirar o cimento numa loja local para construir suas casas.

- A maior empresa mexicana de hipotecas abriu uma sucursal na cidade de Nova York, facilitando assim a compra de casas para parentes que continuam no México. A Hipotecaria Nacional S.A. (Hipnal) oferece empréstimos a mexicanos trabalhando nos EUA para a compra de casas no México. A empresa espera abrir novas sucursais em outras áreas com altas concentrações de imigrantes mexicanos, entre as quais os estados do Arizona, Texas e Califórnia.

- *Sites* de comércio eletrônico naturalmente se voltam para servir a essas populações de imigrantes. A rede varejista E Wong, do Peru, por exemplo, faz propaganda de seu *site* para imigrantes na Califórnia, Nova York e outras regiões dos EUA. Esses imigrantes podem comprar mais de 50 mil itens para parentes que vivem no Peru. A E Wong estabeleceu um acordo com a Visa para facilitar o pagamento dessas transações internacionais. Isto permite a pais de família que trabalham no exterior fazer escolhas de produtos para as famílias e garantir que o dinheiro seja efetivamente utilizado para as necessidades. Da mesma forma, argentinos vivendo nos EUA compram alimentos e presentes para familiares que continuam no seu país pelo Discovirtual (discovirtual.com.ar). Clientes da Famsa no México podem comprar acessórios e móveis para seus parentes *online* em sua "loja sem fronteiras" (famsa.com.mx).

Além disso, essas empresas vendem artigos no mundo desenvolvido que são levados pelos compradores, imigrantes ou turistas que voltam para os países de origem. Os varejistas da Canal Street, em Manhattan, e da Devon Avenue, no setor norte de Chicago, onde há ruas batizadas com os nomes de líderes do Terceiro Mundo, vendem acessórios e produtos eletrônicos de 220 volts que não podem ser usados nos EUA mas são projetados para parentes e amigos nos países de origem. Além de usar a Internet, os compradores fazem também viagens reais ao mundo desenvolvido, como, por exemplo, um peruano que compra artigos encomendados por gente de boa parte do seu bairro durante suas excursões aos *shoppings* de Miami.

As fronteiras mundiais são permeáveis, com populações não residentes conectando mercados diversificados em diferentes partes do mundo. Mesmo no caso de mercados formalmente fechados por regulamentações e limitações de rendimentos, desde que a informação possa fluir livremente eles nunca chegarão a ser realmente fechados. A Internet apenas acelera esse processo.

Estratégia nº 2: Descobrir oportunidades nos fluxos

Este fluxo de fundos, pessoas e informações através da economia de ricochete cria oportunidades de negócios que dão suporte a este movimento.

- **Transferências financeiras** – As empresas estão criando sistemas para facilitar a transferência eficiente de fundos, como no caso das remessas de dinheiro dos imigrantes para seus países de origem. A Wal-Mart, gigantesca rede de supermercados, oferece aos seus clientes nos EUA transferências de dinheiro para o México ao custo de menos de dez dólares. A Western Union tem pontos de negócios em mais de 200 países, inclusive 21 mil na China, e as lojas de conveniência Seven-Eleven estabeleceram um sistema para a transferência de fundos no México. O banco ICICI oferece um serviço gratuito "Money2India" que permite aos indianos residentes nos EUA e em outros pontos do mundo remeter fundos em 13 moedas diferentes para 2.150 filiais em 670 localidades de toda a Índia. Esses fundos podem ser transferidos eletronicamente, por cheque, por cartão de crédito, ou em transferências via Web. Trabalhadores em Cingapura, por exemplo, encontram facilmente centros de transferência na Lucky Plaza ou Little Índia, fazendo com toda a comodidade suas remessas de fundos para seus países de origem. Os bancos tradicionais, com seus procedimentos complexos e dispendiosos de transferência de fundos, não têm conseguido sucesso nas tentativas empreendidas para captar parte desse fluxo de remessas. De acordo com um estudo sobre este tema, os quatro maiores bancos dos EUA que participam dessas transações realizam tão-somente 3% dos 40 milhões de transferências financeiras anuais para o México. Quatro de cada 10 remessas feitas para a América Latina são de valor inferior a 200 dólares, e as altas taxas cambiais, a dificuldade de acesso aos serviços bancários pelos migrantes e restrições cambiais significam que os trabalhadores podem gastar, muitas vezes, metade do valor dos fundos nos casos de transferências de pequeno porte.

- **Telecomunicações** – A receita proveniente das ligações telefônicas EUA-México é a maior do mundo, com 5,2 bilhões de minutos em 2001, vindo em seguida o Canadá. A Índia vem crescendo como ponto de destino das ligações, tendo aumentado de 59 milhões de minutos em 1991 para 1,4 bilhão de minutos uma década mais tarde. As empresas reconhecem as oportunidades presentes nesses fluxos de comunicação. Por exemplo, a Reliance Infocomm Ltd., maior provedor de serviços telefônicos móveis da Índia, criou um plano de chamadas de 11,9 centavos por minuto entre os EUA e a Índia com modalidades pré-paga e pós-paga, cobrando a metade do preço dos maiores concorrentes norte-americanos. A Verizon, a Nextel e outras empresas lançaram campanhas de marketing especialmente para os clientes hispânicos nos EUA, que gastam em média 10% mais em chamadas de celulares e 6% mais em serviços telefônicos mensais de longa distância em relação ao cliente americano médio. A Nextel lançou uma versão internacional do seu serviço de walkie-talkie que permite a clientes nos EUA conectar-se diretamente com amigos e parentes no Brasil, Argentina, Peru e outros países da América Latina.

- **Empreendedorismo** – As empresas estão igualmente ajudando empreendedores imigrantes do Terceiro Mundo a iniciar negócios nos países de origem. Por exemplo, a IndiaCo, um fundo privado de financiamento com sede perto de Mumbai, apóia inúmeros novos empreendimentos criados por estrangeiros que vivem nos EUA. Esses empreendedores, muitas vezes com experiência em empresas norte-americanas de alta tecnologia, criam novos negócios em *software*, biotecnologia, nanotecnologia e outras áreas. Imigrantes que retornam ao seu país de origem reconhecem o valor presente na possibilidade de abertura de um empreendimento a um custo que representa apenas uma fração do investimento que exigiria uma empresa semelhante instalada nos EUA. Eles também valorizam a oportunidade de fazer alguma coisa pelo país de origem. Fundos de investimento nos EUA estão reconhecendo essas oportunidades, como demonstram empresas de investimentos de San Francisco, Califórnia, que voltam sua atenção para empreendimentos econômicos na Índia. (Os imigrantes estão igualmente ajudando empresas nos EUA e em outros países desenvolvidos a criar estratégias para o mundo em desenvolvimento.)

Empresas que reconhecem o valor desses fluxos podem alterar suas propostas a fim de tirar proveito das transações. Em lugar de um volume reduzido de transações financeiras à alta taxa de, por exemplo, US$ 30 cada, os bancos podem conquistar uma fatia maior dos US$ 93 bilhões em transferências feitas por trabalhadores estrangeiros, desde, é claro, que reduzam ou eliminem as taxas cobradas nessas transações, imitando o que o banco ICICI já está fazendo na Índia.

Estratégia n° 3: Servir aos mercados dos imigrantes no exterior

Nem todo o dinheiro ganho pelos trabalhadores estrangeiros é mandado para os seus países de origem. Parte dele é gasto no mundo desenvolvido, ainda que de preferência com produtos e serviços relacionados ao mundo em desenvolvimento. Os trabalhadores estrangeiros representam mercados significativos no conjunto dos países desenvolvidos, e apresentam rápido crescimento. O número de imigrantes nos EUA aumentou 57% entre 1990 e 2000, período em que a população doméstica registrou um modesto crescimento de 9,3 por cento. As maiores populações de imigrantes nos EUA eram, conforme dados do Censo de 2000 (resumidos na Tabela 3-1), procedentes do México, China, Filipinas, Índia e Vietnã.

Isto significa que os EUA têm uma população de imigrantes estrangeiros quase equivalente à população total do Canadá – ou a todos os cidadãos da Bélgica, Portugal e Grécia somados. Isto representa apenas a população estrangeira nos EUA. Não inclui as altas populações de imigrantes existentes nos países da Europa e outras partes do mundo desenvolvido. Esses imigrantes representam significativos mercados nos países desenvolvidos, e as empresas estão trabalhando estratégias como a publicidade hispânica e produtos especiais para tais merca-

TABELA 3-1 Origens das maiores comunidades de imigrantes nos EUA

País de Nascimento	Número de Pessoas	Percentagem da População Estrangeira
México	9,2 milhões	29,5%
China	1,5 milhão	4,9%
Filipinas	1,4 milhão	4,4%
Índia	1,0 milhão	3,3%
Vietnã	1,0 milhão	3,2%

Fonte: Censo de 2000, Demografia Norte-Americana

dos como forma de atrair seus integrantes. O foco nos imigrantes nos EUA e em outros mercados desenvolvidos é facilitado pela concentração das populações de imigrantes. Nos EUA, por exemplo, os imigrantes se concentram em áreas específicas do país, como Califórnia, Texas, Nova York e Flórida.

É muito freqüentemente possível servir a esses imigrantes com produtos e marcas importados dos seus países de origem ou criados especificamente para esses segmentos. Por exemplo, a empresa multimídia de informação esportiva Sportsya oferece os resultados do futebol mexicano e outras informações paralelas num serviço de mensagens de texto disponível para usuários de telefones celulares.

A Frito-Lay importou para os EUA quatro marcas muito populares da sua subsidiária mexicana Sabritas. Embora a empresa já tivesse comercializado versões com sabores latinos dos Lays e Doritos, a marca mexicana proporcionou maior autenticidade para os consumidores hispânicos nos EUA. Embora a Frito-Lay inicialmente restringisse a distribuição das marcas da Sabritas a pequenos estabelecimentos de varejo em zonas de concentração de imigrantes mexicanos, pensando com isso principalmente evitar a canibalização de suas principais marcas, as importações mexicanas atingiram US$ 100 milhões em vendas em 2004. Esta reação do mercado hispânico nos EUA ajudou a Frito-Lay a manter seu crescimento num ambiente de redução de carboidratos que estava atingindo seus tradicionais salgadinhos.

A Patak, empresa de alimentos indianos, tornou-se uma das marcas de maior sucesso na Grã-Bretanha, em parte por proporcionar aos imigrantes autêntica comida indiana. O fundador, L. G. Pathak, chegou ao Reino Unido, procedente do Quênia, em 1956, virtualmente na miséria. Atualmente, os produtos de sua empresa são distribuídos em mais de 40 países – inclusive na Índia.

Como uma indicação evidente do crescente interesse pelos segmentos hispânico e outros no mercado norte-americano, anunciantes norte-americanos investiram US$ 3 bilhões em publicidade impressa e na televisão, em 2003, destinada especificamente ao público hispânico (embora isto representasse pouco mais de 5% do gastos totais em publicidade nesse ano). Esses investimentos continuam a aumentar, tendo a SABMiller anunciado um contrato de US$ 100 milhões em publicidade com a Univision Communications, a maior rede de rádio e televisão de língua espanhola nos EUA. O jornal *Miami Herald* lançou uma edição em espanhol em 1987 para atender à crescente população hispânica da região. A editora Rumbo lançou uma nova rede de quatro jornais em espanhol no Texas em 2005.

Os imigrantes criam igualmente oportunidades para o desenvolvimento de outros serviços, como o aprendizado de idiomas. Uma escola pública bilíngüe perto de Chinatown, Nova York, por exemplo, dá aulas simultaneamente em inglês e em mandarim. Os alunos, 80% deles de origem chinesa, aprendem os caracteres da escrita chinesa desde a pré-escola. Embora muitos estudantes americanos comecem a estudar um idioma estrangeiro já no segundo grau, o ensino de idioma estrangeiro nas escolas norte-americanas de primeiro grau apresentou um crescimento superior a 10% nas décadas de 1980 e 1990. Alguns empreendimentos trabalham para os imigrantes no exterior em serviços como acertar cerimônias de casamento, adoção, entretenimento e outros. Os imigrantes apóiam e sustentam templos, mesquitas e outras instituições religiosas nas áreas em que residem. Há igualmente empresas que criam diversos serviços dedicados a suprir as necessidades desses imigrantes, entre eles até mesmo programas de televisão destinados a telespectadores muçulmanos e hispânicos, e centros de saúde que respeitam e observam as tradições muçulmanas.

Empresas prestadoras de serviços financeiros que tiveram sucesso no México estão agora avançando nos mercados hispânicos nos EUA, e companhias dos EUA fazem investimentos no México. O segundo maior banco da Espanha, Banco Bilbao Vizcaya Argentaria, entrou no mercado mexicano e dali avançou para o Norte, adquirindo o controle da Laredo National Bancshares, com sede no Texas, para passar a servir o crescente mercado hispânico nos EUA. Esse movimento seguiu-se à aquisição pelo Citigroup, em 2001, do Grupo Financiero Banamex SA, o segundo maior banco do México, e também à compra, pelo Bank of América Corp., de 25% da unidade mexicana do Santander Central Hispano SA.

Densas populações de imigrantes apresentam ainda oportunidades para a venda de equipamentos e produtos de tradução. Por exemplo, a CommuniCard criou um kit de cartões de comunicação para policiais e trabalhadores de setores em que é significativa a presença de estrangeiros. Esses cartões facilitam a quem só fala inglês a comunicação com populações multiculturais mediante o uso de ilustrações.

Estratégia n° 4: Viajantes, bem-vindos ao lar

Além das receitas provenientes diretamente dos imigrantes em viagem aos seus países de origem, há serviços especificamente voltados para este grupo. Por exemplo, são muitos os expatriados que voltam só para se casar, ou para participar de um casamento, e por isso mesmo surge um ativo mercado para serviços tradicionais de casamento. Empresas aéreas novas ou reestruturadas, como as "econômicas" AirAsia, JetAirways, na Índia, e Aero Mexicana, no México, desenvolveram serviços voltados em grande parte para os imigrantes que voltam ao seu país, seja para ficar ou só em visita, e também para a crescente classe média nos mercados em desenvolvimento. Empresas de renome internacional também se juntam a empresas locais em parcerias como a Star Alliance e a OneWorld, bem como em "parcerias de *check-in*" para oferecer serviços de interligação aos retornados e a outros viajantes entre nações dos dois mundos. Trata-se, no caso, de serviços sofisticados com alto padrão e tarifas competitivas, destinados a viajantes do mundo desenvolvido.

Algumas lojas de varejo nas grandes cidades voltam-se igualmente para o mercado dos retornados, mantendo atendentes fluentes em inglês e aceitando os principais cartões de crédito. Há também conexões culturais ainda mais incomuns através das fronteiras. Por exemplo, mais de 20% dos homens de Taiwan casam-se com chinesas do continente, criando um próspero negócio em matéria de encontrar os parceiros ideais.

Estratégia nº 5: Expandindo a rede

Além dos produtos e serviços sob medida para os expatriados, existem outras oportunidades para a criação de produtos que expandem essas redes globais ou promovem uma aproximação e aculturação. Produções cinematográficas e outras manifestações artísticas são um dos principais exemplos das oportunidades para sucesso internacional criadas pela interação com redes de imigrantes no exterior. Por exemplo, o musical de Bollywood (Índia) *Main Hoon Na* rendeu US$ 2,5 milhões na América do Norte e Reino Unido em apenas dez dias de exibições quando do seu lançamento em 2004. No fim de semana da estréia, esse foi o 15º filme de maior bilheteria na América do Norte e o sétimo no Reino Unido. *Veer-Zaara*, uma "*love story*" de Bollywood, registrou a maior bilheteria alcançada em sua estréia por um filme em hindi na Grã-Bretanha, em novembro de 2004, ficando em quarto lugar entre as maiores bilheterias gerais nessa época. O lançamento, em dezembro de 2004, de *Swades* criou entre os imigrantes aquilo que foi batizado de "efeito Swades", com milhares de imigrantes indianos precipitando-se para emular o retorno do herói do filme à sua aldeia natal.

As comunidades *online* também têm condições de expandir a rede entre o país natal e os migrantes. A comunidade *online* Sulekha.com criou um negócio de sucesso mediante o estabelecimento de contatos entre as redes de indianos espalhados pelo mundo. O *site*, a maior comunidade *online* da Índia, atinge centenas de milhares de indianos em mais de 200 países. A Sulekha progrediu rapidamente desde seu lançamento em 1998, apresentando crescimento de mais de 100% por trimestre sem publicidade. A Sulekha permite aos participantes compartilhar *insights* e opiniões, consultar notícias e colunistas, assinar petições, reservar viagens, postar anúncios classificados, buscar um(a) parceiro(a), ou procurar informações sobre concertos, filmes e outros eventos. A Sulekha proporciona portais locais com informações sobre atividades de interesse específico dos indianos emigrados em mais de 60 cidades espalhadas pelo mundo. Quase a totalidade dos seus três milhões de páginas de conteúdo *online* são contribuições dos membros da rede. Parte do conteúdo da rede foi reunida em livro, *Sulekha Select*. A rede tem baseado seu sucesso na comunicação que proporciona entre a comunidade indiana espalhada pelo mundo e suas origens.

A Internet cria muitas outras oportunidades de compartilhamento de informação, transferência de fotos digitais e realização de transações que ultrapassam as fronteiras nacionais. A comunidade global chinesa tem sites como o sina.com, sohu.com, china.com e mitbbs.com. Este último, dirigido aos chineses expatriados nos EUA, tem mais de 20.000 usuários registrados num serviço *online* de encontros, com cada usuário pagando US$ 14,95 por mês. *Sites* como o mezun.com e turkserve.com são elementos de ligação entre os turcos espalhados pelo mundo.

Os anunciantes desses *sites* também ampliam seus horizontes para mercados diversificados. Um comercial de ar condicionado LG na *home page* da Sulekha remete os usuários a uma página que especifica os preços dos aparelhos em rúpias indianas e dólares americanos. O *site* sina.com oferece cartões telefônicos Pingo com "ligações grátis para a China, Taiwan, Hong Kong e outros pontos". Empresas de cartões de visita *online* também estão descobrindo oportunidades para ampliar suas redes, com cartões feitos especificamente para muçulmanos, hindus e outros grupos (ver a Figura 3.4).

FIGURA 3-4 Cartões de festas *online*, como este da Sulekha por ocasião do Diwali, uma das grandes datas dos hindus, permitem que os emigrantes mantenham contato com as tradições e se comuniquem com amigos e parentes em todo o globo. (Fonte: Sulekha.com).

EFEITOS AUMENTADOS

As redes sociais globais da economia do ricochete continuarão ganhando importância cada vez maior com a continuação da imigração global internacional. O Departamento de Censos dos EUA projeta que, no ano de 2050, os hispânicos serão quase 25% da população norte-americana.[2] Embora grande parte dessa população venha a ser nascida nos EUA, mesmo gerações mais distanciadas da origem continuarão a manter profundas ligações com seus antigos países e talvez contem com uma capacidade econômica ainda mais acentuada para trabalhar essas conexões. Os aperfeiçoamentos tecnológicos, como a continuada expansão da banda larga, constituirão outro elemento a facilitar as interações entre essas redes familiares e sociais cada vez mais amplas.

Reformas adicionais nas leis e normas para facilitar as transferências financeiras, e departamentos governamentais encarregados de cultivar os laços com as populações não-residentes incentivarão cada vez mais esses fluxos interfronteiras. Os fluxos de consumismo da economia do ricochete criam inúmeras oportunidades de negócio-a-negócio – desde a terceirização até sistemas financeiros globais (ainda que estes últimos não façam parte do escopo deste livro) – que, por sua vez, facilitam o crescimento da economia do ricochete. Essas mudanças geram novas oportunidades para as empresas que tiverem a capacidade de reconhecer os rumos invisíveis dessas redes sociais para criar estratégias de mercado de ricochete ou incentivar os fluxos de pessoas e capitais. Em vez de pensar sobre esses mercados e consumidores individuais isoladamente, é aconselhável pensar nas interligações. Como consumidores, esses imigrantes não vêm grande diferença entre os mundos desenvolvido e em desenvolvimento. Busque o leitor, por isso mesmo, maneiras de fazer uso dessas conexões a fim de construir estratégias que transcendam limites entre rendimentos ou fronteiras nacionais a fim de aproveitar todas as oportunidades que esta economia do ricochete apresenta.

A solução dos 86%

- Se a sua empresa tem negócios no mundo desenvolvido, não deixe de buscar maneiras de cortejar as populações de imigrantes.

- Explore as possibilidades de utilizar as conexões com imigrantes nos mercados desenvolvidos para construir oportunidades de negócios nos mercados em desenvolvimento.

- Quando estiver vendendo nos países em desenvolvimento, analise a melhor maneira de utilizar essas posições como plataforma para atingir os imigrantes nos países desenvolvidos.

- Busque oportunidades para facilitar o fluxo de moeda, informação, comunicação e viagens entre os países desenvolvidos e em desenvolvimento.

- Analise detalhadamente todas as oportunidades de utilização da Internet e outras tecnologias para estabelecer ligações entre as diversas comunidades das diásporas globais.

NOTAS

[1] *Global Development Finance: Striving for Stability in Development Finance.* Banco Mundial, 2004, Washington, DC. http://www.worldbank.org/prospects/gdf2004.

[2] "U.S. Interim Projections by Age, Sex, Race, and Hispanic Origin." Departamento de Censos dos EUA, 2004. http://www.census.gov/ipc/www/usinterimproj/.

Conecte as marcas ao mercado

4

Marcas globais famosas já foram humilhadas várias vezes por pequenos concorrentes locais em mercados em desenvolvimento e fragmentados. As empresas precisam encontrar o equilíbrio ideal entre marcas globais e locais, ou reinterpretar suas marcas, na tentativa de estabelecer a conexão com aqueles mercados que pretendem conquistar.

Hongli toma um ônibus para o centro da cidade em Harbin, na China. Em um quiosque no ponto do ônibus, ela compra um suco Qoo que vai bebendo a caminho de uma revenda de automóveis. Pega então seu telefone celular Bird a fim de ligar para o marido e confirmar se ele está também se dirigindo para o lugar em que combinaram se encontrar. Ali eles pretendiam avaliar um carro novo antes de voltar ao seu apartamento à tardinha. O marido dela, Jianmin, trabalha com serviços financeiros numa empresa multinacional. A renda dele somada ao salário dela como secretária numa companhia local, permite que eles sustentem um confortável estilo de vida.

Será o primeiro carro deles. Ela se inclina por um modelo Wanxiang, enquanto o marido prefere um Volkswagen (VW). Ela gosta das linhas do Wanxiang e entende que, além disso, sempre que possível, como nessa decisão que estão prestes a tomar, eles deveriam apoiar empresas nacionais. O marido lembra que ele e muitos dos seus amigos trabalham para empresas estrangeiras – além disso, ele gosta muito do estilo europeu do VW. Ele o faz sentir-se mais sofisticado e mais integrado ao mundo globalizado. A decisão quanto ao carro a ser comprado tem motivado algumas discussões entre o casal, mas ela tem certeza de que tudo irá se acertar. De qualquer forma, o preço e o financiamento podem ser os fatores decisivos.

Depois de examinar mais uma vez as ofertas da Wanxiang, o casal vai para casa, onde se acomoda para assistir a MTV em seu televisor TCL de tela plana, isso depois de verificar os *e-mails* no computador IBM ThinkPad. (Hongli observa com satisfação que embora, neste caso, o marido a tenha convencido a comprar um produto norte-americano, a marca já é chinesa, depois que a Lenovo, chinesa, adquiriu o setor de computadores da IBM.) Eles tomam duas ou três garrafas de cerveja Harbin, que estavam no refrigerador Haier, e assistem, na TV, ao comercial de uma terceira marca de automóvel. Hongli não cansa de se surpreender com as diferenças entre o mundo em que vive e aquele em que se criou, e que ainda lhe parece tão familiar.

Cidadãos de mercados em desenvolvimento como Hongli e Jianmin compram um mix de marcas globais e locais à medida que elas vão se inter-relacionando com as tradições e com o mundo global. Como você conseguiria criar ou adquirir o correto mix de marcas para atrair a preferência dos consumidores nesses mercados locais emergentes?

Qual é o valor da marca local nos mercados em desenvolvimento? Depois de ganhar uma concorrência com a rival SABMiller, a Anheuser-Busch aceitou pagar mais de US$ 700 milhões, em junho de 2004, pela cervejaria Harbin na China. A cotação final chegou ao equivalente a 50 vezes o lucro líquido da cervejaria no exercício de 2003. A Anheuser-Busch não estava buscando acesso às habilidades cervejeiras da Harbin. O que o fabricante norte-americano queria realmente era a marca Harbin, com 104 anos de presença e a quarta maior cervejaria no mercado chinês. A Harbin é especialmente forte nos importantes mercados da região nordeste da China, onde a Anheuser-Busch ostentava uma posição relativamente fraca de mercado.

Ao entrar na China na década de 1990, as grandes empresas do setor cervejeiro imaginavam que marcas mundialmente famosas, como Budweiser ou Miller, fossem garantia suficiente para uma acolhida com tapete vermelho estendido. E descobriram que estavam totalmente enganados. Uma década depois de entrar nesse mercado, as marcas globais enfrentavam enormes dificuldades. O Foster Group, da Austrália, perdeu em média US$ 15 milhões por ano em sua *joint venture* na China durante a maior parte da década de 1990, até aceitar uma oferta de US$ 126 milhões por seu investimento em duas das três cervejarias que havia instalado no país. O grupo britânico Bass Brewers vendeu sua planta na China e deixou o país, derrotado, no ano 2000. O mercado continuou fragmentado, com as 25 maiores cervejarias respondendo por menos de 50% do mercado. A cervejaria líder de mercado, uma empresa chinesa, controlava em 2002 apenas 12% do mercado.

Os sobreviventes passaram a investir em distribuição e na adoção de marcas locais. A Interbrew, depois de planejar inicialmente uma estratégia nacional (ou no mínimo regional), passou a obter melhores resultados com uma estratégia mista, que incluiu a aquisição de marcas locais. O sócio chinês da SABMiller tem 30 marcas locais de cervejas. Em setembro de 2004, a Carlsberg adquiriu 34,5% das ações da cervejaria Wusu, no noroeste da China, depois de fazer outros investimentos em cervejarias líderes no Tibete e nas províncias chinesas de Gansu e Yunnan. Esses movimentos foram projetados para consolidar sua posição como a principal cervejaria internacional na China ocidental, região com 100 milhões de habitantes.

Ao escrever seu famoso tratado *The Globalization of Markets*, lançado em 1983, Theodore Levitt consolidou duas décadas de debates sobre produtos e marcas globais.[1] A controvertida teoria de Levitt indicava que a convergência da tecnologia com a globalização levaria a uma imensa padronização nos mercados mundiais, acabando paulatinamente com as diferenças em preferências nacionais e regionais. E no entanto, duas décadas de experimentação com marcas e produtos globais demonstraram a continuidade da força e da relevância das marcas locais. Isto é especialmente verdadeiro nos mercados em desenvolvimento, nos quais as marcas globais evocam comparações negativas.

Entre as principais 25 marcas identificadas pela *Business Week* e a *Interbrand* em 2004 (ver Tabela 4-1), a Samsung, da Coréia do Sul (em 21° lugar) foi a única presença procedente de um país que se pode chamar de mercado emergente. Marcas novas emergentes como a Haier, LG, Lenovo, Tata e TCL continuam esperando pela sua vez, mas as marcas globais atuais são todas de países desenvolvidas. Essas marcas abriram caminho para um rápido crescimento de mercado das empresas multinacionais vendendo pela supervia da mídia de massas, redes de distribuição e sistemas econômicos globais. Mas elas podem ter começado a encontrar seus limites nos mercados complexos e fragmentados do mundo em desenvolvimento. Seriam essas marcas ainda relevantes para os mercados dos 86% do mundo em desenvolvimento? Há maneiras de torná-las relevantes? E as marcas do mundo desenvolvido têm realmente condições de estabelecer conexões reais com os mercados emergentes?

TABELA 4-1 As 25 principais marcas globais em 2004

Posição	Marca	País-sede
1	Coca-Cola	EUA
2	Microsoft	EUA
3	IBM	EUA
4	GE	EUA
5	Intel	EUA
6	Disney	EUA

TABELA 4-1 As 25 principais marcas globais em 2004 (*Continuação*)

7	McDonald's	EUA
8	Nokia	Finlândia
9	Toyota	Japão
10	Marlboro	EUA
11	Mercedes	Alemanha
12	Hewlett-Packard	EUA
13	Citibank	EUA
14	American Express	EUA
15	Gillette	EUA
16	Cisco	EUA
17	BMW	Alemanha
18	Honda	Japão
19	Ford	EUA
20	Sony	Japão
21	Samsung	Coréia do Sul
22	Pepsi	EUA
23	Nescafé	Suíça
24	Budweiser	EUA
25	Dell	EUA

Fonte: *Business Week/Interbrand*. *Business Week*, 2 de agosto de 2004

ECONOMIAS DE MERCADOS FRAGMENTADOS

Não existe um mercado chinês. O que existe é um mercado em Xangai, ou na periferia de Xangai. Não existe um mercado indiano. O que existe é um mercado em Mumbai ou Chennai, ou nas respectivas áreas que dominam. Os países em desenvolvimento são uma coleção de mercados locais fragmentados em um país que muitas vezes tem como maior e único símbolo de unidade uma bandeira. A China tem mais de 660 cidades, e apenas 71 milhões dos seus 1,3 bilhão de habitantes vivem nas quatro principais dessas municipalidades. Os mercados diferem enormemente ao longo e ao largo da China. Por exemplo, a próspera cidade costeira de Xianmen tem um PIB nominal de mais de US$ 6.000, o que é seis vezes o nível identificado na cidade de Xining, na região oeste. Cidades médias como Harbin e Quingdao têm populações que, cada uma delas, equivalem à população total da Suíça.

Esses mercados menores representam a maior parte da população. Mesmo se a China ou a Índia fossem separadas em dezenas de nações "menores", cada uma dessas constituiria um formidável mercado por sua própria natureza. Nesses mercados fragmentados, diferentes cidades e regiões são unidas como as bancas de um mercado público na cidade, cada uma com um dono, história e costumes independentes, muitas vezes indecifráveis para quem é de fora.

CAPÍTULO 4 ■ CONECTE AS MARCAS AO MERCADO

Esses mercados fragmentados abriram as portas para o crescimento de marcas locais. O México tem o pão Bimbo, o cimento Cemex, a cerveja Dos Equis (2X) e a Big Cola. O Peru tem a Kola Real, e na Turquia impera a Kola Turk. Na verdade, enquanto os consumidores norte-americanos indicam marcas como Apple, Target, Google e Starbucks como suas favoritas, quase todas as principais marcas latino-americanas identificadas em pesquisa da BrandChannel.com são locais, como é mostrado na Figura 4-1.

Entre as 500 principais marcas no mercado chinês, com base nos gastos publicitários de cada uma delas, 370 são locais. Entre as 10 maiores figuram não apenas Oil of Olay, Rejoice, Crest e Head & Shoulders, mas também Gai Zhong Gai, Arché, Aoqili, Sanjing Pharm, Softto e Huangjindadang, conforme a Figura 4-2. Outras marcas não citadas entre as 10 maiores nacionalmente têm posição dominante em mercados locais. Por exemplo, a Lafang, fabricante de produtos de beleza (classificada em 15° lugar no plano nacional), praticamente não tem presença nas grandes cidades, mas conseguiu consolidar um imenso mercado nas cidades menores. O detergente Omo, que ocupa o 59° lugar nacionalmente, tem uma fatia de mercado de 47% em Xangai, mas sua penetração nas áreas rurais é quase nula.

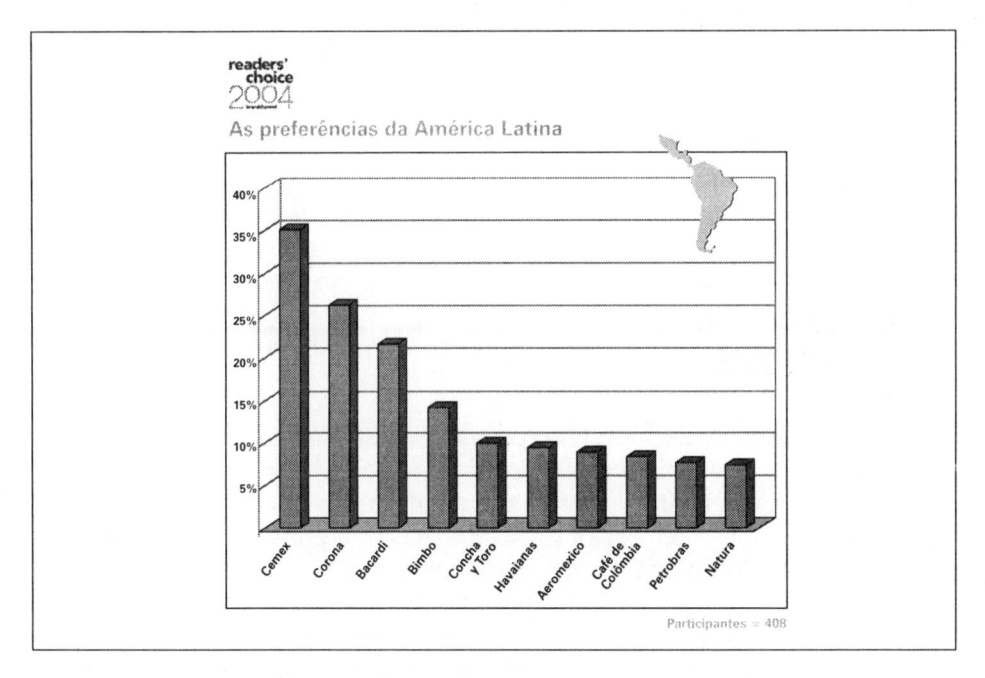

FIGURA 4-1 Muitas das marcas mais respeitadas na América Latina são locais, e algumas delas já estão conquistando mercados internacionais. (Fonte: BrandChannel, 2004).

TABELA 4-2 Inúmeras marcas locais figuram entre as 10 mais conhecidas na China, com base nos gastos com publicidade em 2003

Marca	Empresa	Categoria	Posição	Gastos com Publicidade na TV
Oil of Olay	Multinacional (MNC)	Toalete	1	US$ 1.265.357
Gai Zhong Gai	Local	Farmacêutica	2	US$ 1.247.019
Rejoice	MNC	Toalete	3	US$ 905.145
Arche	Local	Toalete	4	US$ 820.555
Aoqili	Local	Toalete	5	US$ 793.253
Crest	MNC	Toalete	6	US$ 671.991
Head & Shoulders	MNC	Toalete	7	US$ 627.886
Sanjing Pharm	Local	Farmacêutica	8	US$ 601.953
Softto	Local	Toalete	9	US$ 578.750
Huangjindadang	Local	Farmacêutica	10	US$ 568.162

Na Índia, algumas das maiores marcas mundiais enfrentam os heróis nacionais. A marca local Liberty tornou-se a maior fábrica de calçados esportivos no país no final de 2003, concorrendo com supermarcas como Nike, Adidas e Reebok. A Liberty optou por uma estratégia a partir de estilo de vida e plataforma de estilo, associando-se com a Índia Fashion Week e recorrendo aos gostos e estilos locais. Da mesma forma, os jeans Killer montaram um ataque bem-sucedido à marca que é um ícone do setor, a Levi's. As cinco maiores marcas indianas de detergentes controlam dois terços do mercado total. O restante é disputado por cerca de 100 marcas, principalmente pequenos fabricantes nacionais. Mais de mil concorrentes locais são responsáveis por quase 60% dos chás em pacote indianos, e existem à venda no país mais de 100 marcas de relógios e 65 marcas de aparelhos de TV.

CONSCIÊNCIA DE MARCA

Embora em todos os países existam setores diferenciados, os extremos são maiores e a fragmentação mais aprofundada no mundo em desenvolvimento. A prolongada exposição à mídia de massas nos mercados desenvolvidos proporcionou décadas de terreno comum para a consolidação e fortalecimento de marcas, o que não existe em muitos mercados em desenvolvimento. Nesses mercados dos 86%, em que a mídia e os mercados de consumo recém estão emergindo, as marcas nacionais e globais também estão em desenvolvimento. Embora a televisão, a Internet e outras mídias venham se espalhando rapidamente, mudar o pensamento e o comportamento dos consumidores é um processo relativamente demorado.

As sociedades no mundo em desenvolvimento, principalmente nas áreas rurais, são muito mais organizadas em torno das atividades e interesses locais. Ainda assim, esses mercados têm grande consciência de marcas. Conforme Adi Godrej, presidente do Grupo Godrej da Índia, que consolidou um agronegócio de 10 bilhões de rúpias (US$ 228 milhões) nos mercados rurais, "é um mito dizer que os consumidores rurais não têm consciência de marca e de qualidade".[2]

Este é um fator que ajuda a explicar os fracassos iniciais de inúmeras multinacionais que entraram na China, na Índia e em outros mercados em desenvolvimento com as mesmas armas, produtos e as estratégias que usam no mundo desenvolvido. Em matéria de telefones celulares, empresas chinesas como TCL e Ningbo Bird surpreendentemente arrebataram o mercado rural de conglomerados gigantescos como a Nokia e a Motorola. Como a maioria dessas empresas utiliza componentes terceirizados, sua competição não era por tecnologia, mas pela força de suas marcas locais e pela fidelidade das redes de varejo. (As empresas globais de telefones celulares, tentando recuperar-se dos fracassos iniciais, começaram a aprender como jogar este jogo. E estão marcando pontos rapidamente mediante a penetração nos mercados rurais e pela adaptação de produtos aos gostos locais.)

ESTRATÉGIAS PARA EQUIPARAR-SE ÀS MARCAS LOCAIS

Dadas as complexidades da criação e implantação de marcas nos mercados em desenvolvimento, qual a melhor maneira, para as empresas de fora, de equiparar suas marcas a fim de criar oportunidades? As seções a seguir discutem algumas estratégias com este objetivo.

Estratégia nº 1: Faça suas marcas globais se tornarem locais

Empresas do porte de uma MTV (rede de televisão e entretenimento) ou de um HSBC (banco) já demonstraram toda a força que emerge da criação de uma marca reconhecidamente global que consegue funcionar como se fosse talhada para os mercados locais. O banco HSBC usa uma estrutura descentralizada de gerenciamento a fim de garantir que as filiais locais sejam verdadeiramente responsáveis por seus mercados, uma estratégia refletida no slogan em que se proclama "o banco mundial local". Num reconhecimento do alcance de sua reputação, em 2004 o HSBC foi apontado como "Banco Global do Ano" pela revista *The Banker*, como "Marca Corporativa Mais Admirada" pela revista *Asiamoney*, e "Melhor Banco do Mundo" pela *Euromoney*. Cinco anos depois do lançamento da marca global no final da década de 1990, o HSBC já aparecia entre as 50 mais importantes marcas globais.

O logo do HSBC pode parecer o mesmo no mundo inteiro, mas é uma semelhança que disfarça o fato de ser visto como uma marca local em mais de 90 países. "Na maioria dos países nos quais operamos, somos tidos como uma empresa local", disse Aman Mehta, ex-CEO, numa entrevista. "Nosso *case* tem sido um dos maiores sucessos na história da consolidação de marcas."[3]

Para que sua estratégia tenha êxito, o HSBC precisa de um produto superior capaz de apoiar a essa marca, e suas operações devem ter um sabor verdadeiramente local. "O ponto principal na tentativa de vender um banco local é demonstrar ao cliente que estamos totalmente imerso na economia local", disse Mehta, na entrevista citada. "Por mais que uma grande empresa esteja determinada a se tornar local, ela não pode simplesmente agitar uma varinha mágica e, de repente, tornar-se local. O público precisa ser convencido disso ao longo de um período consideravelmente prolongado." A abordagem do HSBC pode ser contrastada com a do Citibank, que criou uma cultura mais homogênea e manteve sua identidade de banco norte-americano.

Mehta advertiu que essa marca global não foi consolidada da noite para o dia. "Na maior parte dos países nos quais operamos, nossa presença é muito antiga, datando às vezes de até 100 ou 150 anos", disse o banqueiro. "Adotamos a estratégia de marca global apenas quando tivemos a certeza de que ela seria mais poderosa que as marcas locais." Quando o HSBC decidiu passar a utilizar uma marca global, os debates internos foram intensos. Uma das marcas do banco no Reino Unido, Midland Bank, havia estado no mercado desde o século 17. Mas a marca global com estratégia local acabou prevalecendo. "Mas nada disso foi feito sem pensar", destacou o banqueiro Mehta.

Num pronunciamento em maio de 2004, o presidente da holding do HSBC, *sir* John Bond, destacou que as mesmas tecnologias que levaram o mercado desenvolvido a terceirizar empresas no mundo em desenvolvimento estão promovendo o retorno das marcas globais aos mercados em desenvolvimento. "O valor do desenvolvimento da marca num mundo globalizado é enorme", disse o banqueiro, acrescentando que "o valor da marca acabará sendo mais lucrativo que o valor obtido com a exportação de empregos no setor dos serviços".[4]

Reconhecendo os incontáveis idiomas prevalentes nas mais diversas partes do mundo (ver o próximo destaque), a MTV conseguiu tornar sua marca registrada, "Pense Jovem", conhecida em todo o mundo, como discutiremos mais detalhadamente no Capítulo 5. A MTV da Índia transmite principalmente em hindi, o idioma predominante no país, mas enfrenta concorrentes que transmitem em tâmil, telegu e punjabi. A companhia pretende adquirir ou lançar estações para atingir platéias que não entendam hindi, que é o idioma principal de apenas 30% da população total da Índia.

A Microsoft criou uma plataforma para localizar o idioma do seu software Windows XP. Com seu Programa de Idiomas Locais, a companhia anunciou, em março de 2004, planos para desenvolver software Windows e Office em 40 idiomas no ano seguinte, trabalhando, entre outras, com versões em amárico, um dos idiomas da Etiópia, e em ucraniano. A companhia também anunciou, em novembro de 2004, projetos para liberar software nos 14 idiomas oficiais da Índia. A marca continua sendo Microsoft, mas a experiência será inteiramente diferente para as pessoas de cada uma das regiões incluídas nesses projetos. A formatação da marca de acordo com esses "mercados dentro de mercados", dando-lhes a devida importância, deverá ajudar a Microsoft a reagir à ameaça de softwares de fonte aberta como a Linux e a expandir, conforme os planejamentos, o uso de computadores nesses países.

Embora sejam menores que o conjunto do mercado nacional, esses mercados locais não chegam a ser pequenos, qualquer que seja o padrão utilizado para medi-los. A área do idioma teleghu em Andhra Pradesh, na Índia, tem cerca de 76 milhões de habitantes – o que é um mercado quase igual ao de todo o Egito. Tamil Nadu, também na Índia, onde o idioma dominante é o tâmil, tem mais de 60 milhões de habitantes, o que equivale praticamente à população do Reino Unido. À medida que o mercado amadurece, a MTV entende que o mercado indiano poderá vir a ser tratado como o da Europa, com programas diferentes em diferentes países.

Os planos da Disney para a instalação de uma Disneylândia em Hong Kong incluem alimentação local e programas em três idiomas: além do inglês, dois idiomas chineses. A Disney consultou também um mestre em *feng shui* sobre seu projeto em Hong Kong. Depois de aprender com os graves erros cometidos com a Euro-Disney, a empresa entendeu a necessidade de encontrar um delicado equilíbrio entre a preservação da atração de uma marca ostensivamente norte-americana e a adaptação dessa experiência aos gostos e costumes locais.

Você fala hinglês?

Acredita mesmo ser o inglês o idioma indispensável no mundo dos negócios? Por enquanto, mas talvez não por muito tempo. Basta pensar no idioma mandarim chinês, o que tem o maior número mundial de falantes – um bilhão, inclusive aqueles para os quais representa o segundo idioma. Depois dele vêm o inglês, com cerca da metade desse número, o espanhol, hindi, árabe, bengali e russo. E quem quiser trabalhar com o mundo dos 86% certamente sentirá a necessidade de se expressar e se comunicar nos idiomas desses 86%.

Até mesmo o idioma inglês vem sofrendo as conseqüências do aumento do mundo em desenvolvimento. Gurcharan Das, ex-CEO da Procter & Gamble na Índia, comentou que se o século 19 foi a era do inglês britânico, e o século 20 a era do inglês norte-americano, o século 21 poderá ser a era do "hinglês" – uma combinação do hindi e do inglês usado pelos indianos.

Estratégia n° 2: Usar marcas locais para estabelecer presença de mercado

Marcas locais podem representar um fantástico ativo, especialmente para a construção de presença em um mercado. A Anheuser-Busch reconheceu o valor das marcas locais ao adquirir a chinesa Harbin. O HSBC passou um século trabalhando com marcas locais em inúmeros países antes de colocá-las sob a bandeira de sua marca global.

No mundo inteiro, a Coca-Cola fez uso considerável de marcas locais para penetrar em mercados que sua marca não conseguia abrir. Em 2004, a companhia era proprietária de mais de 400 marcas em 200 países, tendo 70% dos seus lucros realizados fora dos EUA. Na África, a companhia vende 80 marcas, com bebidas locais como Sparletta, Hawai e Splash. A Coca-Cola "ensinou o mundo a cantar" – mas em diferentes idiomas. Na China, a Coca-Cola oferece águas e chás com a marca local Tian Yu Di ("Céus e Terra"), um refrigerante gasoso chamado Smart, e um refrigerante não gasoso de marca Qoo, desenvolvido no Japão. Este se tornou o refrigerante mais vendido na Ásia com apenas dois anos de existência. Essas vendas globais são cada vez mais importantes para o futuro da Coca-Cola. Enquanto o crescimento de suas vendas em 2003 atingiu apenas 2% nos EUA, essas vendas aumentaram 16% na China, 22% na Índia, 14% na Tailândia e 10% no México.

O Groupe Danone AS, o fabricante com sede na França de biscoitos, iogurtes e água mineral, estabeleceu um próspero negócio na China mediante a aquisição de parcelas acionárias e pelo desenvolvimento de produtos para a China sob sua própria marca. Em 2002, a China já era o terceiro maior mercado da Danone, com vendas semelhantes àquelas realizadas nos EUA. A companhia informou um crescimento na China de 10% sobre o ano anterior e lucros maiores do que a média mundial. Esse crescimento foi incrementado pela aquisição do controle acionário dos grupos Hangzhou Wahaha e Guangdong Robust, este último ocupando a liderança no mercado nacional de águas engarrafadas.

A eBay entrou na Índia, China e outras partes do mundo mediante aquisições de empresas locais. Sua estratégia internacional vem se resumindo a descobrir "mini eBays", companhias locais que reflitam o espírito da companhia original de leilões *online*. Isto incluiu a aquisição da EachNet e da Baidu na China, da Baazee na Índia, e da maioria acionária na Internet Auction Co. na Coréia do Sul. Apesar do sólido reconhecimento da marca eBay em grande parte do mundo, essas marcas locais representavam portais especialmente importantes voltados para países com crescente presença na Internet e limitado alcance de varejo em rede.

As complexidades enfrentadas pelas empresas globais no gerenciamento dessas marcas locais podem ser resumidas na prisão do diretor da unidade da eBay Baazee, na Índia, em 2004, depois que um videoclipe pornográfico foi oferecido por um vendedor no *site*. O diretor, um cidadão norte-americano, estava sujeito a ser condenado a até cinco anos de prisão ou multa de 100 mil rúpias (cerca de US$ 2.285) pela violação da Lei da Tecnologia de Informação da Índia. Teria a visibilidade da marca matriz contribuído para a atenção que o caso recebeu das autoridades locais?

Estratégia n° 3: Faça crescer, sempre que possível, suas próprias marcas locais

Como a Anheuser-Busch pôde constatar na prática com a Harbin, adquirir marcas locais pode ser uma estratégia dispendiosa. Embora algumas marcas locais tenham seu sucesso baseado em dinastias às vezes centenárias, já é possível criar novas marcas locais que dediquem a máxima atenção às necessidades do mercado. Na Índia, a marca de detergentes Nirma foi lançada na década de 1960 por Karsan Patel, um químico que produzia detergentes em casa e depois saía a vendê-los de bicicleta. Atualmente, essa marca detém 15% do mercado indiano de detergentes. Em reação ao sucesso da Nirma e de outras marcas, a Hindustan Lever estabeleceu marca própria de preço baixo, a Wheel, na década de 1980. Esta nova marca permitiu a empresa preencher as necessidades de consumidores sensíveis aos preços sem que isso danificasse a posição das suas demais marcas. A Wheel, com organização autônoma, tornou-se uma das marcas dominantes do país.

A Nirma consolidou sua marca ao reconhecer uma oportunidade na tendência à mudança de hábitos dos consumidores, que passavam de sabão de roupas de baixo custo para sabão em pó mais sofisticado e mais caro na década de 70. A Hindustan Lever e outras empresas globais se concentraram nos consumidores com maiores rendimentos que já utilizavam sabão em pó, enquanto que a maioria dos indianos ainda usava os sabões mais baratos. O mercado de artigos de lavar roupa era enorme e apresentava crescimento, mas nenhum dos fornecedores se preocupava em dar um passo suficientemente forte para converter os usuários ao sabão em pó. A Nirma então tratou de preencher esse vazio, e teve sucesso.

Estratégia nº 4: Reconheça que as marcas podem significar alguma coisa completamente diferente

As marcas globais podem perder (ou ganhar) com a tradução. Marcas que no mundo desenvolvido são símbolos de determinadas qualidades, podem ter significado inteiramente diverso nos países em desenvolvimento. As empresas quase sempre esperam que suas marcas, famosas já há algum tempo, sejam recebidas de braços abertos, como um sinal de progresso – a às vezes é o que realmente acontece. Mas há também os casos de marcas globais virtualmente desconhecidas nas áreas rurais dos pretendidos novos mercados, e que por isso não representam qualquer vantagem.

Em muitos casos, o valor agregado por uma marca global é homogeneizado a uma proposta-chave de valor – o fato de serem estrangeiras. Pensando que o produto estrangeiro é sinônimo de progresso, de melhoria, as marcas podem aumentar seu valor nos mercados em desenvolvimento, mas por razões diferentes daquelas do mercado desenvolvido. Por exemplo, marcas de *fast-food* como McDonald's, Pizza Hut e KFC são símbolos de prestígio nos mercados em desenvolvimento. A imagem ocidentalizada aumenta o nível dessas marcas entre clientes que pretendam ser vistos como participantes da aldeia global. No Ocidente ocorre bem ao contrário, pois a imagem e reputação dessas marcas ficam próximas dos últimos lugares na cadeia de alimentação em matéria de refeições de luxo.

É exatamente em função dessas diferenças entre as formas de interpretar marcas que as empresas precisam tomar cuidado quando do lançamento de marcas no mundo em desenvolvimento. Os gerentes devem avaliar com o maior cuidado qual é o real significado dessas marcas estrangeiras para as diferentes regiões em que procuram avançar.

Estratégia nº 5: Avaliar cuidadosamente os pontos fracos das marcas globais

Embora as marcas globais tenham aparentemente inúmeras vantagens – entre elas o financiamento do mundo desenvolvido e reconhecimento generalizado –, podem igualmente apresentar seus pontos fracos. As empresas multinacionais precisam tratar de neutralizar esses pontos fracos, enquanto que os concorrentes locais, pelo contrário, estão em condições de tirar proveito dessas mesmas características. Por exemplo, os sentimentos antiamericanos ajudam a Mecca Cola a enfrentar a Coca e a Pepsi entre consumidores muçulmanos em Paris e em outras partes do mundo, da mesma forma que acontece com a Quibla Cola no Reino Unido e a Zamzam Cola no Irã. Esses produtos são comprados por clientes que gostam do refrigerante cola mas são inimigos do chamado "coca-colonialismo".

A complexidade das questões globais e locais de marcas podem ser bem vistas no sucesso da Cola Turka no mercado de refrigerantes da Turquia. Essa marca foi lançada em 2003 com uma campanha de publicidade estrelada pelo ator norte-americano Chevy Chase (popular no país por seus filmes do *National Lampoon*). Foi uma marca decididamente nacionalista promovida por uma celebridade norte-americana que entoava uma canção tradicional dos escoteiros turcos e uma versão em turco de um refrão das torcidas dos esportes de massa nos diversos comerciais da campanha. Esta mistura pouco convencional de posicionamento local e global proporcionou um lançamento de grande sucesso, cujos primeiros resultados de mercado foram reduções de preços dos refrigerantes da Coca-Cola e da Pepsi, reduções decididas pelas próprias empresas em função da diminuição de vendas.

As marcas globais precisam ter igualmente cuidado com eventuais ataques a rivais locais e às respectivas sensibilidades. Quando um anúncio da Toyota numa revista chinesa mostrou um veículo dessa marca japonesa rebocando um rival chinês atolado numa colina enlamaçada, os consumidores chineses não mostraram o menor entusiasmo com esse ataque frontal a uma marca local. A Toyota agiu rapidamente, retirando os comerciais infelizes e pedindo desculpas ao povo chinês. Da mesma forma, um comercial de televisão da Nike mostrando o astro do basquete norte-americano LeBron James derrotando um mestre de kung fu e uma dupla de dragões foi banido pelo governo chinês por ofender a "dignidade nacional".

Marcas locais muitas vezes são beneficiadas por redes locais de distribuidores e pelos encarregados de sua regulamentação, que dão preferência aos participantes locais. Funcionários governamentais encarregados dos regulamentos muitas vezes se alinham às marcas locais em confrontos com grandes concorrentes estrangeiros. Por exemplo, tribunais de Pequim decidiram contra as pretensões da Toyota quando esta acusou a concorrente local Geely de ter plagiado a sua marca. A corte interpretou que os logotipos não eram assim tão parecidos como queriam os japoneses e que consumidor chinês algum seria suficientemente estúpido para confundir os modelos Geely com os japoneses, bem mais caros.

Embora seja importante reconhecer o impacto dos sentimentos antiglobalização e do antiamericanismo sobre a valorização das marcas, não se deve, porém, superestimar este mesmo impacto. Ao mesmo tempo em que os contestadores apedrejam restaurantes americanos de *fast-food*, milhares de seus compatriotas continuam freqüentando e prestigiando esses estabelecimentos. Um estudo feito em 12 países com uma amostra de 1.500 consumidores por Douglas Holt, John

Quelch e Earl Taylor constatou que o segmento "antiglobal" (não o antiamericano) constituía apenas 13% do mercado. "Cidadãos globais", para quem as marcas globais são sinônimo de alta qualidade, chegaram a 55%. "Sonhadores globais", para quem as marcas globais são uma forma de se relacionar com a aldeia global, representaram 23% do mercado pesquisado.[5] Todos esses números significam que quase 80% do mercado continua a dar valor às marcas/etiquetas globais.

Estratégia nº 6: Ampliar as marcas sem chegar a esgotá-las

O que as empresas também precisam saber fazer é ampliar o alcance de suas marcas, sem chegar, porém, a esgotá-las. Em 2004, a Coca-Cola praticamente abandonou as grandes cidades na China e na Índia a fim de se estabelecer mais solidamente nas cidades e aldeias do interior, oferecendo garrafas de menor capacidade e reduzindo os preços, que chegaram ao mínimo de 12 centavos de dólar a unidade. O desafio presente neste movimento estava em como chegar aos novos mercados sem prejudicar sua imagem urbana. Um dos comerciais da Coca-Cola para os mercados rurais chineses mostra um cômico popular bebendo o refrigerante e fechando o anúncio com um arroto. Foi um tremendo contraste com a publicidade urbana, que situa a Coca-Cola como uma bebida sofisticada para a classe média em ascensão. Embora a Pepsi tenha se concentrado mais pesadamente nas cidades, a Coca detém uma fatia de 55% do mercado total de refrigerantes na China, em comparação com os 27% da Pepsi. A questão agora é saber se a imagem mais "ruralizada" da marca líder no mercado chinês irá, ou não, prejudicar sua posição entre os consumidores urbanos.

A Procter & Gamble conseguiu fazer com sucesso essa travessia de mercados na China quando implantou sua marca Crest de pasta dental, que detinha mais de metade do segmento de maior renda em 2000, nos segmentos médios e mais pobres do mercado. A empresa lançou uma pasta mais barata no mercado rural, com a mesma marca, usando ingredientes até 30% mais baratos que os do produto de maior qualidade e mesma nome vendido nas zonas urbanas. O *marketing* do lançamento enfatizou a proteção contra as cáries, em vez dos "dentes mais brancos" prometidos ao segmento da marca mais luxuosa. A fatia de mercado da Crest no mercado médio da China passou de 5% para 12% entre os anos de 2000 e 2002, enquanto seus produtos para os segmentos de maior renda também aumentaram, de 5% para 8%, sua fatia de mercado.

Marcas substitutas podem igualmente ser utilizadas para ampliar o alcance das tradicionais. Devido às restrições à publicidade sobre bebidas alcoólicas e cigarros em vigor em muitas partes do mundo, os fabricantes têm lançado marcas alternativas. A empresa pode vender refrigerantes ou água destilada sob a mesma marca da bebida alcoólica. Isto acaba criando consciência de marca sem violar qualquer das disposições restritivas da propaganda das bebidas alcoólicas.

Restrições de origem religiosa muitas vezes exigem soluções criativas dos encarregados da consolidação das marcas. Nos países islâmicos, artigos femininos, jóias e bijuterias são anunciados sem a presença de modelos, devido à proibição da exibição de um rosto de mulher em público. Os anunciantes tratam de superar esta restrição mostrando silhuetas ou mulheres com o rosto de lado, ou, ainda, mostrando modelos ocidentais, pois as restrições com fundamentação religiosa não se aplicam a estas. Tais anúncios podem ser criativos e eficientes. A típica publicidade ocidental mostra diamantes e outras jóias como sinais de afeto pela pessoa amada, mas nos mercados islâmicos esses apelos não funcionam. Em lugar disso, jóias são vistas como expressão de riqueza, prosperidade e segurança. A Emirates Airline, de Dubai, que tira partido de sua posição geográfica central para se tornar uma das empresas aéreas de mais rápido progresso no mundo, vem resolvendo as preocupações em torno de contratar ou não mulheres muçulmanas como comissárias de bordo pela pura e simples admissão de uma grande maioria de estrangeiras, principalmente ocidentais.

Estratégia nº 7: Colocar a marca sobre rodas (ou patas)

A fim de lançar as marcas nas aldeias mais remotas, muitas empresas recorrem a anúncios transportados por elefantes e a vans com vídeos destinados a construir a consciência da marca. A Colgate-Palmolive, por exemplo, tem uma frota de vans que são enviadas às aldeias mais remotas a fim de consolidar ou criar a consciência sobre a existência de marcas ou categorias de produtos. Essas vans, usadas para conscientizar os moradores das áreas rurais da importância do uso dos cremes dentais, apresentam 'infomerciais' de meia hora sobre os benefícios da pasta de dente, e depois distribuem amostras grátis do produto.

Nas cidades ou mercados desenvolvidos as empresas disputam lugares nas gôndolas dos supermercados, mas, nas aldeias rurais, a concorrência é composta por preparados locais à base de pó de carvão vegetal e galhos da árvore de neem. Esses concorrentes locais desfrutam de considerável vantagem em matéria de distribuição, pois seus produtos são facilmente encontrados nos arredores. As empresas também se aliam com organizações não-governamentais (ONGs) para promover as virtudes da escovação dos dentes ou de outros aspectos da higiene pessoal combinando promoção de produtos com ação social. Nas áreas em que não existem meios de comunicação globais, as empresas podem contar com a decisiva propaganda boca-a-boca e com a boa vontade dos líderes de aldeias para desenvolver suas marcas.

A CORRIDA DAS MARCAS

O desenvolvimento de marcas nos mercados emergentes é um desafio a qualquer fórmula mais ou menos padronizada ou anteriormente utilizada. São mercados nem inteiramente locais nem inteiramente globais, representando um mix de marcas globais, nacionais e locais. O sucesso de pequenas marcas locais pode dar origem a novas marcas nacionais ou até mesmo globais, como já ocorreu com a Samsung, LG e Haier. Para determinados segmentos e produtos, as marcas globais são mais chamativas, mas mesmo essas precisam ser identificadas e adaptadas à cultura e aos gostos locais. O importante é reconhecer que os mercados tendem a ser mais fragmentados e a marca e seu posicionamento mais regionalizados que nos mercados desenvolvidos.

Pode parecer óbvio que as empresas precisam pensar a respeito de sua estratégia país por país, e mesmo mercado por mercado em determinadas nações. As empresas precisam desenvolver um portafólio coerente de marcas globais e locais. Esses portfólios são visíveis nos *websites* de companhias com estratégias sofisticadas de posicionamento global de marcas, como a LG Electronics e a Sony. Elas oferecem diversas *home pages* conforme as características dos países a que se destinam, mostrando idiomas, consumidores e produtos com base nas necessidades específicas dessas nações. Embora o slogan geral da LG Electronics "A vida é boa" seja sempre o mesmo, o significado de uma "boa vida" é interpretado mercado a mercado. Em contraste com esse extensivo detalhamento, existem empresas que simplesmente traduzem o slogan original ou têm apenas uma identidade local *online*.

Os portfólios das marcas globais e locais deveriam ser configurados pelas marcas de cada empresa e pelas exigências e características de mercados específicos em cada país. As empresas precisam capacitar-se no sentido de gerenciar e equilibrar esses complexos portfólios com base em *insights* de setores específicos do mercado. Um ponto fundamental é o entendimento das raízes do sucesso de produtos e marcas bem-sucedidos em mercado e o reconhecimento de que cada marca pode ter significados diferentes de acordo com os mercados em que são lançadas. Qual seria o motivo maior do sucesso dessas marcas nesses segmentos específicos?

A solução dos 86%

- Analise a repercussão de suas marcas, e das dos concorrentes, em determinados mercados em desenvolvimento. Quais são os pontos fortes, e quais as suscetibilidades?

- Faça um estudo das redes de distribuição dos mercados em desenvolvimento e as vantagens que dão às marcas locais em detrimento das globais.

- Procure maneiras de transformar ou reinterpretar suas marcas conforme as características dos mercados locais. Quais são os limites à expansão das suas marcas? Quando é possível reinventá-las, e como se identifica a situação em que só uma nova marca pode resolver o seu problema?

- Se a sua marca precisar ser mudada, examine as soluções possíveis: adquirir uma marca local ou criar uma inteiramente nova?

- Busque oportunidades para estabelecer a presença das suas marcas nas áreas rurais. Você tem condições de fazer com que suas marcas penetrem sobre rodas em áreas desprovidas das mídias mais modernas?

NOTAS

[1] Theodore Levitt. "The Globalization of Markets." *Harvard Business Review,* maio/junho 1983, pp. 2-11.

[2] Rohit Saran com Malini Bhupta e Malini Goyal. "New Deals for Rural Índia.". *India Today,* 13 de dezembro de 2004.

[3] Entrevista com os autores. 2004.

[4] Discurso de *sir* John Bond, Conferência da Goldman Sachs. 7 de maio de 2004, na sede da HSBC.

[5] Douglas B. Holt, John A. Quelch e Earl L. Taylor. "How Global Brands Compete." *Harvard Business Review,* setembro de 2004.

Pensar jovem 5

Enquanto o mundo desenvolvido enfrenta uma crise com o envelhecimento da sua população, os mercados dos 86% constituem verdadeiras fontes de juventude – embora esses jovens sejam, em muitos aspectos, completamente diferentes dos seus pares nos países ricos. Para aproveitar esta oportunidade, as companhias precisam "pensar jovem".

Ramin admira sua noiva, Sogol, do outro lado da mesa à que estão sentados saboreando um *cappuccino* matinal num elegante café de Teerã. Ela toma todos os cuidados necessários para impedir que qualquer sombra de fumaça chegue à bandagem que tem no nariz, recentemente submetido a uma cirurgia plástica. Ajusta seu *chador*, em lindas cores, olhando para Ramin. Eles planejam esquiar, no próximo fim de semana, num *resort* nas montanhas Alborz, ao norte de Teerã. Ele espera que a noiva esteja recuperada para tanto, e vai justamente perguntar-lhe como sente sua recuperação quando o seu celular começa a vibrar. É uma mensagem de texto do chefe dele, Kamel, na Pars-Online, um dos principais provedores de serviços de Internet no Irã, convocando-o para ir logo ao escritório a fim de lidar com um vírus de computador. Seu trabalho com essa empresa coloca-o na intersecção da mudança cultural, no delicado limite do conflito entre revolução jovem e tradições.

Embora Ramin se considere um muçulmano devoto, nutre algumas convicções bem diferentes das de seus pais. Vários de seus colegas já deixaram o país em busca de empregos mais lucrativos na Europa, mas ele prefere continuar no Irã. Um desses amigos enviou-lhe recentemente um e-mail com um clipe do filme Marmoulak (O Lagarto). Embora tenha ganho o prêmio de melhor filme no Festival Internacional de Cinema de

Teerã, essa história de um ladrão que se disfarça como mulá foi banida dos cinemas iranianos pelos líderes religiosos. Ramin quer assistir ao filme, mas tem um bom emprego e gosta de estar perto da família. E ao mesmo tempo espera que as coisas continuem a mudar.

Depois do trabalho do dia, Ramin planeja ajudar a noiva a comprar um pequeno cão antes de encontrar-se com alguns amigos para ir a um cinema. Os pais dela não entendem nem aprovam a idéia de manter um animalzinho de estimação, considerados impuros conforme as tradições culturais e religiosas, mas a verdade é que ela adora os cães. Ramin e Sogol tem 20 e poucos anos de idade. Levará mais um ano para poderem casar-se, e um tempo maior até poderem ter filhos, apesar da pressão dos pais de ambos. Ele sonha mudar-se para um apartamento maior e comprar um carro. Eles estão de olho no novo Logan, importado da Romênia, mas também vêem com simpatia o Pecan, de montagem nacional. Com um olhar cobiçoso ele admira um Mercedes que passa pela rua, mas isso é algo que continua longe do seu alcance. Um dia, quem sabe... Eles não têm pressa alguma de ficar mais velhos. Continuam gostando demais de ser jovens.

Jovens parecidos com Ramin e Sogol representam o futuro dos mercados em desenvolvimento. Constituem a maioria da população e essa proporção continua aumentando. São parecidos, em muitos aspectos, com os jovens dos mercados desenvolvidos, mas também diferentes em inúmeras maneiras. Estão investindo em moda, educação, tecnologia, e inclusive cirurgias plásticas. Como você pode projetar produtos e serviços para satisfazer este mercado jovem em expansão? São enormes as oportunidades ao alcance das empresas que se dispuserem a *pensar jovem*.

A MTV é um dos maiores símbolos da cultura jovem. Ao reconhecer tanto as diferenças quanto as semelhanças desta cultura jovem em diferentes partes do mundo, a MTV já se tornou uma das mais bem-sucedidas empresas globais do ramo do entretenimento. Ela tem gerado mais de US$ 1 bilhão em receitas anuais fora dos EUA. Essa gigante do entretenimento inicialmente tentou importar a música ocidental e seus formatos de programação diretamente para a Índia e outras partes do mundo. Mas a programação da MTV só começou a decolar depois de se transformar numa experiência com sabor local.

Com o crescimento da programação local, a música não nacional representa hoje apenas 20% da música da MTV na Índia, muito abaixo, evidentemente, dos 100% de quando a rede foi lançada no país. A programação não musical é hoje inteiramente doméstica. A MTV tem diferentes significados nas mais variadas regiões do mundo. Na Índia, ela transmite música de Bollywood e programas humorísticos em hindi, com sucessos como um show de humor, o MTV *Bakra* (significando "bode expiatório" ou "cabra" – em outras palavras, uma "pegadinha"). Programas chineses concentram-se em valores familiares e canções de amor. A MTV da Indonésia, servindo a uma imensa população islâmica, transmite um chamado à oração cinco vezes por dia, e a MTV do Brasil tem sabor tropical. Todas elas podem "querer sua própria MTV", mas conseguir esse sabor local é algo muito diferente conforme as características de mercado.

O denominador comum da MTV é sua atenção aos jovens, mas inclusive isso tem significados diferentes nos 140 países que ela alcança com suas 31 emissoras locais de TV e 17 *websites*. "A peça fundamental do sucesso é significar alguma coisa", segundo Alex Kuruvilla, diretor gerente da MTV Networks Índia. "Grande parte de nossas pesquisas demonstra que nosso público só vai lembrar que a MTV é uma marca global se nós o advertirmos a respeito. Alguns dos nossos mercados têm fortes culturas locais e sensibilidades que é preciso entender com muita precisão."[1] Embora *The Osbournes*, um seriado especial para a televisão tendo como personagens centrais um astro decadente de rock e sua família, não tenha conseguido *emplacar* na Índia (os telespectadores não conseguiam identificar-se com os personagens), a MTV criou um show na mesma linha, *Roadies*, sobre um grupo de jovens indianos que percorrem o país inteiro de motocicleta. Assim eles acabam conhecendo não apenas seu próprio país, mas também uns aos outros.

Agora os produtos estão fluindo em ambas as direções. Com a *MTV World*, iniciada em dezembro de 2004, a rede está lançando canais para telespectadores indo-americanos, sino-americanos e coreanos nos EUA. A MTV tem uma distribuidora de música indiana em mercados desenvolvidos que tenham forte população indiana.

Embora a cultura seja importante na consolidação da imagem e programação da MTV na Índia, um dos fatores que qualquer emissora precisa levar especialmente em conta no país é que na maior parte das residências com televisão (cerca de 40% de 200 milhões de domicílios) existe apenas um receptor. Isto significa que a programação precisa cativar a audiência do público dos 15 aos 24 anos sem parecer ofensiva aos pais, que ainda detêm o controle remoto. (É um pouco parecido com os cuidados exigidos na programação de um show para os intervalos dos jogos do *Super Bowl*, as finalíssimas do futebol norte-americano). Felizmente os jovens indianos são menos rebeldes em seus gostos musicais do que os adolescentes ocidentais, e com isso as maiores atrações são sucessos de Bollywood que os pais também conseguem apreciar. "O DNA da marca é o jovem de 19 anos, mas o apelo maior se dirige à 'jovialidade', em vez de simplesmente à 'juventude'", conforme o já citado Kuruvilla. "Trata-se de uma base de muito maior alcance que aquela predominante nos Estados Unidos."

Mesmo sendo os mercados dos 86% muitas vezes culturalmente conservadores, eles permitem à empresa produtora "assumir riscos e explorar o desconhecido", disse Kuruvilla. "Grandes surpresas ocorrem com o sucesso de idéias não experimentadas em outros mercados." Por exemplo, a MTV criou um cartão de crédito com o Citibank, que se tornou o cartão de parceria de mais rápido crescimento na Índia desde o seu lançamento, há quatro anos.

Inicialmente, o mercado indiano para a MTV chegou a ser considerado um "negócio de nicho", disse Kuruvilla. Mas os mercados de jovens na Índia e outros países emergentes estão muito longe de ser simples nichos. Os jovens na verdade *são* o mercado. Kuruvilla destaca que, com mais de meio bilhão de indianos de menos de 25 anos e 700 milhões abaixo dos 35 anos de idade, "este é realmente um nicho para ninguém botar defeito".

UMA FONTE DE JUVENTUDE

Enquanto o mundo desenvolvido enfrenta uma crise de envelhecimento, com os desafios das aposentadorias e da escassez de mão-de-obra pesando especialmente sobre o Japão e a Europa, o mundo em desenvolvimento é uma fonte de juventude. Segundo a Organização das Nações Unidas, mais de 100 países tinham, em 2000, "inchaço de jovens", o que significa que os jovens de 15 a 29 anos de idade constituem mais de 40% das populações adultas, como é ilustrado na Figura 5-1. No ano de 2015, a Índia terá 500 milhões de habitantes com menos de 20 anos de idade – uma multidão de jovens e crianças que representa o dobro da população total atual dos Estados Unidos.

Os países em desenvolvimento serão responsáveis por cerca de 90% do aumento da população mundial até o ano 2050, crescendo a taxas de até 14 vezes as dos países desenvolvidos, assegura o Population Reference Bureau. Enquanto as previsões indicam uma queda de 60 milhões de habitantes na Europa até meados do século, a China terá a sua população aumentada, no mesmo período, em cerca de 100 milhões, a Índia crescerá 500 milhões, e a África, 900 milhões. Também nesse mesmo período, a Etiópia e a República Democrática do Congo passarão a fazer parte do grupo dos 10 países de maior população, do qual serão excluídos a Rússia e o Japão.

Essas populações já são jovens, como ilustra a Figura 5-2. Em 2004, mais de 40% da população do Iraque estava na faixa de idade inferior a 15 anos, com uma média de idade ao longo do país não superior a 19 anos. Metade da população da Nigéria tem menos de 15 anos de idade, contra apenas 14% no Japão.

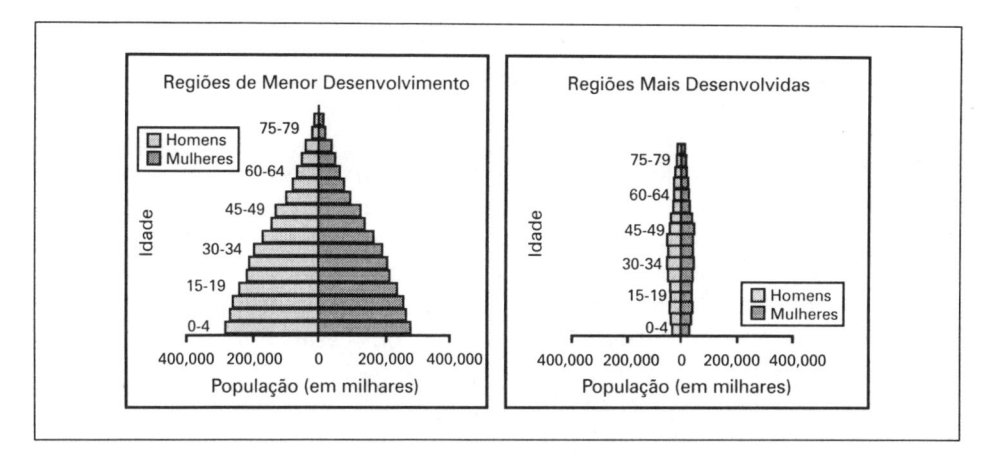

FIGURA 5-1 Ao mesmo tempo que muitos países desenvolvidos enfrentam a redução das respectivas forças de trabalho e têm populações cada vez mais idosas, o mundo em desenvolvimento experimenta um inchaço de jovens que acrescentará quase um bilhão de pessoas à força global de trabalho na próxima década. (Fonte: Population Resource Center, 2004).

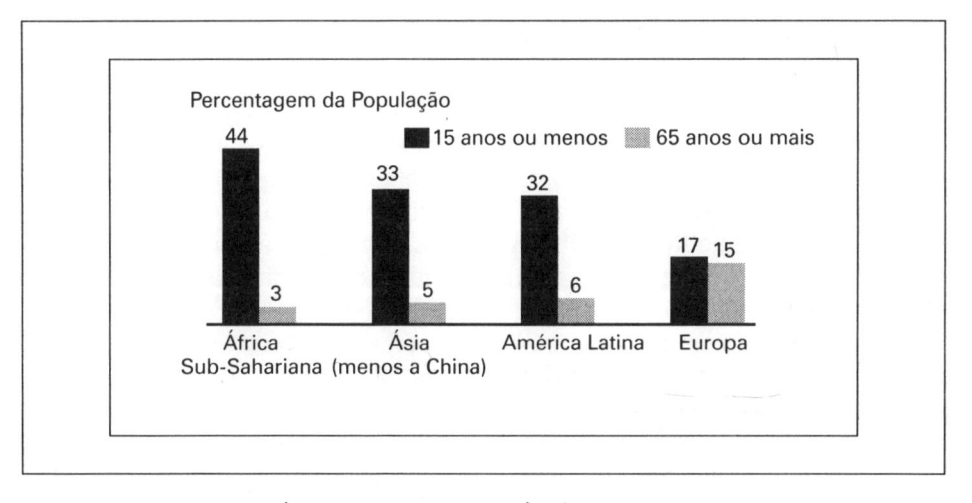

FIGURA 5-2 Enquanto na África Sub-Sahariana e Ásia (exceto a China) as crianças e jovens de menos de 15 anos de idade superam largamente os números dos idosos (mais de 65 anos), essas populações são praticamente iguais na Europa. (Fonte: Population Reference Bureau, 2004. Estado Geral da População Mundial).

A única exceção dessa tendência populacional jovem entre os países em desenvolvimento ocorre na China. Sua política obrigatória de "um filho por casal" conteve seu crescimento populacional, reduzindo o índice médio de fertilidade de 5,8 filhos em 1970 para 1,8 filho em 2004. A população chinesa deverá envelhecer em uma geração tanto quanto a da Europa o fez em um século. Por volta do ano de 2015, a média de idade da população chinesa, com 44 anos, será superior à dos Estados Unidos, e, por volta da metade do século, o gigante asiático estará perdendo de 20 a 30% de sua população por ano. (Analisando essas perspectivas, a China decidiu recentemente afrouxar um pouco sua política de natalidade, permitindo que determinados casais tenham dois filhos.) Entrementes, qual será o impacto do legado de todos esses avós para o único neto? Esses *xiao huangdi*, ou "pequenos imperadores", são tidos como egoístas e inadequadamente educados por pais e avós ansiosos por agradá-los, mas isso é algo que contribui para criar significativos mercados de produtos especiais para os pequenos imperadores. À medida que forem ganhando idade, o que fará cada um desses filhos únicos para sustentar dois pais idosos e quatro avós ainda mais envelhecidos?

O crescimento da classe que mais consome

Essas mudanças demográficas têm significativas implicações para o crescimento da população na classe principal de consumo – dos 25 aos 44 anos de idade – nos próximos anos. Um estudo de Christopher Woods, da Credit Lyonnaise Securities Asia (CLSA), examinou as implicações do um bilhão de *baby boomers* na Ásia, principalmente na China e Índia. Como ocorreu com a explosão de nascimentos anteriormente nos Estados Unidos, esses asiáticos cada vez mais prósperos constituirão a força motriz do aumento dos gastos e conseqüente expansão de mercado em estilos que deverão "comandar o crescimento da economia mundial durante as próximas duas décadas", no mínimo. Woods também destacou que a explosão populacional nos EUA levou a outras mudanças que poderão ser vistas igualmente na Ásia. Quando os *baby boomers* norte-americanos foram se tornando adultos, deixaram as casas dos pais, criando assim uma imensa demanda de novas habitações, equipamentos domésticos e outros produtos relacionados com essa mudança. A formação de domicílios adquiriu um ritmo mais veloz que o do crescimento da população. Assim como os *baby boomers* norte-americanos representaram a força motriz do crescimento econômico dos EUA depois da II Guerra Mundial, os *baby boomers* da Ásia deverão ter o mesmo efeito em relação ao crescimento da sua região. Para os governos, essas explosões populacionais representam imensos desafios, mas, para as empresas, elas criam oportunidades.

Entre os países desenvolvidos, apenas os EUA apresentarão um significativo crescimento da população total nos primeiros 50 anos do milênio, crescimento esse que chegará a 43%, causado em grande parte pelas altas taxas de imigração (como vimos no Capítulo 3, "Mirando na Economia do Ricochete"). Ainda assim, a população jovem dos EUA (abaixo de 18 anos) deve diminuir dos 26% da população total no ano 2000 para 24% no ano de 2020. Com populações idosas em números cada vez maiores e com a redução da população ativa para sustentar esse segmento, outros países desenvolvidos estão pensando em abrir as comportas da imigração, o que certamente representará sérios problemas culturais na Europa e, em especial, no Japão. No mundo desenvolvido, os fabricantes de automóveis japoneses – por exemplo, Nissan e Toyota – têm projetado novos modelos para uma população crescente de motoristas mais idosos. São carros dotados de acessórios como assentos rotativos e um guindaste motorizado para tirar e retirar uma cadeira de rodas do porta-malas. Cidadãos idosos surgem em números cada vez maiores nos *campi* das universidades norte-americanas, e as maternidades e creches na Alemanha estão sentindo o prejuízo causado pelo decrescente índice de natalidade do país. Nos mercados em desenvolvimento, no entanto, as oportunidades surgem em sentido contrário. De que maneira as empresas podem tirar vantagem dessa explosão da população jovem para consolidar seus negócios?

ESTRATÉGIAS PARA O MERCADO JOVEM

Quais são as oportunidades criadas pela juvenilização dos mercados emergentes? De que maneira as empresas conseguem lucrar com essas oportunidades? As seções a seguir discutem diversas estratégias programadas para lucrar com a jovialidade e juventude dos mercados dos 86%.

Estratégia n° 1: O foco nos produtos e serviços para os jovens

A crescente população jovem do mundo em desenvolvimento cria mercados para telefones celulares, educação, jogos, computadores, entretenimento, acessórios, vestuário, lentes de contato coloridas, revistas e música. Uma pesquisa realizada pela MTV com mais de dois mil jovens indianos em 2004 constatou que os objetos mais *cool* e obrigatórios eram os menores e mais recentes celulares, perfumes e desodorantes, dinheiro, chaves de carros e motos, jóias, cartão de crédito, um Walkman ou Discman, e um computador *laptop*. A aparência ganhou igualmente nota alta, sendo os cortes e arranjos de cabelos considerados *cool* por 38% dos entrevistados, e cabelo modelado a gel recebendo os votos de 33% dos jovens.[2]

Os chineses gastam US$ 2,4 bilhões por ano em cirurgias plásticas e outros tratamentos de beleza, item que só perde, em valor, para os gastos com habitação e com as férias. Tendências como essas seriam impensáveis apenas uma geração atrás. Elas representam o valor que os jovens chineses atribuem ao individualismo e ao fato de ser jovem. Além de serem vistas, é claro, como uma maneira de valorizar o sucesso profissional e social. A rede de salões de beleza Natural Beauty, de Taiwan, tem 1.522 estabelecimentos franquiados na China, atendendo especialmente a clientes de 25 a 39 anos de idade. A China chegou a realizar seu primeiro concurso de beleza para mulheres submetidas anteriormente a cirurgias. Não estará próximo o dia do lançamento de uma versão chinesa do popular show de televisão *The Swan?**

Os telefones celulares, o ícone da cultura jovem no mundo globalizado, tiveram um crescimento fenomenal, transformando-se no produto mais vendido no mundo inteiro. A Nokia, que instalou mais uma fábrica na Índia, espera que 80% dos seus clientes entre agora e 2007 sejam oriundos do mundo em desenvolvimento. Os clientes jovens ajudam a divulgar aplicativos como chamadas musicais polifônicas, câmeras digitais, jogos e mensagens de texto, e tudo isso mantém os clientes comprando novos equipamentos.

"Os jovens não conhecem o fracasso", é o slogan do fabricante chinês de bebidas Wahaha, que construiu um negócio de um bilhão de dólares literalmente sob os narizes da Coca-Cola e da PepsiCo com a estratégia de penetrar nos mercados rurais. Em 2004, a empresa pretendia expandir sua marca para além do segmento das bebidas, mirando no crescente mercado das roupas de crianças.

A música e o entretenimento atraem os jovens em todas as partes do mundo. Quando a Viacom continuou a expandir sua distribuição na China mediante uma sociedade com a Beijing Television para transmitir música e outros shows de entretenimento, o presidente e CEO Sumner Redstone destacou que "nosso apetite por esse mercado é insaciável". A companhia continuará a crescer onde a cultura jovem apresenta os maiores crescimentos. A StarTV, da News Corporation, lançou um *game-show* chinês com o título de *Mulheres no Comando*, em que os homens estão no palco e as mulheres são as juízas, um sinal de que a mídia ali está começando a se liberar. O crescente papel da mídia aumentou as receitas com publicidade na China, que atingiram US$ 7 bilhões em 2003 (ainda muito pouco, quando comparados com os mais de US$ 100 bilhões investidos nos EUA no mesmo negócio, no mesmo período.)

---

* N. de T. O autor se refere ao show "The Swan" (O Cisne), produção da Fox TV, norte-americana, que oferece a "patinhas feias" a oportunidade de se transformar em belíssimos "cisnes". Ao longo da duração da série – três meses – as concorrentes passam por transformações físicas, mentais e emocionais. Tudo culmina num concurso em que a vencedora é coroada como "O Cisne".

A indústria do entretenimento está focando cada vez mais a juventude dos países em desenvolvimento. Cresce, por exemplo, o interesse pelo concurso de Miss Mundo, realizado em 2004 em Pequim, e que teve como vencedora a representante do Peru, tendo como concorrentes candidatas da China, Índia e das Filipinas, entre outras dezenas. Novelas sul-coreanas de TV fazem grande sucesso em toda a Ásia. Astros como Bae Yong-joon e Choi Ji-woo, da *Sonata de Inverno*, já conquistaram um público fiel até mesmo no Japão, que nunca foi grande apreciador de coisas coreanas, mesmo em termos de romance e moda. Esses programas serviram inclusive para despertar um novo interesse por viagens turísticas à Coréia do Sul, onde os fãs estrangeiros buscam especialmente os locais mostrados nos capítulos das novelas.

O romance é um ingrediente onipresente nas produções cinematográficas de Bollywood. Um exemplo é o filme de 2004 intitulado *Veer-Zaara*, uma história de amor entre um indiano e uma paquistanesa. Embora os tabus que eles desafiam possam ser diferentes, os jovens do mundo em desenvolvimento, como todos os jovens do mundo, estão forçando os limites das tradições e cultura. Em 2004, a Disney e a TimeWarner lançaram cinco novos canais de TV a cabo com programação infantil na Ásia. Com isso se uniram aos outros quatro canais que já transmitem em quase dez idiomas – um indício evidente da crescente expansão da TV a cabo e do interesse em cativar o público jovem asiático.

Estratégia n° 2: Saber quem está no controle

Ainda que os jovens constituam grande parte das populações dos mercados em desenvolvimento, o poder político e econômico nem sempre é deles. Como se mencionou anteriormente, embora a MTV seja sempre mais atraente para os jovens, os pais indianos nas casas com uma única TV ainda mantêm o controle. À medida que as empresas forçam a barra para atrair os mercados jovens, precisam ter sempre consciência do poder das forças que estão desafiando: a cultura e as tradições das gerações mais antigas. No mundo em desenvolvimento, a tolerância com aqueles que desafiam normas sociais é tipicamente menor do que no mundo desenvolvido.

Por exemplo, em 2004, depois de um beijo mostrado na versão para o Oriente Médio do *Big Brother*, o show foi tirado do ar após dois episódios. Isso que já se tratava de uma versão bem mais enxuta do formato britânico do desafio em que seis homens e seis mulheres disputam um prêmio de US$ 100 mil convivendo em uma casa durante três meses. Na versão filmada no Bahrain, os homens e as mulheres ficavam em alojamentos separados, todos com salas separadas para as orações. Nenhuma filmagem era permitida nos quartos das mulheres, nem se permitia qualquer contato físico entre os participantes. Mesmo esta versão mais do que água-com-açúcar levou mil pessoas às ruas em protesto depois que um homem e uma mulher trocaram um beijo de saudação no rosto no primeiro episódio. Depois do protesto, que refletia o crescente ressentimento em relação ao que foi considerado como imoralidade da televisão, o canal que apresentava o programa rapidamente cancelou a temporada. Os jovens podem desafiar suas tradições, mas isso não garante que os mais idosos deixem de revidar. Aqueles que fazem negócios visando ao mercado jovem jamais podem perder de vista esta dinâmica.

Importante é reconhecer que alguns dos maiores índices de aumento da população no mundo em desenvolvimento ocorrem exatamente entre os grupos religiosos mais rígidos. Por exemplo, o censo indiano do ano 2000 mostrou que na década anterior, a Índia teve sua população acrescida em 180 milhões de hindus e 50 milhões de muçulmanos. Estes são os que apresentam os maiores índices de fertilidade entre todos os grupos representados na população da Índia. Significando que uma considerável proporção dos novos contingentes de jovens nos países em desenvolvimento tende a apresentar um considerável distanciamento em relação à cultura dos jovens do mundo desenvolvido.

Estratégia nº 3: Agradar aos jovens com dupla nacionalidade

A empresa de entretenimento Rotana, da Arábia Saudita, a maior distribuidora de canções árabes, conseguiu estabelecer um precário equilíbrio entre as demandas da cultura local e os desejos de um crescente mercado jovem. Seu canal de música 24 horas pede uma pausa nas horas das preces, mostrando para tanto uma imagem parada e uma mensagem religiosa ortodoxa. Encerrada a oração, a música recomeça. Embora o programa seja de televisão aberta, em contraste com outros programas pagos da TV a cabo, a empresa ganha dinheiro com publicidade e com as 20 mil mensagens de texto que seus telespectadores trocam a cada dia. O fundador da empresa, Al-Waleed bin Talal, um membro da família real saudita, planeja construir um gigantesco empreendimento de entretenimento para servir ao que ele, em tom irônico, chama de "nicho" de mercado jovem – 60% da população.

A juventude desses mercados ostenta o que Elissa Moses batizou de "dupla nacionalidade". Num estudo realizado em 1997 com 27 mil adolescentes em 44 países, a autora constatou que embora os jovens continuem plugados na cultura e religião locais, eles também compartilham preferências comuns por culturas globais como música, moda, filmes, videogames e tecnologia. Entre as características globais estão um forte sentimento de individualismo que leva os jovens a focar mais em si mesmos do que nas suas comunidades. Outro estudo – da ASW Roper – sobre asiáticos de 13 a 19 anos de idade constatou que eles classificavam individualismo, ambição, liberdade e valores semelhantes em posições consideravelmente superiores àquelas atribuídas por adultos de 40 a 65 anos de idade.

Videogames como o Pokemon da Nintendo e o "Grande Roubo de Carros", da Take Two Interactive, despertaram admiração e utilização generalizadas entre os jovens. Personagens de desenhos como *Bob Esponja* e as *As Meninas Superpoderosas* fazem sucesso em todas as partes da Ásia, onde apenas 20% da programação infantil são produções locais. Para entender melhor quais produtos seriam capazes de despertar o interesse desses jovens, bastaria pensar nos *echo boomers*, ou "geração Y", que representavam em 2004 quase um terço da população dos EUA. Eles gastam seu dinheiro – ou o dos pais – em marcas como Sony, Patagonia, Gap e Aveda.

A cultura local, por outro lado, pode fazer sucesso com um aspecto surpreendentemente local. Ainda que esses jovens assistam filmes estrangeiros, a música da MTV, bebam Coca e comam *fast-food* no McDonald's, é importante reconhecer que tais atividades, por mais semelhantes que sejam, podem ter significados diferentes em partes diferentes do mundo. O guru da autoajuda Deepak Chopra e o diretor Shekhar Kapur reuniram forças para criar a Gotham Studios Asia, que está produzindo quadrinhos para as platéias indianas. Uma versão, por exemplo, do *Homem Aranha* tem por cenário Mumbai, com Pavitr Pabhakar substituindo Peter Parker no papel principal. Um yogi misterioso é o substituto do elemento radiativo que dá a Pavitr seus poderes, e um demônio da mitologia indiana substitui o bandido Duende Verde. *Sesame Street (Vila Sésamo)* desenvolveu programas com características locais em mais de 20 países, recorrendo a histórias, cenários e canções locais para criar *Takalani Sesame* na África do Sul, *Alam Simsim* no Egito, *Ulitsa Sezam* na Rússia, e *Zhima Jie* na China. Os jovens sempre estão querendo estabelecer conexões com marcas e temas globais, mas a verdade é que também pretendem continuar sendo locais.

Estratégia n° 4: Entender os que influenciam

Os mercados jovens estão sujeitos a influências comportamentais em proporção bem maior do que os segmentos mais maduros. As principais influências para novas tendências entre os indianos jovens procedem dos amigos, vindo depois a televisão, canais de música, lojas de varejo e astros do cinema. Um estudo da MTV sobre o comportamento da juventude indiana constatou que embora os filmes de Bollywood fossem a principal fonte de novas tendências em moda, várias outras fontes do mundo inteiro também exerciam esse papel. Dos entrevistados, 67% se deixavam influenciar pelos filmes de Bollywood, 59% admitiam influências de Paris, 42% reconheciam influências dos EUA, e

55% assistiam a shows estrangeiros como *Friends*, o seriado norte-americano. Outros ainda se inspiram em modelos indianos, DJs dos canais musicais e outros astros locais.

Os jovens no mundo inteiro acolhem com desconfiança mensagens que lhes pareçam demasiadamente artificiais. Eles são menos acessíveis por meio das comunicações de massa, mas são fortemente influenciáveis pelo boca-a-boca, astros de cinema, jogadores de cricket, músicos, e pela Internet. Tendem também a sair e a comprar cada vez mais, especialmente os que moram em apartamentos diminutos. Campanhas que tenham os jovens como alvos nos mercados em desenvolvimento proporcionam *insights* valiosos em relação às diferentes abordagens dos segmentos jovens. Em 2004, a Toyota lançou uma nova divisão de automóveis, a Scion, tendo como público preferencial os norte-americanos jovens, e gastando por isso mesmo 70% do seu orçamento de publicidade em eventos ao ar livre, em vez de em comerciais de TV e Internet, na campanha para a construção da marca. Anunciar para esses públicos tende a ser algo mais direto, sem subterfúgios e aberto. Embora a publicidade de produtos femininos tenha sido tradicionalmente discreta, novos comerciais norte-americanos visando às mulheres mais jovens são bem mais francos. Um comercial de Tampax mostra uma garota fechando um buraco na sua canoa com um absorvente, e a Kotex usa um ponto vermelho com o slogan "Kotex serve. Ponto final." Abordagens que seriam consideradas chocantes há apenas uma geração são agora consideradas vitais para abrir caminho entre as preferências dos jovens. Os jovens dos mercados em desenvolvimento podem, quem sabe, apoiar inovações semelhantes.

Estratégia nº 5: Apelo aos pais

Índices elevados de nascimento e rendas crescentes naturalmente levam a um mercado em expansão de produtos para bebês, crianças e seus pais. Surgem assim oportunidades para vender produtos como fraldas descartáveis, brinquedos, videogames e outras fontes de entretenimento para crianças. O grupo Disney vai abrir uma nova Disneylândia em Hong Kong em 2005, e a Universal Studios anunciou planos para um parque temático em Xangai em 2006, no coração de economias asiáticas em rápido crescimento. Não seria o momento ideal para a instalação de uma rede global para entender às crianças dos países em desenvolvimento?

As ofertas com maiores possibilidades de sucesso são aquelas que tendem a envolver a família inteira. Por exemplo, os freqüentadores das salas de cinema não estão acostumados a levar seus filhos aos filmes infantis. O filme *O Homem*

Aranha teve grande sucesso na Índia justamente porque tanto pais quanto crianças desejavam assisti-lo. Muitas outras oportunidades existem para expandir ou criar negócios que visam aos pais e seus filhos mais jovens.

Estratégia nº 6: Reconhecer as oportunidades para a educação

Um mercado crescente e com envolvimento cada vez maior dos jovens nos países em desenvolvimento está criando um mercado maior do segmento da educação. O ensino fundamental e de primeiro grau apresenta um acelerado crescimento, da mesma forma que os programas de tutores, pois os pais querem garantir que seus filhos tenham a qualificação indispensável para participar dos benefícios do desenvolvimento econômico. Os serviços da educação privada têm satisfeito a crescente necessidade de ensino desde a pré-escola até a universidade exatamente pelo fato de suprirem as brechas deixadas pelas escolas governamentais, sempre com falta de fundos. Na Índia, os pais chegam a pagar 30 mil rúpias (o equivalente a US$ 670, o que é muito caro) para preparar os filhos para o crucial exame da décima série, uma espécie de vestibular. Só em Mumbai existem cerca de mil desses cursos preparatórios.

A demanda da educação universitária vem igualmente apresentando crescimento. Por exemplo, 17% de todos os estudantes nas universidades suíças e australianas são estrangeiros. Contudo, as matrículas internacionais nos programas norte-americanos de graduação têm declinado, em função das restrições aos vistos de entrada no país e da crescente concorrência estrangeira nesse setor. Isto já despertou, por exemplo, preocupações de Bill Gates, o fundador da Microsoft, para quem a queda de 35% no número de estudantes asiáticos em programas de ciências da computação nos EUA, em decorrência do aperto nas normas de entrada no país, é uma ameaça à competitividade norte-americana no segmento de softwares de informática. Muitas novas escolas de economia e outras escolas profissionais têm sido criadas na China, Índia e outras nações em desenvolvimento a fim de suprir a necessidade de conhecimentos de alto nível. A Kellogg e a Wharton ajudaram a lançar a Indian School of Business, em Hyderabad, Índia, e também colaboraram no estabelecimento da escola de comércio Sasin, na Tailândia. Ainda assim, dos 100 maiores programas de MBA em tempo integral identificados pelo *Financial Times* em 2005, apenas cerca de meia dúzia eram de países em desenvolvimento. A INSEAD criou um novo campus em Cingapura, e a União Européia (antigo Mercado Comum Europeu) aliou-se ao governo chinês na fundação da China Europe International Business School, em Xangai. Em 2004, a Universidade Harvard, dos EUA, instalou uma escola de medicina em Dubai. O Weill Medical College, da universidade norte-americana Cornell, criou uma escola no Qatar, em pleno centro de vários países em desenvolvimento do Oriente Médio e Sul da Ásia.

A tecnologia pode ajudar a aumentar o alcance de tais programas. Por exemplo, há escolas proporcionando programas de aprendizado eletrônico nos *campi* das universidades por toda a China, O programa *World Links*, do Banco Mundial, ofereceu tecnologia para escolas de regiões miseráveis em mais de 20 nações, programas esses que fizeram a ligação entre milhares de estudantes e professores com recursos do ensino *online*. O Programa de Desenvolvimento das Nações Unidas (PDNU), operando em 167 países, criou uma Academia de Desenvolvimento Virtual para oferecer treinamento a pessoal das agências de desenvolvimento, doadores, governos participantes e da sociedade civil nos países em desenvolvimento.

Outras tecnologias podem igualmente facilitar a educação. A LeapFrog Enterprises lançou um empreendimento de US$ 680 milhões com brinquedos eletrônicos de aprendizagem do tipo *LeapPad*. As crianças conseguem tocar com uma caneta as palavras num livro e então "ouvir" as mesmas palavras, o que as ajuda enormemente a desenvolver habilidades de leitura. Em agosto de 2004, o Departamento de Saúde e Serviços Humanos, dos EUA, anunciou planos para comprar 20.000 *LeapPads* a serem usados no Afeganistão para melhorar os conhecimentos primários de saúde num país em que 80% das mulheres são analfabetas. Os *LeapPads*, programados para falar nos dois idiomas mais comuns da região, ajudarão a ensinar às mulheres rurais os benefícios da imunização e os riscos das doenças sexualmente transmissíveis. Se o programa-piloto no Afeganistão tiver bons resultados, poderá vir a ser aplicado na educação sobre a AIDS e em outras iniciativas relacionadas a programas de saúde em várias partes do mundo.

Estratégia nº 7: Acompanhar a migração para as cidades

Com o crescimento da urbanização, a maioria dos jovens dos países em desenvolvimento passa a viver nas cidades. Em 2007, pela primeira vez na história da humanidade, mais de metade da população mundial estará vivendo em regiões urbanas, suplantando assim as áreas rurais. Em 2020, cerca de 60% da população do planeta poderão estar residindo em regiões urbanas.[2] A população urbana da Nigéria, por exemplo, aumentou de 14% para 44% entre 1970 e 2000. No mesmo período, as cidades da Coréia do Sul saltaram de 28% para 88% da população desse país.

Em 2004, a China tinha mais de 100 milhões de trabalhadores migrantes, a maior parte deles procedente de áreas rurais em busca de oportunidades de trabalho.

Grande parte dessa "população flutuante" foi extraída da elite rural, mais jovem e com maior nível de ensino do que aqueles que ficaram para trás. O dinheiro que remetem para casa é uma das principais fontes de renda das áreas rurais. Essa população móvel ascendente na China e em outros mercados em desenvolvimento, embora diferente de seus pares de maior renda e nascidos nas cidades, pode representar um significativo mercado quando consegue sucesso ao progredir de empregos subalternos nas fábricas para oportunidades de maior rendimento. Esses novos imigrantes urbanos, boa parte dos quais mulheres com 18 a 25 anos de idade, foram praticamente arrancados de suas raízes. E isso acabou levando a alguma medida de reversão das migrações, de volta às origens rurais.

Estratégia n° 8: Entender as mudanças no papel das mulheres

É entre as mulheres jovens que se manifestam com maior intensidade as mudanças desencadeadas pela cultura jovem. Na fase inicial do desenvolvimento dos mercados, as empresas não costumam prestar muita atenção às mulheres, mas isto vai sendo modificado com o decorrer do tempo, à medida que as empresas criam produtos e campanhas de *marketing* especialmente para as mulheres. As mulheres se tornaram um mercado tão importante no mundo desenvolvido que empresas como a Volvo chegam a criar carros projetados especialmente para elas e outras empresas apresentam inovações em produtos que vão desde higiene feminina até lâminas para depilação. Mudanças similares acontecem nos mercados em desenvolvimento, e os jovens certamente são fator importante na sua implementação e consolidação.

Passando a ter acesso a valores globais, essas mulheres podem sentir-se inclinadas a deixar para trás as restrições impostas à sua educação e vida profissional em culturas que tradicionalmente oferecem poucas oportunidades ao segmento feminino. Esse avanço, porém, não será fácil: certamente se fará sentir, ao longo do caminho, a oposição da geração mais velha, sendo outro problema a existência de escassos modelos que possam servir como fontes de inspiração nessa transição. Quando a revista *Fortune* organizou, em 2004, sua relação das 50 mulheres mais influentes fora dos EUA, somente 25% das incluídas eram de países em desenvolvimento, muitas delas tendo assumido o controle de empresas familiares como sucessoras de pais ou maridos. Uma relação das principais mulheres em postos executivos, publicada em 2004 pelo *Wall Street Journal*, incluiu apenas uma meia dúzia trabalhando para empresas com sede em países em desenvolvimento. O mundo desenvolvido tem um número limitado de modelos de inspiração para as mulheres na área empresarial, e na maior parte do mundo em desenvolvimento esses modelos são ainda mais escassos.

As mudanças no papel das mulheres jovens criam oportunidades para empresas que tenham condições e sensibilidade suficientes para acompanhar tais transformações. O Fair & Lovely, da Hindustan Lever, tornou-se o creme para pele mais vendido na Índia depois de seu lançamento em 1975 pelo fato de satisfazer uma crescente demanda de "produtos de alvura" na Ásia (produtos que suavizam o tom da pele – não para torná-la mais branca, mas, sim, um pouco mais pálida). Milhões de indianas de todas as idades e classes sociais usaram o creme como um produto de beleza capaz de satisfazer todos os desejos a partir da tão desejada alvura, vista como uma maneira de se tornarem mais atraentes e "casáveis", uma vez que o casamento era o objetivo maior na vida das mulheres jovens. À medida que as oportunidades profissionais para as mulheres foram aumentando, contudo, esse posicionamento passou a perder força, principalmente no fim da década de 90, à medida que concorrentes como Fairever passaram a disputar fatias desse mercado.

Por tudo isso, em 2001 teve início uma radical mudança no posicionamento de mercado e no apelo às emoções da publicidade do Fair & Lovely, que começou a se distanciar da ênfase em romance e casamento para focar, em vez disso, no fortalecimento econômico das mulheres. Em 2003, o Fair & Lovely lançou também uma série de atividades para promover o fortalecimento econômico das mulheres por intermédio da Fundação Fair & Lovely, que financia bolsas de estudos, promove treinamento profissional e incentiva o progresso das mulheres nas carreiras escolhidas.

Pelo reconhecimento da mudança na visão das indianas, mudando o foco principal do casamento para uma preocupação com o fortalecimento econômico, a Fair & Lovely conseguiu reposicionar e dar nova força ao seu produto em toda a Ásia. Estas mudanças, juntamente com as novas "antimarcas" ayurvédicas e com as fórmulas de "penetração profunda na pele" lançadas entre 2002 e 2004, ajudaram a proporcionar à marca uma participação de 42% do mercado total de cuidados com a pele na Índia. Ao tomar consciência do aumento dos rendimentos das mulheres, Fair & Lovely lançou também uma marca *premium*, a Perfect Radiance, que lhe deu condições de disputar o mercado com marcas estrangeiras com forte presença no setor, entre as quais a Garnier e a Revlon.

JUVENTUDE SIGNIFICA CRESCIMENTO

A juvenilização dos mercados em desenvolvimento cria oportunidades. As centenas de milhões de pessoas que nascerão nos mercados em desenvolvimento nas próximas décadas é que irão definir os mercados do futuro. Empresas capazes de reconhecer essa realidade e de trabalhar produtos desenvolvidos especialmente para esses segmentos, ao mesmo tempo em que não perdem de vista todas as diferenças existentes entre eles e os jovens dos mercados desenvolvidos de hoje, criarão negócios significativos no presente e estabelecerão as fundações para seu crescimento futuro à medida que esses consumidores forem amadurecendo. (Ao mesmo tempo, não se pode deixar de lado a realidade de que esses mercados dos 86% ainda têm populações de cidadãos idosos bem mais numerosas que as dos países desenvolvidos da atualidade.)

No próximo meio século, o fortalecimento das mulheres e a crescente urbanização devem dar um fim ao inchaço dos jovens e, portanto, ao desenvolvimento desses mercados. Por volta do ano de 2050, os especialistas prevêem uma "escassez de nascimentos", com a população global com mais de 60 anos de idade superando a dos jovens abaixo dos 15 anos pela primeira vez. No entanto, até que essa escassez de natalidade comece (por enquanto, trata-se apenas de uma previsão que não tem sequer certeza de concretização), uma ou mais gerações de jovens irão dominar os mercados em desenvolvimento. Caberá a esses jovens definir quais serão os produtos e marcas de sucesso nos mercados globais. As empresas que se dedicarem desde já aos mercados jovens com certeza serão aquelas que criarão as marcas reconhecidas e apreciadas por tais consumidores à medida que forem crescendo. Para crescer, com esses mercados, as empresas precisam pensar jovem.

A solução dos 86%

- Avalie cuidadosamente quais serão os produtos, serviços e estratégias mais atrativos para os mercados jovens do mundo em desenvolvimento.

- Explore os fatores que mais claramente determinam as diferenças entre os jovens dos mercados emergentes e os do mundo desenvolvido. O que significam tais diferenças para os seus produtos e serviços nos diferentes mercados em desenvolvimento?

- Examine as atitudes, tradições e influências religiosas sobre os jovens nos mercados em que você pretende entrar, ou nos quais está entrando. De que forma esses fatores poderão constituir uma limitação para a típica rebelião inconformista dos jovens?

- Identifique quem detém o controle remoto e as chaves do cofre dos mercados jovens. Qual o impacto que pais e outros influenciadores desses jovens poderão exercer sobre as oportunidades nesses mercados?

- Identifique as possibilidades de lançar produtos para pais jovens com filhos pequenos, especialmente produtos para educação.

- Encontre os maiores formadores de influências sobre os mercados jovens, como artistas ou lançadores de moda. Como você poderá tirar proveito desses líderes na busca da expansão dos mercados para os seus produtos e serviços?

- Busque oportunidades na mudança dos papéis e funções exercidos pelas mulheres nos mercados em desenvolvimento. Você tem condições de expandir seus mercados e ao mesmo tempo dar mais poder às mulheres mais jovens?

NOTAS

[1] Entrevista. 31 de agosto de 2004.

[2] Fundo de População das Nações Unidas (UNFPA). Relatório sobre a População Mundial 2004 (State of the World Population 2004), p. 23. http://www.unfpa.org/swp/2004/pdf/en_swp04.pdf.

Como crescer pensando pequeno

6

Enquanto no Mundo desenvolvido tudo precisa ser super dimensionado, nos mercados em desenvolvimento, freqüentemente os maiores sucessos chegam em pequenas embalagens. Pagamentos modestos, sachês diminutos e produtos modelados para os pequenos espaços são capazes de criar grandes oportunidades.

Num acanhado mercado de Karachi, no Paquistão, Fátima abre caminho entre os estabelecimentos próximos ao Bohri Bazaar. Essa dona de casa de meia-idade compra os vegetais do dia-a-dia e outras miudezas nas mesmas casas que sua mãe freqüentava, e prepara as refeições para a família de acordo com receitas que dela herdou. A diferença é que Fátima, agora, faz também uma breve parada numa pequena casa de artigos de beleza para comprar um sachê de 5 ml do xampu Herbal Essences, da Procter & Gamble, por três rúpias (cerca de cinco centavos de dólar americano). Ela preferia o Bioamla, da Kala Kola, desde que começara a usar xampus. Mas ficou muito interessada em testar essa nova marca ocidental, que oferece aquilo que, segundo seu *marketing*, seria "uma experiência capaz de oferecer satisfação sem igual".

Embora o vidro de 200 ml de Herbal Essences seja desenhado de maneira a evocar os jarros das antigas drogarias, e sua forma ovalada mostre sua harmonia com a natureza, Fátima não dá a mínima para disso. Em primeiro lugar, ela não tem espaço suficiente para guardar esse enorme vidro no pequeno apartamento da família. Em segundo lugar, gosta de comprar alimentos e outros artigos essenciais a cada dia, e por isso para ela faz todo o sentido do mundo comprar seus sachês de xampu quando deles precisar.

Fátima e o marido, Shafiq, estão pagando as prestações de um televisor LG, adquiriram recentemente um pequeno refrigerador da RMPLC comprometendo-se com uma série de pequenos pagamentos. Com isso, ela não precisa mais fazer compras todos os dias, mas qualquer negligência dos seus tradicionais "deveres" diários para ela equivaleria a não cuidar adequadamente da família. Sente-se, no entanto, grata pelos pequenos confortos e prazeres da vida – entre eles o de poder experimentar o novo xampu.

Consumidores como Fátima transformaram as embalagens minúsculas, como os sachês, em uma das mais fantásticas inovações para o desenvolvimento de novos mercados. Os sachês representam, para a Hindustan Lever, cerca de metade dos seus mais de US$ 2 bilhões em vendas anuais no subcontinente indiano – uma cifra quase igual às receitas do gigante Infosys com seus itens de tecnologia da informação. E essas vendas são ainda mais notáveis pelo fato de serem acumuladas ao ritmo de poucos centavos a cada transação. Com rendas escassas e moradias apertadas, os consumidores nos mercados em desenvolvimento compram sachês e outros itens pequenos para suprir suas despesas *just-in-time*. Apartamentos diminutos e salários igualmente reduzidos dos seus moradores criam oportunidades para outras inovações. De que forma você poderia repensar seus pagamentos, produtos e embalagens buscando tornar-se grande por pensar pequeno?

O xampu Chik, da CavinKare, tornou-se uma poderosa fonte de renda no sul da Índia graças à inovação representada pela embalagem de baixo custo em diminutos sachês. Enquanto marcas conhecidas de xampu como Clinic Plus e Sunsilk disputavam corações e cabelos nas áreas urbanas da Índia, a CavinKare voltava suas atenções para as necessidades dos mercados rurais, lançando produtos a eles destinados. Pesquisa realizada pela CavinKare no começo da década de 80 mostrou que a idéia de usar xampu vinha se tornando mais aceitável nos mercados rurais e das cidades menores. Os estudos mostraram que, em média, cerca de cinco adultos em cada domicílio lavavam os cabelos uma vez por semana. Tratava-se de um mercado pronto para ser conquistado.

O preço, contudo, era o grande problema. Um sachê valendo duas rúpias (o equivalente a quatro centavos de dólar americano) significaria um custo total de oito rúpias (16 cents) por pessoa a quatro lavagens por mês, o que era mais do que esses consumidores rurais tinham condições de pagar. As pesquisas da empresa revelaram que se o custo mensal fosse reduzido para duas rúpias (quatro cents), os consumidores estariam dispostos a usar xampu em lugar de sabonete para os cabelos. A CavinKare então trabalhou a partir desses números, reduzindo-os, para lançar seu xampu Chik em sachês de 50-paise (menos de um centavo de dólar) em 1983. Em apenas um ano, a marca vendeu cerca de um milhão de sachês no estado indiano de Tamil Nadul. No ano seguinte, o Chik foi lançado nos estados igualmente sulistas de Andhra Pradesh e Karnataka.

Sachês e pequenas embalagens de produtos como xampus, detergentes, chá, café e chocolates têm atingido enorme sucesso nos mercados emergentes. A Unilever vende minibastões do desodorante Rexona a partir de 16 cents, com isso chegando a capturar até 60% do mercado na Índia, Filipinas, Bolívia e Peru. Na Nigéria, um tubo de creme dental Close Up suficiente para 20 utilizações custa cerca de oito centavos de dólar. A Unilever oferece pequenos tabletes de margarina que não dependem de refrigeração, satisfazendo assim tanto a necessidade de embalagens diminutas quando as deficiências gerais na infra-estrutura (discutidas no Capítulo 7). Ao longo de todas as empresas do setor nas Filipinas, sachês de produtos de higiene pessoal e de limpeza chegam a 95% do total das vendas.

Nos EUA, em contraste, uma mentalidade do quanto-maior-melhor levou a rede Wal-Mart a oferecer um galão (cerca de quatro quilos) de *pickles* Vlasic por menos de três dólares, e os restaurantes de *fast-food* normalmente oferecem pratos *super size* com um acréscimo insignificante em relação ao preço do tamanho normal. No mundo em desenvolvimento, porém, é comum a venda de cigarros por unidade (não por maço, ou carteira).

PREÇO INVERTIDO

A lógica da precificação desses sachês é invertida nos mercados em desenvolvimento porque os consumidores na verdade pagam menos por volume em pequenas embalagens. Na Índia, a Hindustan Levar cobra 87% a mais por unidade do seu pacote familiar de 5 mil gramas de Surf Excel em comparação com o preço das unidades dos sachês. Da mesma forma, a Procter & Gamble cobra um acréscimo de 80% pelo seu pacote tamanho família de Tide, em comparação com a mesma quantidade de detergentes em sachês.

Em contraposição, os consumidores nos mercados desenvolvidos pagam, nas lojas de conveniência, mais caro por uma garrafa individual de refrigerante do que por uma embalagem de dois litros do mesmo produto, pois o que lhes importa é o consumo da hora. Compram um saquinho de salgadinhos em vez do pacote tamanho família porque desejam algo cômodo e descartável para a hora do lanche. Em geral, esses consumidores no mundo desenvolvido pagam um adicional pela comodidade da disponibilidade da embalagem pequena e ganham descontos quando compram em quantidades tipo pacotes-família ou garrafas de dois litros. A idéia é incentivar os consumidores a comprar maiores volumes, cuja produção custa menos.

A precificação nos mercados em desenvolvimento parece, à primeira vista, ir contra a lógica. Mas acontece que a motivação para pequenas embalagens é muito diferente conforme o tamanho dos mercados. Naqueles desenvolvidos, os consumidores estão dispostos a comprar embalagens menores devido à sua *conveniência* e possuem condições de pagar mais por esse conforto. No mundo em desenvolvimento, os consumidores compram embalagens menores por motivo do *preço* em função da limitação dos recursos ou da necessidade de poupar dinheiro para outros itens indispensáveis. Esses consumidores não tomam a decisão de comprar em função de embalagem menor ou maior, mas sim pela necessidade e disponibilidade de recursos. O consumidor que não tem dinheiro para adquirir uma embalagem tamanho família muitas vezes consegue comprar um sachê.

Como as empresas podem financiar a oferta de embalagens menores a preços mais baixos? É óbvio que sai mais caro fazer e vender muitas unidades pequenas do que uma embalagem grande. A resposta é que as empresas se concentram em economias de volume em lugar de em economias de escala, aumentando assim o mercado para os seus produtos. As vendas dos sachês não canibalizam as de embalagens maiores. Pelo contrário, elas atraem novos consumidores que de outra forma talvez não chegassem a adquirir aquele produto. Por isso mesmo, sachês de baixo preço não influenciam negativamente nas vendas do mesmo produto em embalagem maior, ao contrário do que poderia ocorrer num país desenvolvido. Os países em desenvolvimento têm também vantagens de custos em produção e vendas que acabam se traduzindo em preços reduzidos. Na China, por exemplo, o custo da hora de trabalho dos empregados na indústria é de apenas 64 centavos de dólar, em comparação com a média de US$ 21,11/hora nos Estados Unidos.

PEQUENOS DOMICÍLIOS

A densidade populacional (habitantes por quilômetro quadrado) de Karachi, no Paquistão, é cerca de dez vezes maior que a de Nova York. Mumbai, na Índia, é sete vezes maior, Manila (Fipilipinas), quase seis vezes, Xangai (China) é quase três vezes, e a Cidade do México tem densidade populacional cerca de 2,5 vezes maior que a de Nova York. De acordo com o grande colecionador de arte e industrialista indiano Harsh Goenka, uma das razões pelas quais as pessoas não compram esculturas em Mumbai é que as casas são tão pequenas que nelas não cabem obras de arte. Tanto isso é verdade que um escultor que fez 11 trabalhos para uma exposição em Mumbai destruiu as oito esculturas não vendidas ao fim da exposição porque simplesmente não haveria espaço para armazená-las.[1] As residências são menores nas áreas urbanas por causa da baixa disponibilidade de instalações, e são menores nas áreas rurais devido aos reduzidos ganhos da população local.

O tamanho médio de uma residência nos EUA, que cresceu 38% entre 1975 e 2000, é de cerca de 204 metros quadrados. Isto representa cerca do dobro do espaço residencial médio no Japão e na Europa, e 26 vezes o espaço residencial médio por pessoa na África. Em Nairóbi, no Quênia, onde os favelados constituem 60% da população mas ocupam apenas 5% dos terrenos, uma residência típica pode chegar a 15 metros quadrados. (Em 2001, 924 milhões de pessoas viviam em favelas, com domicílios superlotados e condições de vida insalubres.)

No livro *Material World*, de Peter Menzel, lançado em 1995, o autor apresenta, baseado em dados das Nações Unidas e do Banco Mundial, retratos de famílias típicas do mundo em desenvolvimento. Entre elas, uma família de 13 pessoas (mais animais domésticos) no Butão, vivendo num barraco de 70 metros quadrados; uma família de nove pessoas, em Cuba, num espaço de 130 metros quadrados; uma família de 11 pessoas no Mali vivendo em 90 metros quadrados; uma família de nove membros, na China, amontoada em 55 metros quadrados; uma família de seis pessoas, na Índia, alojada em um espaço de 31 metros quadrados, e uma família de cinco pessoas na Guatemala acotovelando-se em 20 metros quadrados. Tudo isso em comparação com uma família norte-americana de quatro pessoas vivendo numa casa de 150 metros quadrados.[2] Para agravar esse quadro tão dramático, regulamentações que dificultam para um proprietário a possibilidade de despejar inquilinos acabam gerando estoques de apartamentos vazios em áreas de comprovada escassez de habitações. Esses proprietários preferem manter suas propriedades fechadas a correr o risco de arrumar inquilinos vitalícios.

ESTRATÉGIAS PARA PENSAR PEQUENO

De que maneira as empresas podem crescer pensando pequeno? São várias as "pequenas" estratégias que podem levá-las a obter grande sucesso.

Estratégia nº 1: Encher a despensa *just-in-time*

Mesmo no caso de consumidores em condições de sustentar embalagens maiores, um ambiente de escassez significa que ali a maioria pensa mesmo é em ter dinheiro disponível. Alguns consumidores nos países em desenvolvimento, por exemplo, não completam o tanque de gasolina mesmo quando dispõem de dinheiro suficiente para tanto. O dinheiro no bolso, entendem eles, tem flexibilidade muito maior do que o combustível no tanque do carro. O mesmo ocorre em relação a um vidro de xampu ou a uma caixa de sabão. Por que eles deveriam comprometer recursos tão preciosos só para ter estoques?

Os cidadãos dos países em desenvolvimento preferem uma abordagem *just-in-time* na relação entre o suprimento de suas acanhadas despensas e o grande número de lojas comerciais existentes nas proximidades de sua residência. Quantidades reduzidas permitem a esses cidadãos comprar apenas aquilo de que necessitam, fazendo freqüentes compras de pequenos volumes em vez das raras compras maiores. Quem, afinal de contas, será insensato a ponto de atravancar o precioso espaço das prateleiras de uma diminuta residência com uma enorme caixa de detergente? Em cenários como estes, a estratégia da promoção "compre um, leve outro de graça" jamais será eficiente. Onde o comprador iria armazenar aquela segunda caixa ganha como brinde? (Na verdade, os clientes até que poderiam vender este brinde aos vizinhos se tivessem uma demanda controlada, como se discute na seção "Estratégia N° 5: Junte as Gotas Minúsculas até Formar um Oceano".) Em vez disso, a despensa vai sendo utilizada de acordo com as necessidades, de maneira que as pequenas quantidades são sempre as preferidas, mesmo quando não é o custo o fator principal da decisão (e na maioria das vezes ele o é). É que não há espaço disponível no refrigerador, isso quando o refrigerador existe. Em geral, os consumidores não compram com antecipação, a não ser em casos em que tentam se precaver dos efeitos de uma inflação acelerada ou de possível escassez de produtos no mercado. Além disso, nas sociedades em que o desperdício é considerado um pecado, melhor a escassez do que o excesso.

Não são só os artigos domésticos os beneficiados na cultura da preferência pela pequena quantidade. A Cemex transformou-se num dos principais produtores e fonecedores de cimento e artigos correlatos de construção no mundo inteiro, em grande parte por sua política de vender pequenos sacos de cimento a clientes individuais. Os sacos proporcionam a construção de casas em módulos com orçamentos limitados. O chefe de família médio no México leva normalmente quatro anos para completar uma peça de sua casa, ao custo total de US$ 1.500, gastando normalmente um saco de cimento de 50 kg por etapa. Ele leva então cerca de 13 anos para completar uma casa de quatro aposentos. A Cemex criou em 1999 o programa Patrimônio Hoy destinado a esses clientes de baixa renda, ajudando-os a economizar (às vezes por meio de grupos de poupança comunitária, as *tandas*) e oferecendo-lhes assessoria técnica para diminuir a demora e os custos da obra. No decorrer de três anos, o programa havia triplicado o montante do cimento consumido por esse público de baixa renda, e mais de 13 mil famílias mexicanas foram por ele beneficiadas.

Programas como este ajudam a Cemex a expandir seu negócio para países em desenvolvimento como Bangladesh, Egito, Indonésia, Tailândia, Filipinas, entre outros. As projeções da Cemex indicam que enquanto as vendas de cimento nos países desenvolvidos crescerão ao ritmo anual de 1% até 2010, nos países em desenvolvimento esse crescimento será de 4% ao ano. As vendas para programas de autoconstrução representam 40% do total do cimento negociado no México, com um mercado potencial que a Cemex estima de US$ 500 milhões a US$ 600 milhões tão-somente nesse país. O mercado nacional mexicano proporcionou 70% dos lucros da Cemex no ano de 2003, ainda que representasse apenas 37% das vendas.

Estratégia nº 2: Utilizar pagamentos reduzidos

O Magazine Luiza transformou-se na terceira maior rede de varejo do Brasil recorrendo à estratégia de cortejar assiduamente as classes de menor renda. Essas lojas realizam 80% de suas vendas a crédito, oferecendo pagamentos reduzidos aos clientes de baixo poder aquisitivo. Os produtos são precificados com base no montante dos pagamentos, em vez de no custo total. Embora esta possa parecer uma estratégia de alto risco, o índice de não-pagamento dos clientes do Magazine Luiza é muito baixo, cerca de 50% abaixo da média registrada na totalidade do varejo brasileiro. Cada vez que os clientes entram na loja para pagar suas prestações reduzidas, ficam fascinados com os novos eletrodomésticos, móveis e outros produtos à disposição dos compradores.

A fim de conseguir acesso aos mercados mais remotos, o Magazine Luiza instalou lojas virtuais, *showrooms* com computadores oferecendo acesso *online* aos estoques da companhia, e entrega garantida dentro de 48 horas. O custo da instalação dessas lojas, segundo a empresa, foi de apenas 15% do investimento que uma loja convencional exige. Essas lojas oferecem educação e serviços bancários *online*. Apostando nas prestações reduzidas, Magazine Luiza, que surgiu como uma modesta rede de lojas de departamentos, cresceu até se tornar uma das potências do ramo no país. Mesmo durante os períodos de recessão da economia reconhecidamente volátil do Brasil, a empresa vem conseguindo apresentar forte crescimento, tendo suas vendas do ano de 2004, por exemplo, superado os 400 milhões de dólares.

Da mesma forma, o varejista indonésio Ramayana Lestari Sentosa estabeleceu um vibrante negócio ao se concentrar em clientes rurais de baixa renda. E a rede de varejo brasileira Casas Bahia se tornou a maior varejista do ramo não-alimentício, vendendo cerca de R$ 8 bilhões (US$ 2,9 bilhões pelo câmbio da época) em móveis, utensílios e aparelhos domésticos nas cerca de 400 lojas de sua rede durante o ano de 2004, tudo isso com base em pequenas prestações pagas por clientes de baixa renda.

Os bancos estão também reconhecendo que os prestamistas de baixa renda podem constituir uma base de negócios rentáveis. Por intermédio de sua divisão Banamex, o Citigroup dedicou-se a aprofundar a presença dos negócios bancários nas aldeias e segmentos de mais baixa renda do México, país em que apenas um em cada cinco cidadãos tem uma conta bancária. O Citigroup constatou em 2001 que apenas 12% das compras feitas no México passavam pela utilização de cartões de crédito ou débito, contrastando então esses números com os mais de 50% de todas as compras realizadas no mesmo ano nos EUA. A fim de alterar este padrão, o banco passou a trabalhar junto aos empregadores para que pagassem os salários dos funcionários mediante conta-salário, com cartões pré-pagos que podem ser usados como os cartões de débito para saques ou pagamentos nos caixas automáticos. A expansão do Citigroup é feita à base de um pequeno cartão de débito e uma aldeia, ou "janela bancária", de cada vez. São, no entanto, pequenas iniciativas que vão adquirindo força. As margens de lucro dos cartões de crédito são suculentas – as margens internacionais do Citigroup constituem quase o dobro dos seus lucros nos EUA – e as operações do conglomerado no México estão apresentando receitas superiores a US$ 1 bilhão por ano. (Saber se o incentivo ao crédito e a operações de juros no mundo em desenvolvimento é algo positivo ou negativo, a longo prazo, é ainda uma questão aberta. Os proponentes da estratégia argumentam que ela proporciona às pessoas acesso a um melhor padrão de vida, enquanto os seus detratores sustentam que algumas empresas se valem dessa prática exclusivamente para explorar os pobres.)

Estabelecer-se no andar térreo desses mercados de baixa renda é algo que oferece igualmente às empresas um tipo de relação com consumidores de classe média à medida que eles vão emergindo. Claro, os mercados em desenvolvimento são heterogêneos, com variados níveis e segmentos de renda, mas a elevada concentração de clientes de baixa renda incentiva o "pensar pequeno". Enquanto no mundo desenvolvido é prática corrente comprar casas ou automóveis pagando-os em prestações, o mundo em desenvolvimento aplica este mesmo modelo a produtos de muito menor preço, como bicicletas e acessórios dos mais variados tipos.

O microcrédito (discutido no Capítulo 1, "As Terras das Oportunidades") também tem demonstrado a força dos pagamentos de baixas prestações. Embora muitas iniciativas de microcrédito tenham surgido como organizações de caridade, várias delas se tornaram auto-suficientes e incentivaram o surgimento de empresas lucrativas de crédito em todo o mundo. Por exemplo, a Accion é uma organização privada sem fins lucrativos que proporciona microempréstimos a trabalhadores autônomos de baixo poder aquisitivo na América Latina, África e outras regiões do mundo. Ela já ajudou a criar várias instituições comerciais de microfinanças, entre as quais o BancoSol, na Bolívia, o Mibanco, no Peru, o Soge Sol, no Haiti, o Banco Solidário, no Equador, e a Financiera Compartamos, no México. Em 1996, o BancoSol, sozinho, superou a marca do US$ 1 milhão em rendimentos. Um ano depois, tornou-se a primeira instituição de microfinanças a pagar dividendos aos acionistas. Em 2004, a Accion distribuiu um total de US$ 1,76 bilhão a cerca de 1,5 milhão de empreendedores em todo o mundo.

Estratégia n° 3: Combinar produtos para poupar espaço

Casas de escasso espaço geram demanda de projetos habitacionais criativos que consigam fazer os ambientes parecer maiores do que realmente são e criar um sentido de privacidade em apartamentos apertados. Alojamentos acanhados criam igualmente mercados para acessórios e móveis capazes de economizar espaços. É por isso que muitos indianos de classe média compram refrigeradores fabricados pela Samsung, da Coréia do Sul. Projetando para os diminutos apartamentos de Seul, a capital sul-coreana cuja densidade populacional é de mais de 4.000 habitantes por quilômetro quadrado, essa companhia aprendeu a adaptar seus produtos a ambientes acanhados. Residências menores também significam moradores que passam a maior parte do seu tempo em *shoppings* e outros espaços públicos.

Em função das restrições de espaço, muitas empresas conseguem sucesso mediante a combinação de vários produtos num pacote único. A Microsoft desenvolveu um sistema de entretenimento que combina um televisor, computador, DVD *player* e estéreo. Embora sejam projetados especialmente para o conforto de consumidores no mundo desenvolvido que se cansam com o excesso de controles que precisam manejar, produtos como esse podem ser igualmente muito atraentes para os pequenos espaços dominantes nos mercados em desenvolvimento, exatamente como uma maneira de economizar esse bem tão precioso. O professor Raj Reddy, da Carnegie Mellon University, está trabalhando num conjunto *wireless* interligado PC-TV-DVD-fone, que, ao custo de US$ 250, deverá estar no mercado em 2006. Esse produto tem como mercado preferencial os quatro bilhões de pessoas que vivem com menos de US$ 2 mil por ano.

Muitas outras combinações podem não ser tão óbvias quanto o sistema de entretenimento da Microsoft. Por exemplo, a LG está instalando televisões de tela plana e conexões de Internet nas portas dos seus refrigeradores destinados à classe alta nos EUA. Uma versão mais barata desta combinação (um televisor num refrigerador mais modesto) não poderia atrair também o interesse de clientes do mundo em desenvolvimento, como primeiro televisor, ou computador, da casa? No Prefácio, mencionamos a idéia de combinar um vaso sanitário e um computador. Poderia ser uma imagem inviável da perspectiva do mercado desenvolvido, mas, para um consumidor vivendo numa habitação recém ingressada na era do saneamento básico, esta idéia certamente não pareceria assim tão disparatada. Se é possível combinar lavadoras e secadoras, quais seriam outras combinações de produtos viáveis com a finalidade de suprir necessidades múltiplas e ao mesmo tempo economizar espaços?

Além de ocupar menores espaços num apartamento apertado, produtos combinados fatalmente custariam menos do que seus componentes comprados isoladamente. Embora os consumidores nos mercados desenvolvidos provavelmente já disponham de algum, ou alguns desses produtos, o que exigiria gastos com substituição, muitos consumidores no mundo em desenvolvimento estão comprando esses três itens pela primeira vez. É, sem dúvida, algo que torna as possibilidades das combinações citadas especialmente atrativas.

Esses produtos acoplados não apenas economizam espaços e custos, como podem igualmente facilitar a adoção pelo mercado. Por exemplo, em muitas áreas do mundo em desenvolvimento, as máquinas de lavar estão fazendo sucesso, mas as secadoras ainda não são muito populares. As pessoas ainda costumam secar suas roupas ao sol, porque as roupas saídas das secadoras não parecem tão limpas. Uma maneira de superar esse obstáculo seria combinar lavadora e secadora num único produto.

Alternativamente, as empresas podem projetar produtos maiores que sejam modulados, facilitando assim sua entrada ou saída de apartamentos e casas de pequenas dimensões. Um dos primeiros sucessos do fabricante chinês de acessórios Haier foi um refrigerador com freezer que podia ser dividido em dois componentes, facilitando assim sua instalação nos apartamentos tipicamente compactos dos chineses.

Os fabricantes chineses desenvolveram móveis compactos com inovações em termos de economia de espaço, como camas ou mesas com gavetas embutidas. Tendo como foco os clientes de renda média ou baixa de seu mercado interno, os moveleiros chineses emergiram como protagonistas desse setor nos mercados dos EUA e outros países desenvolvidos. Da mesma forma, passaram a utilizar essa experiência como arma para começar a incursionar no segmento dos móveis mais caros e sofisticados, sendo nisso significativamente ajudados pela redução das barreiras alfandegárias norte-americanas às importações no setor moveleiro.

Estratégia nº 4: Organizar as promoções para torná-las mais acessíveis

Clientes que vivem com orçamentos limitados só estão dispostos a pagar por aquilo que realmente precisam, sendo por isso fundamental entender aquilo que é importante para os usuários locais e cortar os supérfluos que acabam aumentando os preços. Por exemplo, a rede de hotéis Tata, da Índia, lançou, em 2004, a indiOne, uma cadeia de hospedarias de classe econômica oferecendo quartos de solteiro por 900 rúpias (cerca de US$ 20) o pernoite. Isso em comparação com a taxa média de US$ 92 dólares em todos os hotéis da empresa, muitos deles realmente de luxo, e os US$ 142 da tarifa média da rede hotéis Hilton em todo o mundo. A nova rede criou uma categoria de hotéis "básicos", com acomodações de *self-service* mas conexões com a Internet e TVs de tela plana.

Mediante o enxugamento radical dos custos, a Advanced Micro Devices (AMD) criou um computador portátil para as massas com o lançamento do seu igualmente básico Personal Internet Communicator (monitor incluído), por US$ 185. O produto faz parte da iniciativa "50 em 15", anunciada pelo CEO Hector Ruiz, e destinada a conectar 50% da população mundial à Internet até o ano de 2015. A AMD criou um chip de baixo custo e um projeto básico da máquina do tamanho de uma caixa de sapatos. A AMD trabalhou também com a Microsoft para criar um sistema operacional enxutíssimo e de baixo preço, embora ainda inclua um *browser* Explorer e um *mídia player* que pode alimentar telas inteiras de vídeo. Mesmo se as margens de lucro da AMD ficarem reduzidas a poucos dólares por máquina, trabalhar com uma meta de 100 milhões de máquinas pode representar várias centenas de milhões de dólares. Os usuários potenciais do novo instrumento nas áreas rurais não terão de desembolsar nem mesmo os US$ 185 do preço previsto quando essas máquinas estiverem disponíveis. Eles já estão sendo iniciados na matéria por companhias locais de telecomunicações, que os tratam como caixas de ressonância, oferecendo-lhes, entre outros itens, assinatura de Internet que às vezes não chega a custar US$ 10 por mês.

Os custos da tecnologia continuam a baixar. Nicholas Negroponte, do Massachusetts Institute of Technology (MIT), anunciou no começo de 2005 um plano de um *laptop* de US$ 100 para o mundo em desenvolvimento, usando uma tela de retroprojeção e memória sólida que poderiam funcionar com baterias ou mesmo algum tipo de manivela. As preocupações com os custos também ajudaram a expansão de *software* de fonte aberta como o Linux. (Já se estima que o Brasil gasta mais com licenciamento de *software* que com no combate à fome.) O Brasil anunciou em 2005 planos para um programa chamado PC Conectado, com o objetivo de ajudar milhões de pessoas de baixa renda a comprar seu primeiro computador usando apenas *software* livre. O presidente da Sun Microsystems, Jonathan Schwartz, prevê um sistema de computador ainda mais barato com base no UNIX e o Java Desktop System, que seria dado de brinde por uma assinatura de um provedor de Internet.

Embora os produtos devam ser reduzidos aos componentes básicos para possibilitar a redução dos custos, é importante reconhecer que esses "básicos" podem ser diferentes conforme as características de cada mercado em desenvolvimento. Uma equipe de pesquisadores do Indian Institute of Science (IISc) em Bangalore desenvolveu o "Simputer", com um preço de US$ 200, que não tem teclado, e funciona com base num sistema de entrada de textos. E ainda assim ele é mais poderoso que muitos dos computadores de baixa resolução utilizados nos países em desenvolvimento. Tem um autofalante embutido que transmite textos digitados em hindi, kannada ou tâmil. Funciona movido por três baterias padrão, eliminando a necessidade de recarga ou de sistemas elétricos confiáveis.

A criação de projetos habitacionais de baixo custo é outra oportunidade para a abertura da porta ao crescimento das perspectivas. A empresa norte-americana Pulte Homes, do Michigan, completou cerca de 450 mil casas no México em 2004, construídas em conjunto com um grupo de investidores locais. Essas casas custam em média US$ 40 mil, e os compradores são detentores de renda média familiar anual em torno dos US$ 14 mil, o que os coloca entre os 30% mais bem situados da população mexicana. Como indício do crescimento do setor, a construtora mexicana Homex SA passou a ter suas ações cotadas na Bolsa de Valores de Nova York em 2004. Grandes bancos internacionais, como o Citigroup e o Banco Bilbao Vizcaya Argentaria, da Espanha, estão oferecendo hipotecas atraentes, o que ajuda a desenvolver o setor da construção civil.

Produtos de segunda mão, especialmente aqueles importados do mundo desenvolvido, representam igualmente alternativas de baixo custo. O valor declarado de artigos de vestuário de 2ª mão exportados para a África foi superior a US$ 59 milhões no ano de 2002. Embora essa transferência de artigos de vestuário tenha começado como doação, as roupas usadas chegaram a 81% do mercado de vestuário em Uganda, conforme a Associação das Tecelagens, representante dos fabricantes nacionais de têxteis compreensivelmente irritados com essa tendência. A Polônia tornou-se um dos mercados europeu mais "quentes" de carros usados depois de sua entrada na União Européia em 2004, quando as importações de carros usados de outras partes da Europa aumentou para mais de 820 mil veículos por ano.

Estratégia n° 5: juntar muitas gotas pequenas para formar um oceano

Quando é inviável oferecer produtos ou serviços de forma modular expandida para reduzir os custos, as empresas podem usar o consórcio da demanda a fim de reduzir os custos para os usuários individuais. Um empreendedor no México pode comprar uma Coca-Cola de dois litros e vender copos do refrigerante na janela dos fundos de sua casa. Da mesma forma, uma mulher em Bangladesh que tenha um celular poderá vender esse serviço por chamada. E microempresas teriam condições de proporcionar serviços de remessas de mensagens por unidade. O consórcio de demandas é uma maneira de unir vários pequenos consumidores e transformá-los num grande cliente. Se os países desenvolvidos usam os consórcios de demanda para a venda de seguros em grupo, ou até mesmo para a obtenção de grandes descontos, nada mais natural que essa modalidade seja utilizada para a aquisição de itens de preços muito mais baixos no mundo em desenvolvimento. Esses clientes não estão simplesmente andando por aí em busca do preço mais baixo para um determinado serviço, como pode acontecer com os clientes de seguros nos EUA. Ocorre que apenas mediante o consórcio de demanda eles conseguirão acesso a determinados serviços ou produtos.

Nas áreas rurais, boa parte dessa demanda via consórcio ocorre nas aldeias, que são o centro natural da vida comunitária. Muitos agricultores não têm condições de pagar conexões via Internet para acompanhar as cotações dos produtos agrícolas nas bolsas de mercadorias nacionais e internacionais, mas se eles se juntarem num consórcio, esse acesso estará garantido. A ITC criou o projeto *e-choupal* (*choupal* significa a "praça da aldeia") na Índia, que consiste da instalação de terminais de Internet movidos a pilhas com acesso aos serviços via satélite. Esses terminais, instalados na casa de um dos agricultores da aldeia, funcionam como um posto central de reuniões para os agricultores das redondezas, que recorrem ao sistema para acompanhar as cotações dos produtos agrícolas nos mercados internacionais, vigiar as condições do tempo e outras informações fundamentais para a sua atividade, além de poderem adquirir suprimentos e vender seus produtos. Em 2003, essa inovação – lançada no ano 2000 com a ajuda de empresas, organizações não-governamentais (ONGs) e governos locais – havia interconectado 3,1 milhões de agricultores através de uma rede de mais de 5 mil *e-choupals*, tendo já realizado transações de todos os tipos em valor superior a US$ 100 milhões. A ITC informa que acrescenta 30 aldeias por dia a essa rede. O presidente da empresa, Yogesh Chander Deveshwar, tem como meta interconectar 10 milhões de agricultores até o ano de 2010, com US$ 2,5 bilhões em transações. A ITC assegura que o valor investido em equipamentos para cada *e-choupal* é recuperado em apenas um ano de operações.

Numa iniciativa semelhante nas áreas rurais, o ICICI, o maior banco privado da Índia, estabeleceu quiosques de Internet para a prestação de serviços financeiros, da mesma forma que acesso a seguros, educação, agricultura, serviços de saúde, jogos, acesso à Internet e *e-mail*. O banco faz parcerias com empreendedores locais ou ONGs. Os fundos são fornecidos a uma taxa relativamente baixa de juros, mas o volume das transações é que acaba produzindo o lucro. Os parceiros entendem a situação e ajudam a reduzir os riscos, proporcionando, entre outros produtos, empréstimos a grupos de 10 mulheres para o financiamento das mais variadas atividades. Quando um dos integrantes do grupo deixa de pagar, os demais ficam responsáveis pelo pagamento, e por isso se empenham em recuperar o que é devido pelo parceiro em atraso. Esta rede social tem ajudado a manter a taxa de inadimplência no insignificante índice de 1%.

Embora a *e-choupal* e a iniciativa do ICICI representem consórcios organizados de demanda ao criar uma rede em torno de um centro principal, parte dos consórcios de demanda volta-se para fins determinados. O consórcio de demanda ocorre muitas vezes no âmbito de bairro ou de famílias. Boa parte dos clientes dos consórcios de produtos existentes nos países desenvolvidos não são pessoas isoladas que buscam abastecer seus *freezers* e despensas. Pelo contrário, constituem grupos informais de compra, nos quais uma família numerosa ou um grupo de amigos consegue adquirir quantidades maiores nas lojas de atacado e dividi-las entre os componentes. Essencialmente, os clientes criam seus próprios sistemas informais para os consórcios de demanda. Qual seria a melhor maneira de as empresas servirem às necessidades desses grupos informais de compradores?

Grupos de empresas também podem se unir a fim de criar um consórcio de demanda. Quando a rede de varejo peruana E Wong (abordada no Capítulo 3) foi fundada, em 1942, reconheceu que inicialmente não havia demanda suficiente para sustentar um grande supermercado dependente de compradores individuais. Poderia, no entanto, criar um hipermercado para pequenos varejistas. Um destes poderá, por exemplo, comprar um saco de laranjas para revenda aos seus próprios clientes. Ao trabalhar para clientes comerciais, e também para consumidores finais a partir do momento em que o mercado varejista peruano ganhou proporções, a rede E Wong contabilizou, em 2003, vendas de US$ 576 milhões nas suas 27 lojas.

Pequenos empreendedores também participam destes consórcios de demanda especializada, como os varejistas indianos que vendem cigarros por unidade em suas lojinhas. Esta modalidade serve aos clientes que só tem condições para o consumo *just-in-time*. Se as empresas chegam a reconhecer que existe mercado para a venda de cigarros por unidade, ou bebidas, ou refrigerantes, qual a maneira mais lucrativa, para todos os envolvidos, de atender a esses revendedores?

PEQUENAS MARAVILHAS

Dadas as enormes populações dos mercados em desenvolvimento, oportunidades sempre existem para a obtenção de lucros significativos com pequenas transações. Há clientes que só podem comprar um sachê de xampu, um cigarro de cada vez, ou um saco de 50 quilos de cimento; milhões desses clientes, no entanto, já se transformam em grandes oportunidades. Vender pouco realmente aumenta os custos com embalagem, distribuição e outras despesas, de tal forma que as empresas precisam encontrar fórmulas para o enxugamento desses gastos. As empresas precisam igualmente encontrar a melhor maneira de gerenciar com eficiência as cadeias de suprimento melhorando os controles de pontos de venda e a eficiência do recebimento das prestações nas vendas a prazo. *Scanners* de baixo custo e inovações como pagamentos por telefone ou cartões de crédito e débito certamente facilitarão este processo. Desde que cada venda seja lucrativa, cada uma dessas pequenas transações acaba inevitavelmente contribuindo para a realização de lucros avultados. Não custa lembrar, a propósito, que a McDonald's consolidou um megaempreendimento global de US$ 45 bilhões a partir da venda de lanches que custam apenas alguns dólares.

Os riscos de oferecer pagamentos em prestações reduzidas não são tão altos quanto os modelos do mundo desenvolvido podem indicar. Muitos dos clientes de baixa renda no mundo em desenvolvimento estão sempre procurando melhorar de vida. Para chegar a tanto, um dos requisitos básicos é a preservação do seu crédito. E esses riscos podem ser igualmente reduzidos mediante os consórcios de demanda que constroem um negócio em torno de uma família, de um bairro, de uma cidade. Em torno de que instrumento é mais viável concentrar a demanda a fim de criar mercados igualmente viáveis?

Embora os administradores estejam acostumados a analisar os mercados a partir de uma perspectiva mais ampla e a buscar, neles, quase sempre os segmentos mais lucrativos, isto, nos mercados em desenvolvimento, pode significar um grande erro. Em vez de buscar os limitadíssimos segmentos do mundo em desenvolvimento que têm condições de comprar os produtos de uma empresa sem discutir preços ou condições, uma boa prática é estudar maneiras de redesenhar preços e condições para esses mercados. É possível reduzir o tamanho e/ou peso dos produtos? Existe maneira viável de reduzir os preços? Qual a melhor maneira de utilizar pagamentos a prazo a fim de colocar produtos e serviços ao alcance de potenciais clientes? Qual a melhor maneira, enfim, de *desenvolver um grande negócio pensando pequeno*?

A solução dos 86%

- Identificar oportunidades de reduzir o tamanho das embalagens dos produtos a fim de atingir um mercado mais amplo. Como produzir e distribuir tais produtos e ainda assim realizar lucros?
- Analisar meios e maneiras de utilizar pagamentos em suaves prestações, ou em consórcios, a fim de reduzir o preço da aquisição de produtos e serviços.

- Observar qual o impacto, sobre o seu negócio, de um mercado em que a maioria dos clientes tem residências tão pequenas que a melhor maneira de se abastecer é mediante compras diárias, mesmo entre aqueles compradores que teriam recursos para compras maiores. De que maneira seu negócio poderia oferecer vários produtos ocupando menores espaços?

- Se os mercados são pobres ou pequenos demais para comprar os seus produtos, encontre maneiras de incentivar os consórcios de demanda.

NOTAS

[1] Wharton Fellows. India Master Class, março de 2005.

[2] Peter Menzel. *Material World: A Global Family Portrait*. San Francisco: Sierra Club Books, 1994. Baseado em dados da Organização das Nações Unidas para o Ano Internacional da Família / 1994.

Faça sua própria infra-estrutura

Em função das redes elétricas não confiáveis, precário abastecimento de água potável, estradas esburacadas, enormes economias informais e outras falhas que caracterizam a infra-estrutura dos mercados em desenvolvimento, freqüentemente as empresas que investem nesses países precisam construir ou levar pronta sua própria infra-estrutura.

Seha, fotógrafo intinerante, faz uma parada numa pequena *kahvehane*, ou cafeteria, numa localidade da área rural da Turquia. Logo propõe fazer uma foto digital do dono da loja e toda a família ao preço de uma nova lira turca, ou cerca de 70 centavos de dólar. Com isso ele barganha parte do preço do seu café. Tanto a câmera Hewlett-Packard quanto a pequena impressora que o acompanham funcionam a pilha, e Seha costuma recarregá-las com uma bateria solar que transporta em sua mochila. Exceto pelas viagens a Ancara, a capital do país, para renovar os estoques de papel fotográfico e tinta para a impressora, ele é um empreendedor auto-suficiente que faz bons negócios viajando de vila em vila e registrando para a posteridade ocasiões como casamentos ou batizados, ou fazendo uma primeira foto de família.

Mesmo sem os problemas ocasionais causados por terremotos ou outros desastres naturais, a eletricidade nas áreas rurais é imprevisível, quando não inexistente. Numa aldeia de maior porte, a escala de Seha é num quiosque, onde olha seu *e-mail* pagando uma pequena taxa. O computador funciona à base de um barulhento gerador movido a gasolina, o que torna a concentração mais difícil, e as ruas estreitas estão lotadas. Seha também leva um mini-sistema de purificação de água, por não confiar no abastecimento local. Ao longo desse roteiro, ele às vezes manda dinheiro para sua mãe, Esra, na cidade onde os dois têm domicílio, por um serviço de transferência. Seha sorri ao caminhar pela estrada empoeirada, satisfeito com o fato de poder transportar sua própria infra-estrutura. Ele é relativamente independente devido ao rendimento do seu pequeno negócio e com sua capacidade de viver à parte de uma infra-estrutura inconfiável. E, naturalmente, nada dos seus rendimentos é declarado ao governo. Para a economia formal, ele é virtualmente invisível. E ele se mostra muito satisfeito de poder viver fora dos limites.

Mesmo um pequeno empreendedor como Seha nunca pode dar como certa a existência de uma infra-estrutura capaz de suprir suas pequenas necessidades. E você, o que poderia aproveitar dessas falhas tão comuns no cenário dos mercados em desenvolvimento, ou, ainda, como poderia encontrar oportunidades para suprir essas falhas na infra-estrutura?

O trem *maglev* (de levitação magnética) em Xangai é uma verdadeira maravilha, um sistema de transporte que flutua num colchão magnético sem os ruídos e atritos da ferrovia tradicional. Mas, como a perfeição não existe, o *maglev*, inaugurado em janeiro de 2004, é também um exemplo das complexidades da infra-estrutura nos mercados emergentes. No trajeto até o aeroporto, o usuário precisa andar 20 minutos de táxi pelas ruas lotadas de bicicletas desde os arranha-céus do centro de Xangai até o terminal do *maglev*. A partir dali, os passageiros fazem um trajeto de tirar o fôlego em apenas oito minutos, ao ritmo de até 430 km por hora – quase o dobro da velocidade, por exemplo, dos trens mais velozes a percorrer as vias do Corredor Nordeste dos EUA, a região de maior tráfego ferroviário na superpotência. Em Xangai, o terminal proporciona outra dose de pesada realidade, com uma subida de cinco minutos até o aeroporto internacional de Pudong. Como grande parte da infra-estrutura do mundo em desenvolvimento, esta viagem que parece chegar à velocidade da luz é uma ilha futurística cercada por sistemas decadentes do passado.

Os países em desenvolvimento têm áreas de infra-estrutura que são estelares, melhores do que quaisquer outras no mundo inteiro, mas muitos desses novos empreendimentos foram construídos com pressa exagerada e têm fundamentos inconfiáveis e ainda oscilantes. É quase como construir um avião supersônico em vôo. Superveloz ou lento demais, esse vôo é inevitavelmente cheio de riscos. As fraquezas em infra-estrutura exigem abordagens diferentes das empresas para operar nos mercados em desenvolvimento, mas, ao mesmo tempo, proporcionam grandes oportunidades aos inovadores que mostram determinação e capacidade de suprir as falhas existentes.

UMA HISTÓRIA DE DOIS MERCADOS

O Banco Mundial estimou em 2003 que um quinto da população do mundo em desenvolvimento não tinha acesso a água potável e instalações de esgoto, cerca de metade dessa mesma população vivia com menos de US$ 2 por dia, e 25% dos adultos eram analfabetos.[1] Além disso, 32% não tinham acesso à eletricidade. Ainda assim, esses mesmos países têm algumas das mais elevadas taxas de adesão a telefones celulares, computadores, automóveis e produtos semelhantes. Um flagrante desse contraste é o fato de que um milhão de indianos trabalham nos escritórios com ar condicionado das empresas de serviços de tecnologia da informação (TI) em Bangalore, cercados por uma periferia em que não existem os mais básicos dos serviços.

Embora sejam extremas as diferenças no nível e qualidade da infra-estrutura, é importante reconhecer que o impacto da fraqueza nessa infra-estrutura não se faz sentir apenas sobre os segmentos pobres do campo. Todo mundo na Índia viaja pelos caminhos superlotados da Grand Trunk Road entre Delhi e Agra, esta última o lugar em que se localiza o Taj Mahal. A superlotação é de automóveis, caminhões e carros de bois. As estradas são muitas vezes raras ou inexistentes, as redes telefônicas estão constantemente fora de serviço, e a rede elétrica é uma enorme fonte de incerteza. Há uma grande escassez de água potável e bons serviços de saneamento, e a falta d'água ameaça tornar-se cada vez mais drástica com o crescimento econômico e a expansão da agricultura irrigada. De acordo com estimativas do governo dos EUA, a disponibilidade per capita de água na Índia tende a se reduzir de 50 a 75% dos níveis atuais entre 2000 e 2015. Os níveis de população e ruídos estão aumentando. Países como a Índia e a China lançaram projetos formidáveis para a construção de portos e aeroportos, o que cria oportunidades para as empresas de construção. Grande parte dos sistemas ferro e rodoviários apresenta praticamente as mesmas condições de um século atrás, e necessita desesperadamente de melhorias.

O rápido desenvolvimento significou, em si mesmo, novas pressões sobre os sistemas desses países em desenvolvimento. As vias públicas da China estão de tal maneira atravancadas de automóveis que Xangai propôs banir a presença das tradicionais bicicletas em parte da cidade. O estado indiano de Karnataca, cuja capital é Bangalore, o berço florescente da revolução tecnológica no país, teve sua população aumentada para quase o dobro daquela da Califórnia, e tem apenas um décimo da capacidade de geração de energia desse estado norte-americano. A infra-estrutura da China sofre sob o peso de suas taxas de crescimento de dois dígitos. Em meados de 2004, 24 das 31 províncias chinesas e os maiores municípios sofriam com os "apagões" e a escassez permanente de energia elétrica. A demanda de carvão como matéria-prima da geração de energia levou a uma "fome de carvão" na China. As fábricas que enfrentam prolongados apagões durante os períodos de maior necessidade passaram a instalar sistemas próprios de geração e determinaram férias coletivas em conseqüência das elevadas temperaturas. Em 2004, a capacidade de geração chinesa era 30 gigawatts inferior às necessidades comprovadas, uma escassez praticamente equivalente à capacidade inteira de países como a Turquia, ou a Noruega. Uma fábrica Liz Claiborne na China contratou um funcionário com a única e exclusiva atribuição de identificar possíveis fornecedores de óleo diesel.

O crescimento populacional e a acelerada urbanização são fatores que pressionam os sistemas de água potável na Malásia. Quando ficou insuportável o fluxo de água marrom das torneiras em Kuala Lumpur, capital do país, o governo anunciou uma revisão geral dos sistemas de água e esgoto ao longo dos próximos cinco anos, com um investimento de 50 bilhões de ringgits (no câmbio oficial, US$ 13,2 bilhões). Além disso, o aumento do trânsito de veículos, das construções e dos geradores está criando crescentes níveis de poluição sonora. (Dois terços dos 250 milhões de pessoas afetadas por deficiências auditivas incapacitantes vivem em países em desenvolvimento.) Enquanto as empresas trabalham para produzir automóveis e máquinas de lavar cada vez mais silenciosos para os mercados desenvolvidos, será que existe alguém tomando medidas com relação à crescente poluição sonora no mundo em desenvolvimento?

O lixo é outro grande problema dos países em desenvolvimento. A ONU calcula que apenas de 25 a 55% de todos os rejeitos das grandes cidades sejam recolhidos pelas respectivas autoridades municipais. Mais de 5 milhões de pessoas morrem todos os anos de doenças relacionadas com sistemas inadequados de limpeza urbana.[2]

Cobertura total de água e esgotos é algo inexistente em muitas partes do mundo, como mostra a Tabela 7-1. Mesmo em países com cobertura relativamente alta de água e esgotos, as áreas rurais ficam geralmente abandonadas nesses aspectos. Por exemplo, embora a cobertura total mexicana de esgotos tenha atingido 73% no ano 2000, a cobertura nas áreas rurais era de apenas 32%. Além do impacto direto que exerce, a escassez de esgotos tem também efeitos indiretos à medida que mulheres jovens abandonam as escolas ou sofrem de problemas estomacais como resultado da inexistência de instalações adequadas nesse setor. (Devido à falta de privacidade, as mulheres são forçadas a esperar até antes de o Sol nascer, ou depois de o Sol se pôr, para satisfazer suas necessidades.)

O impacto da precariedade de infra-estrutura nos mercados em desenvolvimento foi dramaticamente demonstrado no começo do ano de 2005, pela morte do primeiro-ministro Zurab Zhvania na antiga república soviética da Geórgia. Ele morreu de envenenamento por monóxido de carbono em decorrência do mau

TABELA 7-1 Cobertura de água e esgotos (2000)

País	Percentagem de Cobertura Total em Água Potável	Percentagem de Cobertura Total em Esgotos
Afeganistão	13%	12%
Angola	38%	44%
Bangladesh	97%	53%
China	75%	38%
Equador	71%	59%
Etiópia	24%	15%
Haiti	46%	28%
Índia	88%	31%
Nepal	81%	27%
Níger	59%	20%
México	86%	73%

Fonte: Organização Mundial da Saúde. Relatório do Ano 2000 sobre a Situação em Matéria de Abastecimento de Água e Esgotos

funcionamento de um aquecedor doméstico no apartamento de um aliado político. Em um país onde o aquecimento central é raridade, não chegou a se tratar de um acidente assim tão incomum. Nos três anos anteriores, outras 45 pessoas haviam morrido na Geórgia envenenadas por monóxido de carbono.

INFRA-ESTRUTURA REGULADORA E FINANCEIRA

Os problemas de infra-estrutura vão muito além de barreiras físicas, fazendo-se igualmente sentir de maneiras menos concretas nos sistemas reguladores ou econômicos que criam campo de cultivo para o avanço das economias informais. Um estudo do Banco Mundial estima que a economia informal, ou paralela, gera mais de 40% do PIB dos países em desenvolvimento, contra 28% do PIB nos países desenvolvidos. No Zimbábue, esse índice chega a 60%. Os mercados informais representam US$ 20 bilhões em vendas apenas no setor de tecnologia da informação, e quase 50% das vendas de produtos de saúde e beleza em alguns países. No Brasil, onde a economia informal responde, segundo estimativas, por 40% da renda nacional bruta, um estudo concluiu que a intensificação dos controles governamentais poderia ajudar a economia a crescer mais 1,5% ao ano. As vendas indianas de computadores no mercado informal suplantam as vendas no mercado legalizado na proporção de dois por um, e na Malásia o setor informal também responde por 70% das vendas de telefones celulares. Em 2004, graças a muitas isenções, entre as quais as que beneficiam os rendimentos agrícolas, apenas cerca de 3% da população total da Índia pagou imposto de renda. A economia informal responde por cerca de 80% dos empregos na África Sub-Sahariana, e por 70% dos empregos na Índia, Indonésia, Paquistão e Filipinas. Um estudo realizado nas Filipinas estimou que o país tem prejuízos anuais de US$ 8 bilhões com a evasão de impostos.

A falsificação e roubo de produtos estão em todos os pontos do mundo. A Organização Alfandegária Mundial calcula que 7% das mercadorias existentes no planeta, ou mais de US$ 500 bilhões em produtos só no ano de 2004, são falsificações, das quais dois terços procedentes da China. A impressionante pirataria de TV a cabo na Ásia, especialmente na Índia e na Tailândia, custou à indústria, em 2004, quase um bilhão de dólares. No Brasil, os piratas da TV estabeleceram uma rede de 600 mil ligações ilegais via cabo. A propriedade intelectual é também muito sujeita a essa pirataria, apesar do constante aperfeiçoamento dos sistemas de proteção. Um estudo da Organização Mundial da Saúde constatou que apenas 1,4% dos medicamentos "essenciais" são protegidos por patentes de fabricação nos países em desenvolvimento. A GM Daewoo impetrou ação judicial, em 2004, contra o produtor de automóveis chinês Chery, acusando-o de ter plagiado projeto e tecnologias de um carro da GM Daewoo para o modelo QQ da Chery. Este é apenas um dos vários processos relativos à propriedade intelectual em andamento contra fabricantes chineses de automóveis.

À medida que as economias avançam, a infra-estrutura legal e financeira em geral fica fortalecida. Por exemplo, o aumento dos investimentos estrangeiros na economia sul-coreana levou a reformas nos mecanismos de controle que conseguiram enfraquecer o rígido monopólio exercido pelos tradicionais *chaebols* (grupos de empresas). Um estudo da McKinsey em 2004 constatou, contudo, que a economia informal continua crescendo em muitos países, apesar do desenvolvimento registrado.

ENCONTRANDO OPORTUNIDADES NA INFRA-ESTRUTURA

Não cabe aos administradores ficar para sempre à espera de que os governos resolvam todos os problemas de infra-estrutura. As empresas precisam ou de infra-estrutura própria para operar em cenários novos ou da capacidade de inovar a partir dessas mesmas limitações. "Não espere, inove", deveria ser o lema geral. Soluções inovadoras podem originar empreendimentos altamente lucrativos. Embora as deficiências presentes na infra-estrutura representem grandes desafios para as empresas, a verdade é que elas também criam oportunidades para que as empresas vendam produtos ou soluções destinados a preencher essas brechas em nível local – por exemplo, sistemas locais de geração de energia ou de purificação da água. As empresas podem igualmente desenvolver soluções alternativas criativas – por exemplo, detergentes que exijam pouca água, instrumentos movidos por energia solar, e refeições prontas que não dependam de refrigeração. Cada uma das deficiências presentes na infra-estrutura pode significar uma nova oportunidade de negócios, como detalhado na Tabela 7-2.

TABELA 7-2 Como as deficiências de infra-estrutura criam oportunidades

Deficiências	Oportunidades
Escassez de refrigeração	Refeições prontas que não dependem de refrigeração
Ausência de rede elétrica confiável	Kits de geração e geradores
Alta poluição sonora	Equipamentos de redução dos ruídos
Coleta deficiente de lixo	Transformação de rejeitos em produtos ou combustíveis reciclados
Falta de água potável	Filtros de água e água engarrafada
Água racionada	Detergentes e barbeadores a seco
Estradas precárias	Veículos projetados para tais condições
Escassez de recursos para viajantes	Empresas de locação antecipada de veículos e de reservas nos hotéis
Infra-estrutura financeira e de regulamentação, economia informal	Empresas legítimas para suprir as necessidades da economia informal

Estratégia n° 1: Criar mercados nas lacunas existentes

Empresas capazes de encontrar maneiras e formas de preencher para os consumidores as brechas existentes na infra-estrutura são também capazes de descobrir significativas oportunidades no mundo em desenvolvimento. Várias empresas desenvolveram kits de geração (geradores) e transformadores (*backup*, fontes de energia a bateria) a fim de proporcionar aos compradores uma fonte ininterrupta de energia. Os empreendedores instalam esses kits nas áreas urbanas em que a geração de energia é precária e vendem energia a preços que são frações das taxas regulares. A Cummins Power, que chegou a ser a maior fabricante de geradores de grande porte na Índia, criou kits personalizados que totalizaram 25% de suas receitas nesse país em 2004. E está tirando proveito de sua experiência indiana na exportação desses geradores para África, América Latina e Oriente Médio. Os pequenos geradores contidos nos kits podem ser preparados para determinadas aplicações (por exemplo, redução de ruído nos hospitais), ou vários deles podem ser interligados a fim de suprir maiores necessidades de energia. A Honda também desenvolveu *transformadores* de geradores ultra-silenciosos, alguns dos quais não se distinguem dos demais equipamentos de um escritório padrão em matéria de ruído.

A água para consumo humano também é problema em inúmeros países em desenvolvimento, a ponto de, em vários deles, já ter surgido um mercado para sistemas portáteis de purificação e para as águas engarrafadas. Na Índia, marcas como a Aquagard, de filtros, e Bisleri, de água engarrafada, alcançaram tamanho sucesso que a reação de algumas multinacionais foi o lançamento de marcas próprias no setor. Foi o sucesso da água engarrafada mexicana Femsa, na década de 1990, que incentivou a Coca-Cola a lançar sua própria marca, a Ciel, em 1997, nesse país. O aumento das vendas de água engarrafada nos mercados emergentes é significativamente superior àquele registrado em outros mercados, exatamente em função da má qualidade da água nas torneiras locais e porque a disponibilidade de fartos estoques de água engarrafada constitui inclusive incentivo ao turismo (acabando com a piada realizada por alguns turistas que dizem que "naquele país, nem água dá para beber"). A Procter & Gamble criou a Pur, uma essência que pode ser adicionada à água contaminada para transformá-la em água potável (essa essência foi doada em grandes quantidades aos programas de socorro aos países asiáticos atingidos pelo *tsunami* de dezembro de 2004).

Inúmeros outros aspectos da infra-estrutura física e econômica podem criar oportunidades de negócios. Entre elas, vale citar serviços de transporte como automóveis locados, hotéis de pernoite, seguros e serviços bancários. Falhas nessas e em outras áreas da infra-estrutura criam oportunidades para empresas dispostas a saná-las. São serviços que apresentam características próprias nos mercados em desenvolvimento. Por exemplo, os automóveis locados geralmente incluem motoristas, e com isso surgem aspectos logísticos diferentes a serem coordenados, pois o prestador desse serviço passa a precisar gerenciar não apenas uma frota de veículos, mas também uma equipe de condutores.

A Organização Internacional Sulabh de Serviços Sociais, fundada por Bindeshwar Pathak na Índia, ajudou a suprir as deficiências existentes no setor sanitário com a criação de toaletes de baixo custo. Esses dispositivos que fazem sua própria purificação da água são projetados especificamente para os 2,4 bilhões de seres humanos do mundo inteiro – 700 milhões deles na Índia – que não dispõem de sistemas sanitários organizados, tendo, quando muito, acesso a instalações precárias.[3] Além de organizar o que apresenta como o único "museu de toaletes" do mundo, a Sulabh construiu 3.200 toaletes comunitárias com banho, lavanderia e sanitário que operam à base do paga-quanto-usa, servindo a mais de 10 milhões de pessoas e dando empregos a 50 mil pessoas. (Isto tudo representa ainda a satisfação de uma ínfima fração das necessidades do setor.) Embora a Sulabh seja legalmente uma organização caritativa, essas instalações destinam-se a ser financeiramente independentes a partir das taxas pagas pelos usuários. Seria um salto grande demais especular com o surgimento de oportunidades para lucros neste setor? Claro que não se trata de um empreendimento com os atrativos dos telefones celulares e dos serviços via Internet, mas, em se tratando de algo voltado para um mercado não atendido de 2 bilhões de pessoas, não parece uma oportunidade razoável? (Esta questão está passando a receber maior atenção globalmente com o trabalho de organizações internacionais como a Organização Mundial das Toaletes – OMT, por coincidência a mesma sigla da Organização Mundial do Trabalho – que organiza uma reunião anual internacional de cúpula.)

Muitas vezes as soluções em infra-estrutura exigem que se tenha um profundo entendimento da natureza do comportamento dos usuários. A Amil Assistência Médica Internacional, um dos maiores planos de saúde do Brasil, procurava determinar qual o motivo de as mulheres das favelas do Rio de Janeiro não parecerem dispostas a utilizar os serviços universais de saúde proporcionados pelo governo. Em entrevistas, seus pesquisadores constataram que o transporte para os postos médicos e a falta de lugares para deixar os filhos eram as maiores dificuldades enfrentadas pelos potenciais usuários A empresa estabeleceu então um serviço gratuito de ônibus que deu às mulheres condições não apenas de se dirigir aos postos de atendimento, mas, também, de se fazer acompanhar pelos filhos pequenos. Preenchendo essas peças inexistentes na infra-estrutura disponível, a empresa se qualificou a incentivar as faveladas a utilizar os serviços de assistência médica.

Além de cuidar da infra-estrutura física, as empresas passaram a empregar métodos criativos a fim de preencher as brechas na infra-estrutura financeira. As pessoas no mundo em desenvolvimento não utilizam, de maneira geral, serviços bancários, mas a alta penetração dos telefones celulares está criando um mercado para transações *online* via cartão de crédito em lugares em que não existem nem agências bancárias, nem linhas telefônicas convencionais. A Visa International, por exemplo, passou a trabalhar em estreito contato com os governos e agências financeiras nos mercados em desenvolvimento a fim de criar e colocar em funcionamento sistemas bancários e cartões de crédito *wireless*. O número de usuários de cartões de crédito e débito na China ultrapassou os 700 milhões em 2005 (principalmente cartões de débito). A HSBC Holdings fez uma sociedade com o Bank of Shangai e o Bank of Communications, e o Citigroup aliou-se ao Industrial and Commercial Bank of China para oferecer seus cartões. (Há necessidade de um sócio nacional neste tipo de negócio, condição que será amenizada apenas a partir de uma intensificação da desregulamentação da economia a partir do ano de 2006.) Colaborando com o Visa Mobile, as maiores empresas de telefones celulares chinesas oferecem aos clientes sistemas para o pagamento de contas e a realização de compras de pequeno porte via contas bancárias e cartões de crédito, o que contribuiu para acelerar a mudança para o sistema financeiro digitalizado num mercado que já conta com mais de 300 milhões de telefones móveis, mas em que os cartões de crédito são ainda apenas alguns poucos milhões.

Estratégia nº 2: Criar soluções alternativas

A aguda escassez de água existente nas áreas rurais da Índia seria, normalmente, uma tremenda dificuldade para um fabricante de produtos de lavagem, mas a Hindustan Lever resolveu encarar essa situação como uma oportunidade. Milhões de indianos não têm acesso a água corrente, e para outros tantos esse acesso se limita a algumas horas por dia. A escassez de água em algumas regiões da Índia é tão aguda que representa o maior obstáculo à compra e utilização de máquinas de lavar, as quais exigem um volume consideravelmente maior de água do que a tradicional lavagem manual.

Pois a Hindustan Lever reformulou e relançou sua marca Surf Excel em meados de 2003 com uma fórmula "pouca espuma" que reduziu a necessidade de água à metade. Embora a Surf original tivesse entre suas principais qualidades a "remoção de manchas", seu novo posicionamento destacava "notável remoção de manchas com metade da água, do esforço e do tempo". Além de satisfazer a necessidade de economizar água, o novo produto também proporcionava a satisfação de um crescente desejo de conveniência ao reduzir o esforço despendido nas tarefas comuns das donas de casa. À medida que a escassez de água se torna uma questão cada vez mais importante em todo o globo, esse produto poderia encontrar potencial de utilização em muitos outros mercados. A Gillette, por exemplo, lançou na Índia um barbeador de muito sucesso cuja limpeza não requeria a utilização de água.

Em 1996, a Freeplay, empresa com sede em Londres, desenvolveu para o mercado africano um aparelho de rádio destinado a superar os obstáculos derivados da inexistência de uma infra-estrutura de energia elétrica. O rádio era ligado pelo acionamento de uma manivela, evitando a necessidade de baterias caras, e proporcionava notícias, previsões agrícolas e inclusive aulas para os ouvintes das áreas mais pobres e remotas do continente. A Freeplay vendeu mais de três milhões desses receptores de rádio (inclusive no Ocidente, onde se tornaram populares entre os adeptos do campismo). A empresa vende igualmente lanternas portáteis e equipamentos médicos.

Dada a escassez de eletricidade e refrigeração confiáveis, as empresas de alimentos têm se dedicado com muito empenho ao desenvolvimento de refeições prontas que não exigem refrigeração. Na Índia, a MTR Foods Ltd. lançou uma variedade de refeições instantâneas (inclusive a mistura burfi, uma sobremesa) que podem ser preparadas em apenas 15 minutos. Essas refeições avançam na esteira da crescente demanda de refeições pré-prontas incentivada pelo aumento da presença das mulheres na força de trabalho. A MTR estabeleceu, para o ano de 2005, a meta de vendas de 5 bilhões de rúpias (US$ 110 milhões). Em todo o mundo, as gôndolas dos supermercados e mercearias com refeições pré-prontas tiveram um crescimento de mais de 6% ao ano nos últimos anos, com um sólido crescimento nos mercados emergentes, na Ásia do Pacífico e na América do Norte.

As empresas muitas vezes recorrem ao projeto do produto para superar as deficiências da infra-estrutura. Por exemplo, os chocolates precisam ser armazenados em temperaturas entre 18 e 20 graus centígrados. Isto normalmente não é viável na Índia, onde a refrigeração pode ser errática e as temperaturas no verão muitas vezes ultrapassam os 45 graus centígrados. Em temperaturas tão elevadas, a gordura no chocolate se derrete e forma uma cobertura branca. Para evitar que isso ocorra, os chocolates são fabricados com um conteúdo de gordura bem menor do que o normal, o que lhes permite permanecer estáveis em temperaturas de até 30/32 graus centígrados. Os proprietários das lojas às vezes armazenam chocolates no verão nos refrigeradores proporcionados pelas fábricas de refrigerantes, mas ainda assim as vendas caem nessa época, quando os chocolates tendem a ficar quebradiços.

Estratégia n° 3: Descobrir tesouros no lixo

O ditado segundo o qual "o lixo de um homem é o tesouro de outro" é realmente verdadeiro nos países em desenvolvimento. A insaciável demanda da China por papel reciclável para utilização, entre tantas outras maneiras, como embalagem em sua crescente economia fez com que os preços dos papéis descartados no vizinho Japão experimentassem uma grande valorização. A demanda e os preços aumentaram tanto, na verdade, que já existem muitas empresas em Tóquio e outros centros industriais contratando seguranças para proteger suas instalações de reciclagem e os dejetos ali armazenados.

No Quênia, a Chardust Ltd., uma empresa de energia de fonte alternativa com sede nos arredores de Nairobi, desenvolveu tecnologias inovadoras que convertem rejeitos de biomassa em briquetes de carvão de baixo custo. A empresa chega a vender 180 toneladas mensais desses tijolos de pó de carvão e piche nos mercados empresarial e doméstico quenianos, substituindo assim uma quantidade equivalente de carvão vegetal, muito mais caro e, naturalmente, insubstituível. Ao mesmo tempo em que proporciona uma energia alternativa mais barata, esse material contribui para a criação de empregos, para a reciclagem de dejetos e para a conservação ambiental. A empresa em questão já está também fabricando aquecedores para queimar os briquetes. Da mesma forma, geradores de biogás podem transformar lixo em energia para lâmpadas e bombas d'água, tratando assim da escassez de energia e da superabundância de lixo e outros detritos com uma solução única. Esses geradores também evitam a poluição sonora que resulta da utilização dos barulhentos geradores a combustível fóssil.

A Cemex projetou equipamentos destinados para usar coque de petróleo, um subproduto em geral descartado nas refinarias de petróleo, e até mesmo trapos e pneus velhos para alimentar seus fornos no México, conseguindo assim reduzir seus gastos com energia em até 17%. Mais ainda, a empresa chega a vender energia não utilizada para o sistema público. Outras empresas em áreas em que a energia é dispendiosa e não confiável, como a Índia e o Brasil, desenvolveram processos mais eficientes e os adaptaram ao uso de combustíveis mais baratos ou de energia hidrelétrica.

Às vezes as demandas da infra-estrutura em determinadas áreas das economias em crescimento (demanda de papel e energia, por exemplo) podem ser supridas pela utilização de descartes (lixo de papel ou biomassa) desses próprios mercados, ou dos países vizinhos. Quando se consegue suprir as demandas da infra-estrutura com semelhantes abordagens, outros problemas urgentes, como a crescente crise dos dejetos inutilizáveis, com seu impacto negativo sobre a saúde e os próprios sistemas sanitários que deveriam sustentá-la, podem ser ao mesmo tempo enfrentados.

Estratégia n° 4: Implantar a infra-estrutura necessária para apoiar os negócios

Além de elaborar e proporcionar infra-estrutura para terceiros, as empresas precisam cuidar com muito detalhamento e precisão de suas próprias cadeias de suprimentos e sistemas a fim de concretizar a infra-estrutura adequada para dar suporte aos seus empreendimentos. Em cada etapa ao longo da cadeia de valor que vai da empresa aos clientes, os gerentes precisam planejar e concretizar meios e maneiras de suprir as falhas da infra-estrutura. Por exemplo, no Brasil a Coca-Cola usa pequenos frigoríficos com gelo para manter seu produto refrigerado nas localidades mais distantes dos grandes centros, em que a energia elétrica é instável ou inexistente. Já em localidades com suprimentos de energia um pouco mais confiáveis, são as geladeiras familiares, acessórios compartilhados às vezes por várias famílias, que mantêm o produto em temperatura adequada. Os produtores de refrigerantes estão também fazendo experiências com resfriadores eutéticos, projetados especialmente para áreas em que é comum a falta de energia elétrica por largos períodos. Esses resfriadores têm uma capa embutida com uma solução de resfriamento eutético, que é colocada na temperatura adequada quando a energia funciona. Esses sistemas mantêm a temperatura ideal por mais de 10 horas sem precisar de energia externa. Eles também eliminam a necessidade da utilização do motor de refrigeração e do condensador mecânico de temperatura, reduzindo assim o consumo de energia. A Kelvinator Electrolux desenvolveu para o mercado da Índia um refrigerador que consegue manter a temperatura de congelamento mesmo após seis horas sem energia. O mais popular celular da Nokia na Índia inclui lanterna embutida e teclado resistente à poeira.

Para manter suas máquinas automáticas de vendas funcionando no Brasil, a Coca-Cola estabeleceu uma infra-estrutura própria de serviços para garantir custos mais baixos de manutenção e reparo. A empresa criou máquinas que funcionam suportando 75% de umidade do ar e temperaturas de mais de 40 graus centígrados. Como são muitas as lojas no Brasil que não contam com ar condicionado, as saídas de ar no sistema de resfriamento dos refrigerantes são projetadas para evitar a condensação nas portas de vidro das máquinas em conseqüência da entrada do ar úmido e quente em contato com as superfícies frias.

Quando as empresas lançam novos negócios ou fábricas nos países em desenvolvimento, muitas vezes precisam desenvolver paralelamente uma infra-estrutura de apoio. Quando a KenCall instalou seu *call center* no Quênia, não pôde deixar de recorrer a uma caríssima conexão por satélite a fim de não ficar dependente do horrível sistema telefônico do país. Precisou também construir um gerador de apoio a fim de manter seus computadores em funcionamento durante os freqüentes apagões do sistema elétrico local. Empresas como a McDonald's contrataram fornecedores locais de batatas, carne e outros produtos para garantir o fornecimento dos *inputs* adequados aos restaurantes locais e para manter uma qualidade constante em todas as suas franquias. Montadoras de automóveis como a Tata, na Índia, criaram redes locais próprias de peças e serviços para garantir suas vendas. Às vezes as empresas precisam recorrer ao exterior para encontrar as matérias-primas adequadas aos seus empreendimentos. A fim de suprir uma demanda de alumínio e minério de ferro, a estatal chinesa Minmetals fez, em 2004, uma megaaquisição de US$ 5 bilhões da companhia canadense Noranda, que constituiu o primeiro negócio de proporções semelhantes nesse ramo.

São imensas as oportunidades à espera de empresas capazes de suplantar eventuais deficiências de infra-estrutura. A britânica Mittal Steel, fundada pelo industrialista Lakshmi Mittal, nascido em Calcutá, transformou-se na maior e mais geograficamente diversificada siderúrgica do mundo pelos seus métodos de concentrar-se em ativos subvalorizados dos países em desenvolvimento, muitas vezes empresas estatais afetadas por pobre gerenciamento. Mittal começou com uma pequena operação na Índia e se expandiu ao identificar e reconhecer oportunidades para aquisições e mudanças em países como Indonésia, Cazaquistão, México e Trinidad Tobago. Por fim, expandiu-se para os EUA e o Reino Unido. O que capacita Mittal a descobrir valor em ativos subvalorizados é o sistema por ele aperfeiçoado, que combina a instalação de uma gerência forte e efetiva e a criação de infra-estrutura própria para dar suporte às operações siderúrgicas. Com US$ 7 bilhões em rendas operacionais por ano, Mittal tem uma rede de siderúrgicas em 14 países, produzindo anualmente 57 milhões de toneladas de metal. A essa altura, ele se tornou também o dono da terceira maior fortuna do mundo.

Estratégia n° 5: Usar criativamente a infra-estrutura disponível

A NIIT transformou-se na maior empresa de treinamento em TI (tecnologia da informação) na Índia sob a presidência de Rajendra S. Pawar mediante a criação de uma rede de centros de treinamento em todo o país. Ao entrar no mercado da China em 1998, a mesma empresa precisou recorrer a um modelo inteiramente diferente. O governo chinês impôs a criação de uma sociedade com uma empresa nacional. A NIIT, por isso mesmo, enfrentou grandes dificuldades no início de suas atividades na China, pelo menos até se convencer de que poderia fazer sociedade com uma rede de universidades locais. Mudando seu modelo de negócios a fim de se habilitar a utilizar a infra-estrutura disponível de *campi* universitários, a NIIT criou mais de 100 centros de ensino nos *campi* de 10 grandes universidades, com isso passando a cobrir 80% das províncias chinesas já em 2004. Com base nesse sucesso obtido na China, a companhia passou a investir em outros mercados da Ásia-Pacífico, como Tailândia, Malásia, Indonésia e Filipinas, transformando-se no maior centro de especialização em TI da Ásia. A NIIT encontrou, além disso, maneiras criativas de se relacionar com os jovens indianos mais capacitados intelectualmente, como o patrocínio de programas de xadrez nas escolas e universidades. Em 1999, a NIIT nomeou Viswanathan Anand, um dos melhores mestres do xadrez mundial, como embaixador de sua marca. Anand passou a visitar escolas e universidades em todo o país e a dar aconselhamento pela Internet, servindo como modelo para os jovens e ajudando a empresa a estabelecer ligações com os estudantes mais promissores tendo em vista seus programas de educação em TI.

Começando o jogo

A fim de consolidar a Liga de Basquetebol Amador, que pretende se transformar na NCAA (a liga de todos os esportes universitários dos Estados Unidos) chinesa, o promotor americano Leonard Bloom precisou estabelecer uma infra-estrutura universitária praticamente a partir do zero. Para tanto, abasteceu as universidades com livros de regras, planos de exercícios, bolas de basquete de todas as cores, uniformes e nomes de times. Quando do lançamento da Liga, ele havia investido mais de US$ 1 milhão só nessa infra-estrutura. Ele esperava recuperar esses gastos com os futuros direitos de publicidade e um contrato para atuar como empresário exclusivo de todos os jogadores revelados pela Liga nos primeiros cinco anos depois da formatura de cada um deles.

Estratégia n° 6: Procurar oportunidades nos setores informais

A economia informal pode indicar oportunidades à espera de concretização por meio de canais mais legítimos se a precificação e a regulamentação mudarem – ou quando puderem ser alteradas. Por exemplo, quando batons e cosméticos eram vistos como sinais de vaidade pessoal e valores burgueses pelos líderes comunistas do Vietnã, eles chegavam ao país contrabandeados a partir da China. Mas, com a liberalização da economia vietnamita, o grupo sul-coreano LG Corp. agiu com presteza para instalar sua marca de cosméticos – De Bon – no Vietnã. Logo ela se tornou líder em vendas no mercado, e, impulsionada por programas de televisão sul-coreanos exibidos no país, ajudou a configurar a definição de beleza para uma geração de mulheres vietnamitas. Um negócio informal durante épocas de proibição transformou-se então numa indústria legítima e progressista.

Às vezes as empresas conseguem atrair operadores informais, ou ilegais, aos seus negócios legalizados. Produtores globais de medicamentos conseguiram algumas vezes dificultar ou mesmo acabar com cópias genéricas ilegais de seus produtos em determinados países pela prática de estabelecer associações com fabricantes nacionais e criar, por esse meio, genéricos autorizados. Por exemplo, a GlaxoSmithKline PLC encerrou uma ação na justiça contra a Par Pharmaceutical Cos., na Índia, em torno do antidepressivo Paxil mediante um negócio com a própria Par que transformou esta empresa na distribuidora de uma versão genérica autorizada desse medicamento. O canal ilegítimo foi, assim, legalizado.

A China é famosa por ter provavelmente o maior mercado pirata de música no mundo (com cerca de 95% de todas as canções pirateadas a um valor estimado de US$ 600 milhões). Contudo, é importante relembrar que esse país é também o segundo maior mercado *legítimo* de música na Ásia, estimado em mais de US$ 100 milhões. O mercado legal tem crescido em percentuais de dois dígitos anualmente desde que a China aderiu à Organização Mundial do Comércio (OMC), em 2001. Empresas como a TimeWarner estão empregando estratégias de rápido lançamento de vídeos e DVDs legais para reduzir a pirataria chinesa, colocando à venda as versões para uso doméstico apenas dias depois dos respectivos lançamentos nos cinemas.

Os mercados informais podem também expandir o mercado para determinados produtos, em lugar de canibalizar os mercados existentes. Por exemplo, uma pesquisa realizada junto a gerentes de empresas de produtos de cuidados de beleza concluiu que 25% do mercado informal não entravam em concorrência com os distribuidores autorizados. Em outras palavras, esses informais ampliavam o mercado. E quando os clientes se aproximam de determinado produto pela via do mercado informal, as empresas às vezes tiram proveito dessa circunstância vendendo-lhes serviços e equipamentos mais avançados que os disponíveis no outro lado do mercado. (Isso é parecido com o que fazem os produtores de *software* quando oferecem aos usuários períodos de experiência sem pagamento algum e versões básicas de *music players* ou de *software* antivírus antes de passarem a insistir que comprem as versões melhores dos respectivos produtos.)

Os mercados informais podem igualmente ajudar a consolidar a massa crítica necessária para que os produtores legalizados configurem economias de escopo e de escala. Isto significa que o roubo da propriedade intelectual pode ser às vezes positivo para a "vítima". Rupert Murdoch, o chefão da NewCorp., reconheceu este fato ao qualificar os piratas asiáticos que roubam os sinais de seu sistema de satélite Star TV e os revendem via cabo de "magníficos empreendedores". Embora a Star possa sentir falta de algum rendimento devido a essa pirataria, a verdade é que os piratas acabam ajudando a ampliar o mercado da companhia, e que essa penetração toda também ajuda a empresa a cobrar mais pelo material publicitário que a sustenta. Da mesma forma, empresas de *software* de computador poderiam acrescentar anúncios, ofertas de *upgrades* ou lançamento de novos produtos a fim de transformar em aumento de rendimentos a ampliação da base de usuários criada pela pirataria.

Com freqüência a economia informal usa soluções alternativas que acabam identificando a necessidade de soluções por parte dos empreendimentos legalizados. Por exemplo, o sistema financeiro conhecido como *hawala* transfere dinheiro internacionalmente por meio de redes informais, não oficializadas. O substancial fluxo de dinheiro por esses sistemas informais detectou a necessidade de uma alternativa mais barata em relação às caras transferências oferecidas pelos bancos. Como discutimos no Capítulo 3, "Mire na Economia do Ricochete", muitas empresas se dedicam a preencher esta brecha mediante a oferta de transferências legítimas, de baixo custo e pessoa a pessoa, cobrando taxas bem mais modestas que as dos grandes bancos.

Estratégia n° 7: Reconhecer rivais invisíveis e erguer barreiras para mantê-los afastados

Concorrentes invisíveis na economia informal podem competir diretamente com a economia formal, sem que sobre eles pese a sobrecarga das regulamentações, impostos ou custo da marca. Por exemplo, quando um país da América Latina abriu seus mercados às companhias estrangeiras de petróleo em meados da década de 90, pequenas empresas começaram a engarrafar óleo de automóvel "feito em casa" nas embalagens dos produtos norte-americanos, vendendo-o a preços que faziam jus à fama da marca. Esta economia informal chegou a representar uma grande parte das vendas desses produtos no país, provocando a indignação tanto das companhias estrangeiras quanto da empresa estatal de petróleo local. Essas empresas poderiam ter adotado medidas para acabar com a pirataria por meio do *marketing* ou do aumento dos controles dos canais de distribuição.

A precificação agressiva pode às vezes inutilizar qualquer efeito prático das ofensivas das empresas informais. Com o *software* pirateado representando 89% das vendas do setor na Rússia e 70% na Índia, a Microsoft lançou um sistema operacional "Windows Lite" em países em desenvolvimento, em 2004, cobrando por ele uma fração do preço padrão.

As empresas também conseguem criar negócios lucrativos ao projetar sistemas que tornem mais difícil a operação da economia informal. Quando as empresas de transporte rodoviário no Paquistão enfrentavam corrupção galopante nas compras de gás e gasolina – com os motoristas que pagavam em dinheiro fazendo esquemas com operadores corruptos nos postos –, bastou que as companhias mudassem o sistema de pagamento, adotando cartões pré-pagos e cartões de crédito para que seu prejuízo fosse radicalmente reduzido. Recorrendo a essa estratégia, a Pakistan Oil Company construiu um próspero negócio ao ajudar as empresas de transporte a aperfeiçoar o acompanhamento e controle de suas despesas, e, paralelamente, a limitar sua exposição aos prejuízos causados pelos roubos praticados pelos empregados corruptos.

Garantias de qualidade representam outra modalidade de fazer a luz brilhar em meio às sombras. Na Índia, onde cerca de 80% das jóias são de quilates bem mais reduzidos que os anunciados, a Tanishq tornou-se a principal joalheria simplesmente por introduzir alguma disciplina no setor. Ela garantia a pureza do ouro que vendia, e promoveu, em 2004, uma troca "19k = 22k" – os donos de jóias "impuras" com o mínimo de 19k recebiam, em troca, ouro de 22k sem nenhum custo adicional. Com isso, a Tanishq transformou os defeitos e sombras do mercado numa oportunidade verdadeiramente dourada, ajudando a organizar todo um setor da economia. Às vezes a tecnologia também consegue ajudar a restaurar a confiança do consumidor em setores que, por um motivo qualquer, deixaram de figurar entre suas preferências. Por exemplo, quando os telefones pagos STD foram instalados em pequenas lojas ao longo da Índia, a decisão sobre as tarifas a serem cobradas foi deixada a cargo dos vendedores locais. Quando estes passaram a instalar gráficos mostrando os tempos e os custos, com isso tornando as taxas cobradas mais transparentes para os clientes, o uso desses telefones aumentou substancialmente.

Estratégia n° 8: Cavalgar a cadeia de suprimentos para chegar aos mercados desenvolvidos

As empresas dos mercados em desenvolvimento têm condições de implementar seus próprios canais de distribuição a fim de aumentar sua fatia dos lucros. Os produtores colombianos, por exemplo, que normalmente recebem cerca de 1% dos três dólares cobrados por um *cappuccino* no café de um país desenvolvido, lançaram sua própria cadeia de cafés. Investindo no personagem e no logotipo estabelecidos como símbolo do "café 100% colombiano" mais de duas décadas atrás, a Federação Nacional de Cafeicultores da Colômbia estabeleceu uma rede de cafés Juan Valdez. A primeira dessas lojas foi inaugurada na própria Colômbia em dezembro de 2003, distribuindo aos cafeicultores a maior parte dos lucros provenientes das vendas. Os planos da Federação incluem chegar a 300 filiais no mundo inteiro até 2007, com pelo menos oito lojas instaladas nos EUA (uma delas em Seattle, estado de Washington, no "quintal" da Starbucks). Ao expandir sua infra-estrutura e investir na força da marca, os cafeicultores colombianos estão conseguindo melhorar seus retornos e investir no mundo desenvolvido.

O café Juan Valdez

Na Índia, o CEO do Bharti Group, Sunil Mittal, associou-se aos Rotschild da Europa para lançar a marca FieldFresh, que levará os vegetais frescos dos agricultores indianos para mercados na Ásia, Oriente Médio e Ásia Central. Essa e outras iniciativas estão melhorando a produtividade pela modernização das práticas agrícolas, com a compensação de melhores retornos a serem consolidados tanto pelo processamento quanto pelo estabelecimento da força da marca.

SUPERPOSIÇÃO DE INFRA-ESTRUTURAS

Em face da ausência de uma forte infra-estrutura central, uma das características dos mercados emergentes passa a ser um complexo elenco de superposição de infra-estruturas. Além da infra-estrutura pública para a eletricidade, água potável, saneamento, coleta de lixo e outros serviços básicos, uma infra-estrutura do setor privado aparece como candidata a preencher as lacunas existentes. Partes dessa infra-estrutura são proporcionadas por organizações não-governamentais (ONGs) e por uma variedade de organizações não-lucrativas. A infra-estrutura "invisível" da economia informal também é um fator de peso nessa equação.

Essa sobreposição de infra-estrutura constitui a realidade nos mercados emergentes. Os vários níveis da infra-estrutura podem ajudar a dar sustentação a novos empreendimentos e a criar canais para os consumidores. Onde as brechas existem, as empresas descobrem oportunidades para supri-las ou para desenvolver soluções alternativas criativas. Como se discutirá no próximo capítulo, às vezes essas brechas também se revelam um caminho para a prata – a oportunidade de dar um salto muito à frente –, como ocorreu e continua ocorrendo com a estonteante expansão do serviço celular no mundo em desenvolvimento, graças à liberdade decorrente exatamente da inexistência do custo que representaria a necessidade de abandonar linhas convencionais – uma raridade na maioria dos países em desenvolvimento.

A solução dos 86%

- Identifique as lacunas existentes na infra-estrutura nos mercados em que você está instalado ou pretende se instalar. Para cada uma delas, estabeleça uma oportunidade merecedora de atenção especial. Por exemplo, em havendo escassez de água, como redesenhar seus produtos de maneira a que usem menor quantidade do líquido? Sendo escasso o suprimento confiável de eletricidade, como você poderia ajudar a suprir essa necessidade?
- A cada lacuna identificada na infra-estrutura local, analise detalhadamente de que forma ela afetará seus empreendimentos. Projete maneiras de criar soluções alternativas a fim de suprir essas falhas.
- Analise as melhores maneiras de transformar "lixo" em "tesouro" transformando um problema de infra-estrutura em uma solução.
- Examine maneiras possíveis de utilizar diferentes tecnologias e abordagens a fim de criar uma infra-estrutura alternativa.
- Examine com o maior cuidado as oportunidades e ameaças presentes na economia informal. De que maneira tudo isso pode acabar prejudicando o seu empreendimento? Quais dessas oportunidades de mercado apontam essa economia informal como passível de realização por meio de canais legítimos?
- Examine a possibilidade de progredir na cadeia de abastecimento. Você identifica oportunidades de progredir para outros setores dessa cadeia e com isso expandir os seus negócios?

NOTAS

[1] *Partnerships in Development*. The World Bank Group, 2004.

[2] Centro das Nações Unidas para Assentamentos Humanos, Programa das Nações Unidas para o Desenvolvimento, citado no Global Development Research Center. "Fatos Fundamentais a Respeito das Questões dos Rejeitos." http://www.gdrc.org/uem/waste/key-facts.html

[3] Bindeshwar Pathak. "Sulabh Sanitation Technologies to Achieve Millennium Development Goals on Sanitation." Cúpula do Desenvolvimento Sustentável – Delhi 2004.

8
Queimando etapas

A inexistência de infra-estrutura pode representar uma oportunidade de ouro para que os mercados dos 86% se desenvolvam aceleradamente, saltando etapas em direção a soluções tecnologicamente mais modernas.

Mikhail se acomoda melhor em sua poltrona reclinável na sala do seu apartamento em Moscou. Com um clique no *mouse* de seu novo computador, começa a inicialização do Windows XP Starter, que custa menos de mil rublos (US$ 36). O computador também toca CDs e passa shows de televisão, de tal forma que ele considerou desnecessário comprar um CD player e um televisor de tela plana. E não precisa mais recorrer ao uso de computador gratuito na biblioteca local ou em outras áreas públicas, nas quais muitos de seus compatriotas continuam explorando a chamada "fronteira digital".

Mikhail manda um *e-mail* para um amigo, a respeito de um plano que eles elaboraram para a criação de uma empresa de exportação *online*. Mikhail não tem muita experiência com negócios, mas vem se dedicando a aprender tudo o que é possível. Tem lido inúmeros livros de economia e negócios em livrarias digitais às quais passou a ter acesso *online*, e já aprendeu muita coisa nos *sites* de empreendedorismo da Índia School of Business, da Wharton School e da University of Texas. Ele inclusive se conectou a um curso *online* de gerenciamento empresarial da Wharton School, e encomendou alguns dos livros do respectivo currículo disponíveis na biblioteca local.

Ao passar pela Praça Vermelha, de ônibus, a caminho do trabalho, Mikhail manda uma mensagem de texto à namorada, Natasha, pelo telefone celular VimpelCom, começando a acertar os planos deles para depois do expediente. Desde que se mudou para o novo apartamento, o celular passou a ser seu único telefone. Ele não quis enfrentar os custos, a burocracia e a longa espera por um telefone convencional, e por isso juntou-se ao crescente clube da telefonia sem fio na cidade. Apenas cerca de 1% da população russa tinham um telefone celular em 1999, mas, cinco anos depois disso, 90% dos moradores de Moscou e de São Petersburgo já tinham acesso aos celulares – e Mikhail era, naturalmente, um deles. Um aparelho de baixo custo, comprado num pacote com um cartão pré-pago, permitiu-lhe até mesmo dispensar a fila no banco para solicitar um cartão de crédito a fim de pagar o telefone.

O ônibus passa pelas elegantes torres da catedral de São Basílio, símbolo das ricas tradições nacionais, mas o que Mikhail sente é que ele está avançando mais do que nunca para o futuro. E consumidores como Mikhail, com seus *e-books*, computadores, telefones móveis (e outras inovações como conexões por satélite e painéis solares, que levam comunicações e eletricidade às áreas rurais mais remotas) fazem realmente com que os países em desenvolvimento queimem etapas nesse avanço. De que maneira você buscaria oportunidades para dar este enorme salto juntamente com eles?

Da mesma forma que falhas na infra-estrutura criam oportunidades para empresas capazes de supri-las (como discutimos no Capítulo 7), outras deficiências acabam se transformando na circunstância que vai apressar a implantação de tecnologias de última geração. Como é ilustrado na Tabela 8.1, as lacunas na infra-estrutura existentes nas nações em desenvolvimento criam uma variedade de oportunidades de queimar etapas. Em vez de instalar linhas telefônicas fixas, os países em desenvolvimento passam diretamente para os telefones celulares. Em vez de construir gigantescas usinas de energia e redes de distribuição de eletricidade, depositam suas esperanças em modernas usinas de energia solar ou em mini-reatores nucleares. Em lugar de usar bibliotecas e escolas "físicas", estão criando seus equivalentes digitais. A adesão a essas tecnologias é surpre-

TABELA 8-1 Oportunidades para queimar etapas

Problemas da Infra-estrutura Atual	Oportunidades Para Queimar Etapas
Comunicações terrestres precárias	Celulares, satélites e VOIP
Escassas redes elétricas confiáveis	Energia solar, pequenas usinas nucleares
Infra-estrutura precária de distribuição	Digitalização
Sistema de ensino deficiente	*E-learning* (ensino à distância)
Sistemas de saúde pobres	Biociências, tele-saúde
Problemas ambientais	Mudança para carros elétricos e a gás veicular

endentemente rápida entre cidadãos ansiosos por conquistar um estilo de vida mais confortável e se conectar com o mundo inteiro.

O mundo em desenvolvimento tem poucos sistemas legados implantados. À primeira vista, isto parece uma grande deficiência, mas, como pode atestar qualquer empresa que tenha se empenhado em adaptar seus sistemas legados aos mais modernos, não ficar sob o peso do passado até que tem lá suas vantagens:

- É possível construir sistemas com a mais moderna tecnologia, sistemas esses projetados para desempenho otimizado.

- Não há custos a serem amortizados de sistemas obsoletos. Os consumidores não precisam pagar gastos de adaptação pela passagem para sistemas modernos.

- Os índices de adoção tendem a ser extremamente altos em função da demanda igualmente alta, do apoio dos governos, e do ritmo da rápida consolidação.

- Governos e empresas também financiam e incentivam a extensão de tecnologias. Os líderes políticos fazem grandes investimentos na criação de infra-estrutura para tecnologias vistas como cruciais para o progresso econômico. As empresas estão se expandindo cada vez mais mediante modelos de negócios baseados nas mais modernas tecnologias existentes. Telefones celulares, computadores e acesso à Internet de banda larga abrem caminho para outras inovações.

ESTRATÉGIAS DOS SALTOS TECNOLÓGICOS

A rápida expansão/adoção de novas tecnologias no mundo em desenvolvimento cria um conjunto de oportunidades para as empresas que conseguem tirar vantagem da queima de etapas ou usam as inovações tecnológicas para criar oportunidades próprias.

Estratégia n° 1: Surfar nas ondas da adoção acelerada

A tecnologia se expande com incrível rapidez pelo mundo em desenvolvimento, criando imensas oportunidades para empresas que tenham a capacidade de surfar nessas ondas da adoção acelerada. No final do ano de 2004, os países em desenvolvimento já haviam suplantado os desenvolvidos em percentagem do total de telefones celulares. A Índia e a China tinham mais usuários de celulares do que de linhas telefônicas convencionais. Essa é uma fantástica fonte de oportunidades para empresas que tenham condições de superar os desafios implícitos no atendimento dos mercados em desenvolvimento. Por exemplo, o empresário egípcio Naguib Sawiris transformou a Orascom num império de telefonia celular de US$ 2 bilhões prestando esses serviços em países negligenciados como Iraque, Argélia, Bangladesh e Paquistão. No ano de 2005, essa empresa já contabilizava 14 milhões de usuários em nove países.

Os telefones móveis não servem apenas para comunicação pessoal. Seus usuários no mundo em desenvolvimento estão também adotando rapidamente diversos serviços paralelos possibilitados por essa tecnologia, vendo neles um "controle remoto" para inúmeros aspectos da vida prática das pessoas. O aumento do número de celulares na Índia fez as fortunas de empresas como a Reliance e a Bhariti, liderada por Sunil Mittal. A Reliance, comandada pela família Ambani, atraiu mais de 10 mil investidores registrados que estão criando serviços via Web para seus telefones. As companhias desenvolvem entretenimentos adaptados ao meio, tais como as histórias *micro-lit* (microliteratura) e as novelas criadas para as proporções dos celulares. Dhirubhai Ambani, já falecido, que fundou a Reliance, afirmou certa vez que quando o serviço do telefone celular se tornar mais barato que um selo postal, os celulares acabarão substituindo por inteiro o sistema postal como atualmente o conhecemos.

Outras tecnologias também se difundem com a maior rapidez. O uso da Internet em países como China, Índia, Brasil e México teve um crescimento mais acelerado que nos EUA de 2000 a 2005 (Figura 8-1). Estima-se que no ano de 2010 haverá mais de um bilhão de usuários de computadores no mundo, bem acima dos 600 milhões existentes em 2004, um resultado decorrente acima de tudo da expansão dessa mídia em países como a China, Rússia e Índia, entre outras partes do mundo em desenvolvimento.

A empresa chinesa Lenovo, fundada por Chuanzhi Liu, surgiu como protagonista global ao acompanhar o ritmo da rápida expansão da tecnologia dos computadores. Empresas estrangeiras como a Dell também apresentaram acelerado crescimento nos mercados em desenvolvimento nos quais se instalaram. Já em 2003, a China havia se transformado no terceiro maior mercado mundial da Intel, gerando US$ 3,7 bilhões em receitas, ou o equivalente à metade de todos os negócios da Intel nos EUA (US$ 7,4 bilhões).

Enquanto a maioria dos norte-americanos ainda acessa a Internet via serviços discados, os usuários dos países em desenvolvimento, com a ajuda dos respectivos governos e do fato de serem suas populações altamente concentradas nas cidades, vão diretamente para os serviços de banda larga. Embora apenas 6% da população do Chile tivessem conexões com a Internet em 2004, mais da metade

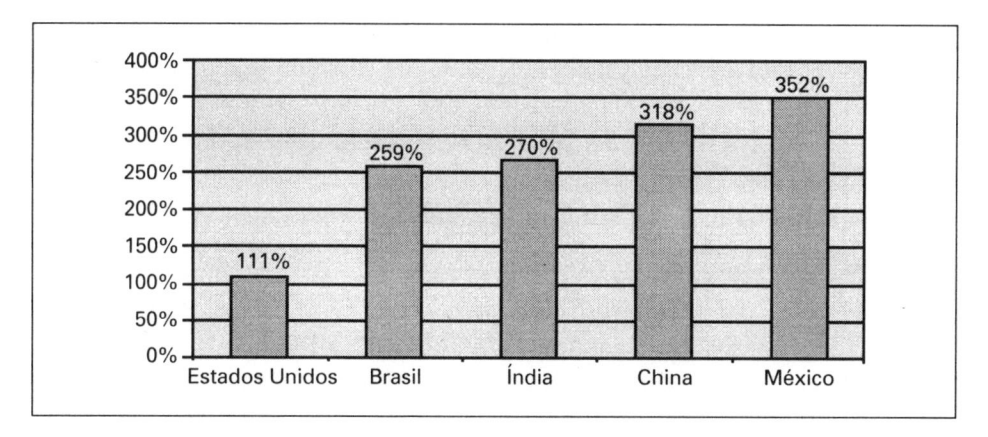

FIGURA 8-1 Aumento do número de usuários da Internet no período 2000/2005. (Fonte: Internet World Stats, http://www.internetworldstats.com/stats2.htm#north).

Dados do gráfico: Estados Unidos 111%, Brasil 259%, Índia 270%, China 318%, México 352%.

deles usava banda larga de alta velocidade. O futuro poderia ser visto na Coréia do Sul. Como o seu desenvolvimento foi sobremaneira acelerado, o país acabou ultrapassando ninguém menos que os EUA em matéria de conexões de banda larga. Apenas cerca de 20% dos domicílios norte-americanos tinha conexões de banda larga com a Internet em 2004, muito longe, em termos percentuais, do que acontecia em 75% dos domicílios da Coréia do Sul. E as velocidades de acesso sul-coreanas são mais rápidas do que as conexões disponibilizadas pela maioria dos provedores norte-americanos.

Não são apenas os mercados urbanos de renda alta que adotam essas tecnologias. A iniciativa do *e-choupal* da ITC conseguiu agregar agricultores indianos em centros conectados via satélite, nos quais conseguem acompanhar e analisar as cotações das *comoditties* e suas oscilações nos mais variados mercados (como discutimos no Capítulo 6, "Crescer Pensando Pequeno"). Os pescadores indianos usam atualmente telefones celulares para precificar o produto de um dia de trabalho, e condutores de jinriquixás motorizados não se separam dos celulares que já são seu meio mais comum de comunicação com os clientes.

Estratégia n° 2: Digitalizar

Embora os *e-books* e outras mídias digitais sejam tratadas principalmente como novidades para o futuro no mundo desenvolvido, nos países em desenvolvimento sua dimensão é inteiramente diferente. Nos mercados desenvolvidos, um livro digitalizado pode significar um canal a mais para livros facilmente disponíveis em bibliotecas ou livrarias. Já no mundo em desenvolvimento, esses livros digitais constituem o instrumento que poderá abrir novas supervias de informação e conhecimento para leitores que não dispõem de outros meios de acesso a tudo aquilo que neles está contido.

Por exemplo, a Indian School of Business (ISB), de Hyderabad, criou uma biblioteca digital com livros clássicos da economia, como *A Riqueza das Nações*, de Adam Smith, e instalou canais *online* destinados a proporcionar livre acesso à informação, a qualquer tempo e em qualquer lugar. O projeto da Biblioteca Digital do Milhão de Livros, conduzido pelo professor Raj Reddy, na Carnegie Mellon University, é uma iniciativa destinada a oferecer acesso sem qualquer custo a uma biblioteca de um milhão de livros em formato digital, acesso esse que pode ser feito, *online*, de qualquer lugar do mundo. A Google anunciou, em dezembro de 2004, planos para digitalizar as bibliotecas de pesquisa das maiores universidades do mundo – entre elas Oxford, Harvard, Michigan e a New York Public Library – para que as obras nelas contidas possam ser consultadas *online* gratuitamente. Ainda que sejam necessários no mínimo dez anos para o escaneamento e catalogação de uma biblioteca de tão gigantescas proporções, a verdade é que, se concretizada, reunirá mais de 15 milhões de livros que poderão ser consultados de qualquer lugar do mundo.

O Harry Ransom Center, da Universidade do Texas, já digitalizou um exemplar da Bíblia de Gutenberg, um dos cinco exemplares completos existentes nos EUA. As imagens deste inestimável livro, outrora acessível somente a professores universitários e pesquisadores, estão agora ao alcance de qualquer pessoa em qualquer parte do mundo. (O projeto da Biblioteca Digital do Milhão de Livros ajuda a preservar e proporciona acesso aos livros raros do mundo dos 86% da mesma forma que essa instituição norte-americana.)

As tecnologias de digitalização de música criam igualmente oportunidades para os saltos tecnológicos. À medida que as vendas de CDs continuam a cair, a música digitalizada (tanto legal quando pirateada) está em franca expansão. A indústria musical está inclusive fazendo lançamentos "exclusivamente digitais" de determinados artistas, especialmente daqueles com potencial para criar nichos de mercado. Essa grande diversidade poderia tornar-se especialmente importante para os mercados fragmentados do mundo em desenvolvimento. Além disso, o rádio via satélite oferece um número muito maior de canais e a oportunidade de ligar platéias com interesses comuns, embora situadas em partes diferentes do mundo (em oposição às transmissões tradicionais, quase sempre de base local). Esse rádio via satélite cria oportunidades para atrair platéias de culturas diversificadas e populações dispersas dos mercados em desenvolvimento.

O avanço cada vez mais diversificado de tecnologias vai tornar as mídias digitais mais acessíveis. Um dos exemplos está na tinta eletrônica, que retém sua imagem mesmo depois do desligamento do aparelho que a transmite, permite a criação de *e-books* com resoluções mais definidas e menor necessidade de energia. Embora o equipamento inicial dos *e-books* baseados nesta tecnologia, como o Librie, da Sony, esteja fora do alcance da maioria dos clientes dos mercados em desenvolvimento, seus preços certamente irão se reduzindo na mesma medida da expansão dessa tecnologia.

Em função da fragilidade dos mecanismos de proteção dos direitos de propriedade intelectual no mundo em desenvolvimento, as tecnologias digitais têm igualmente se tornado uma causa de preocupação para os produtores de conteúdos. O lado, digamos, favorável dessas violações da propriedade intelectual é que elas demonstram a capacidade do mundo em desenvolvimento de utilizar a tecnologia digital a fim de acessar conteúdos aos quais certamente não conseguiria ingressar por meio de outros canais. E os produtos e serviços digitais se expandem com grande velocidade. Empresas como a Samsung, sob marca DigitAll, têm conduzido a revolução digital para um crescimento continuado. De que maneira a sua empresa poderia fazer uso das tecnologias digitais a fim de queimar etapas no mundo em desenvolvimento?

Enquanto os custos dos sistemas e serviços de saúde demonstram um crescimento continuado, os custos das telecomunicações e da computação vão no sentido contrário, o da redução. A telemedicina faz bom uso dessa tendência quando conecta pacientes das áreas rurais dos países em desenvolvimento com especialistas nas cidades ou em outras partes do mundo. O cirurgião cardiologista Dr. Devi Shetty, de Bangalore, na Índia, lançou um projeto de telemedicina que faz a conexão entre especialistas situados em áreas urbanas (onde se localizam 75% desses especialistas) e clínicas instaladas nas áreas rurais. Esses especialistas já examinaram mais de 20.000 eletrocardiogramas (ECGs) a eles transferidos por meios eletrônicos. Deram igualmente início à prática de terapia trombolítica (abordagem de rotina em tratamento de casos de infarto agudo de miocárdio) com pacientes isolados, prática essa que, segundo garantem, salvou cerca de três mil vidas nos primeiros três anos de operações. Usando raios X digitais e *software* desenvolvido em nível local, eles igualmente conseguiram reduzir a quase zero os custos dos raios X de tórax necessários para diagnosticar e tratar a tuberculose e doenças afins. "Quando transformamos átomos em *bytes*, o custo se torna virtualmente zero", comemora o Dr. Shetty.

A Apollo Hospitals instalou um centro de telemedicina com 50 leitos em Aragnoda, uma aldeia no sul da Índia. O centro oferece *scanners* cardioterápicos e também equipamento de raios X e eletrocardiograma ligado a especialistas em outros hospitais através de linhas de alta velocidade ISDN via satélite. Para alcançar milhões de pessoas com doenças oculares no mundo inteiro, a organização sem fins lucrativos Orbis – que patrocina programas nessa área em Bangladesh, na China, na Etiópia, na Índia e no Vietnã – criou em 2002 o projeto de telemedicina CIBER-SIGHT. Esse programa faz a ligação entre profissionais da saúde de todo o mundo com especialistas, para fins de assessoria e consultoria.

Estratégia n° 3: Criar tecnologias de próxima geração

A equação custo-benefício da adoção de uma nova tecnologia nos países em desenvolvimento pode também ser sensivelmente diferente daquela disponível no mundo desenvolvido. A tecnologia solar, embora apresente menor eficiência e maior custo no mundo desenvolvido altamente cabeado, pode ser a solução de menor custo para o mundo em desenvolvimento. Na principal avenida de Bangalore, a Ring Road, todos os semáforos são LEDs (diodos emissores de luz) ultrabrilhantes, abastecidos por energia solar, o que reduz o consumo de energia em 85% e faz com que esses semáforos deixem de depender da rede elétrica. Ao construir essa infra-estrutura a partir do zero, o país pode saltar para uma nova tecnologia, em vez de retroalimentar sistemas de sinalização de tráfego incandescentes e de alto consumo de energia, dependentes de usinas e redes de transmissão extremamente caras.

A Hewlett-Packard está testando uma célula solar com fotógrafos na África do Sul. O material, que custa 80% menos que os tradicionais painéis solares, poderia ser usado para recarregar baterias para câmeras ou outros eletrônicos portáteis, levando-se a fonte de energia na bagagem. A HP igualmente equipou fotógrafos profissionais com câmeras digitais de energia solar e impressoras (como se viu no Capítulo 7). Esses fotógrafos têm conseguido duplicar as receitas de suas famílias levando a fotografia a aldeias remotas que não dispõem de rede elétrica.

Numa área rural a duas horas de distância de Durban, na África do Sul, uma escola de ensino médio sem eletricidade foi equipada com painéis solares fotovoltáicos pelo Fundo da Luz Elétrica Solar, uma organização sem fins lucrativos. A escola recebeu também computadores e um *link* de satélite doados pela Dell e pela Infosat Telecommunications. Depois que a escola conseguiu acessar o Canal do Aprendizado e outros recursos *online*, os índices de aprovação saltaram de 30 para 70%. Projetos como esses demonstram não apenas a força social da tecnologia, mas também o potencial de mercado para ela. Com dois bilhões de pessoas fora do alcance das redes elétricas tradicionais, só o mercado rural mais distante deverá representar, em 2005, um mercado potencial de US$ 2,5 bilhões em energia solar.

As novas tecnologias poderão também ajudar a eliminar a necessidade de equipamentos mais caros, como as telas dos computadores. Por exemplo, há pesquisadores trabalhando em projetores portáteis de alta resolução para serem instalados em telefones celulares ou PDAs (assistentes digitais pessoais), transformando uma parede vazia num grande *display* de "tela plana". Isso serviria para superar uma das maiores limitações dos telefones celulares – seu reduzido *display*. Embora essas inovações possam ser vistas ainda como dispositivos futurísticos no mundo desenvolvido, em que as salas de estar já estão cheias de televisores de tela plana, eles representam uma oportunidade para a queima de etapas no mundo em desenvolvimento. Esta inovação poderia transformar o humilde telefone celular em substituto de tocadores de música portáteis, câmeras fotográficas, *browser* de Web, televisão e, com um teclado, até mesmo de um computador. Já existem câmeras embutidas nesses telefones. Nova tecnologia e maior comprimento de banda possibilitam aos usuários escutar música, ver televisão de alta definição ou videoclipes, e surfar pela Internet.

Pesquisas ainda preliminares sobre computação e sistemas de energia "biológica" em laboratórios dos países em desenvolvimento estão produzindo tecnologia para extrair eletricidade de plantas e criando oportunidades para *microchips* com base biológica. S. P. Kosta e Y. S. Kosta, do Charolar Institute of Technology (CITC), na Índia, provaram que a eletricidade poderia ser extraída de plantas (alimentando uma lâmpada incandescente de relógio de pulso com energia extraída de folhas). Eles criaram circuitos eletrônicos básicos usando materiais como folhas de cactus, o que poderia estabelecer o fundamento de um *microchip* biológico. Em trabalho anterior, eles igualmente demonstraram a possibilidade de utilizar troncos de árvores fibrosas, como os mamoeiros, como antenas de aparelhos de TV. Inovações desse tipo, embora ainda estejam a décadas de se transformar em produtos comerciais, demonstram o potencial existente para avanços tecnológicos fundamentais, que representariam enormes mudanças e transformações na vida e nos negócios dos países em desenvolvimento, onde *chips* de silício e a energia podem ser escassos, mas a vegetação é abundante. Com pesquisadores altamente treinados e centros de pesquisas cada vez maiores e melhores – e uma forte motivação para inovações destinadas a satisfazer as necessidades locais – muitas dessas soluções criativas tendem a surgir no mundo em desenvolvimento.

No setor automotivo, reconhecendo os problemas relativos à energia e às emissões de poluentes pelos motores a combustão, além das questões que surgem em função da superlotação crescente do mercado de veículos na China, o fabricante chinês de autopeças Wanxiang trabalha no projeto de um automóvel elétrico. Além de demonstrar sua preocupação com os problemas ambientais, Lu Guanqui, fundador da empresa citada, vê no salto tecnológico relacionado ao carro elétrico uma grande oportunidade de sua empresa passar à frente das concorrentes do setor. Embora os fabricantes japoneses de automóveis já estejam desenvolvendo modelos híbridos, um eventual carro elétrico com preço razoável ainda é um campo aberto para que uma empresa do mercado em desenvolvimento consolide seu pioneirismo. O desenvolvimento desse carro exigirá saltos tecnológicos em tecnologia de bateria e motores para melhorar o alcance e a aceleração, bem como reduzir os custos. A companhia chinesa antes mencionada planeja investir pesadamente nessa nova tecnologia ao longo dos próximos anos.

As inovações médicas focadas nos desafios do mundo em desenvolvimento também apresentam maiores possibilidades de avanço rápido nos mercados dos 86%. Por exemplo, as inovações em tratamentos da AIDS, malária, SARS, tuberculose e outras doenças estão surgindo principalmente no mundo em desenvolvimento. A biotecnologia aproveita as décadas de investimentos destinados a ajudar esses países a emergir como protagonistas globais. Empresas como a Biocon, Shantha Biotech e Bharat Biotech, na Índia, produziram inovações como a primeira insulina humana recombinante para o tratamento da diabetes, e uma vacina contra hepatite B feita a partir do DNA. Devido às restrições em vigor nos EUA quanto às pesquisas com células-tronco, países asiáticos, principalmente Cingapura, Coréia do Sul e China, emergiram como líderes mundiais em pesquisas nesta área. Resultados das pesquisas com células-tronco já vêm sendo utilizados em tratamentos na China, Índia e outros países.

Os altos preços cobrados pelos países desenvolvidos na venda de remédios mais avançados criaram a motivação para a descoberta de novas alternativas. Um crescente número de inovações vem sendo apresentado por empresas farmacêuticas da Índia, entre elas a Dr. Reddy's Labs e a Ranbaxy. Não teria chegado a hora de as empresas farmacêuticas dos países do mercado dos 14% começarem a pensar em oferecer aos mercados dos 86% marcas globais, e tornar seus remédios mais acessíveis para os pacientes dos países menos desenvolvidos?

Culturas biotecnológicas, avaliadas em US$ 44 bilhões por ano, existem atualmente em 18 nações, metade delas do mundo em desenvolvimento. A China fica em segundo lugar, atrás apenas dos EUA, nos incentivos às pesquisas com essas culturas biotecnológicas. E, juntamente com outros países na Ásia, América Latina e África, a China situa-se entre aqueles que mais prontamente adotam e aplicam os resultados derivados dessas pesquisas.

Como todas essas inovações indicam, os mercados em desenvolvimento podem servir como um campo de provas para novas tecnologias. O fato é reconhecido pelas centenas de empresas que instalaram laboratórios de pesquisas na China, Índia e outras partes do mundo em desenvolvimento. A Texas Instruments da Índia recebeu mais de 200 patentes norte-americanas. A subsidiária indiana da Intel conquistou mais de 100, tendo apresentado 63 pedidos de registro de patentes somente no ano de 2003. O número de ensaios científicos publicados pelos pesquisadores de biotecnologia no Brasil e em Cuba triplicou entre 1991 e 2002, e na China essas publicações aumentaram sete vezes. Mais de 140 mil profissionais de tecnologia da informação trabalham em Bangalore, o que representa cerca de 20 mil a mais que o número existente no Vale do Silício, na Califórnia. O Jack F. Welch Technology Centre, que a GE estabeleceu em Bangalore, seu primeiro e maior centro desse tipo fora dos EUA, já encaminhou para registro mais de 130 patentes. Esses saltos tecnológicos são facilitados pela existência de uma força de pesquisadores altamente especializados. A China, por exemplo, forma 250 mil engenheiros por ano, contra apenas 50 mil nos Estados Unidos (muitos dos quais são estudantes estrangeiros). Ainda que 39% dos indianos adultos não saibam ler nem escrever, 3,2 milhões de estudantes de ciências estão matriculados nas mais de 250 universidades do país.

Estratégia n° 4: Maneiras novas de aplicar tecnologias velhas

A energia nuclear, muito combatida no Ocidente, em especial a partir dos acidentes ocorridos em Three Mile Island, nos EUA, e em Chernobyl, na antiga União Soviética, experimenta um renascimento na China, faminta por energia de todos os tipos. Ao repensar por inteiro o projeto da usina nuclear, os engenheiros trabalhando na China desenvolveram mini-reatores que são mais limpos e mais seguros. Como são refrigerados a hélio, esses reatores de leito de cristais de rocha podem ser bem menores do que os grandes reatores refrigerados a água que sempre dominaram a indústria. O sistema produz hidrogênio como um subproduto benigno. Como são muito pequenos, os reatores podem ser comprados por uma prefeitura, ou então aglutinados para criar uma fonte mais potente de energia. Os pesquisadores esperam ter o primeiro desses reatores em funcionamento até o final da década, suplementando uma corrida à construção de reatores tradicionais refrigerados a água cuja finalidade é suprir a insaciável demanda de energia na China.

Ao adotar uma nova visão de tecnologia nuclear, a China ajuda a desenvolver uma solução para a sua crescente crise de energia. Neste caso, a inexistência de modelos arcaicos e modos de agir tradicionais passa a representar vantagem. A China não é contida pelo tradicional foco em reatores refrigerados a água. Às vezes uma tecnologia velha pode ser repensada para um mercado em desenvolvimento. As objeções que porventura tenham entravado seu progresso no mundo desenvolvido quase sempre são menos veementes. E aqui é inclusive viável pensar no surgimento de oportunidades, como no caso do reator com leito de cristais de rocha, para repensar a própria tecnologia em seu conjunto.

Há tecnologias que podem ter seu foco desviado para os desafios no mundo em desenvolvimento. O projeto ICT4B (Information and Communications Technology for Billions), com base na Universidade da Califórnia-Berkeley, trabalha com possibilidades de acoplar sistemas de curto alcance Wi-Fi em redes mais amplas. Com as transmissões saltando de um centro, ou computador, para outro, os sistemas podem cobrir centenas de quilômetros entre vilas e povoados no campo sem a necessidade de satélites ou de grandes *hubs* centrais. O ICT4B desenvolve igualmente sistemas de computação que reduzem seus custos e potência entre 10 e 100 vezes. Mais ainda, está criando sistemas que oferecem conexão intermitente menos cara com a Internet, em contraposição aos sistemas "sempre ligados".

Uma tecnologia emergente chamada banda larga por redes (BPL) cria a oportunidade de acesso à banda larga por meio da rede elétrica. Isso elimina a necessidade do cabo coaxial, ou até mesmo de uma linha telefônica. Essa tecnologia encontra-se ainda em estágio experimental nos EUA. Mas, no futuro, quando implementada, poderia ter importantes implicações para o mundo em desenvolvimento, proporcionando acesso de banda larga em áreas que dispõem apenas de redes elétricas. O crescimento da telefonia pela Internet, facilitado pela comunicação por satélite, também está possibilitando telefonemas internacionais pela Internet, tudo pelo mesmo canal de banda larga. Os telefonemas pela rede, vistos como uma forma de reduzir as contas telefônicas no mundo desenvolvido, podem ser uma maneira de evitar a necessidade de linhas telefônicas no mundo em desenvolvimento.

Algumas vezes a preocupação com, por exemplo, o impacto ambiental, é um fator capaz de agilizar a adoção de tecnologias de substituição. Quando Nova Delhi adotou o gás natural veicular (GNV), que queima mais limpo, em 2002, substituiu mais de 10 mil ônibus do seu sistema de transporte de passageiros. Além disso, converteu 60 mil jinriquixás motorizados de três rodas, cinco mil miniônibus e 16 mil carros ao combustível. Tudo isso criou um mercado para esses veículos e para a correspondente tecnologia de conversão. A Argentina tem atualmente 1,2 milhão de veículos a GNV, o Brasil, mais de 600 mil, e Pequim planeja converter toda a sua frota de ônibus urbanos a tempo de virem a ser utilizados já durante os Jogos Olímpicos que realizará em 2008. Essa mudança para o GNV também reduz a dependência em relação ao petróleo, diminui os custos operacionais, e cria oportunidades para empresas que fornecem veículos movidos a GNV. (Como se destaca no Capítulo 2, a Hindustan Motors conseguiu um rápido aumento nas vendas de suas *vans* ao lançar sua versão a GNV justamente na época em que novas regulamentações impulsionavam uma mudança para os veículos movidos a gás natural.)

Uma mudança para o álcool, um combustível mais barato e mais limpo, levou, no Brasil, a um aumento nas vendas de carros movidos tanto a gasolina quanto a álcool. Em 2004, os brasileiros já haviam comprado mais de 200 mil desses carros bicombustíveis, o que representou cerca de 25% do total de vendas de carros novos no país. Montadoras como a Volkswagen, Fiat, General Motors e Ford aderiram aceleradamente a essa tendência a fim de impulsionar seus negócios no Brasil.

Estratégia n° 5: Criar inovações de baixo custo que imitem outras tecnologias

Uma fórmula de sucesso garantido para reduzir os custos é a de criar inovações que tenham o mesmo resultado de tecnologias existentes, mas a preços mais reduzidos. Por exemplo, o sistema de telefone "celular" Little Smart da UTStarcom na China alcançou enorme sucesso no país ao oferecer um telefone celular de baixo preço feito com tecnologia mais barata. A marca Little Smart (Xiaolingtong) oferece a tecnologia local *loop* sem fio (WLL), com qualidade menor e menor alcance que os celulares padrão. Esse "celular dos pobres" é na verdade um telefone sem fio a bateria com estações baseadas em pontos altos de uma cidade. Os usuários não conseguem utilizá-lo fora de suas cidades, e a qualidade dos chamados é menor, mas ainda assim têm acesso a correio de voz, mensagens de texto e outros itens oferecidos pelos celulares comuns. As tarifas custam cerca de 25% daquelas dos celulares normais. Em três anos depois do seu lançamento em 1998, o Little Smart havia conquistado cerca de 38 milhões de usuários em toda a China, representando dois de cada três novos usuários. Embora tenha tido início nas áreas rurais, mais tarde serviu-se de sua imensa base de clientes para entrar em cidades maiores, como Pequim e Xangai. A empresa já está exportando o sistema e tecnologias afins para outros mercados em desenvolvimento no Sudeste da Ásia, América Latina e África. Em 2005, a previsão era de realizar 40% das suas receitas totais fora da China. Ying Wu, o fundador da UTStarcom, que chegou aos EUA com apenas 27 dólares, criou um empreeendimento global de imenso sucesso e uma fortuna pessoal avaliada, no ano de 2004, em US$ 100 milhões.

Estratégia n° 6: Desenvolver tecnologias comunitárias

Um estudo dos economistas Carsten Fink e Charles Kenny para o Banco Mundial constatou que a fronteira digital pode ser superdimensionada porque muitos usuários nos países em desenvolvimento compartilham telefones celulares ou acessos à Internet mediante os já populares quiosques. Quando os pesquisadores avaliaram a disponibilidade de informação e tecnologias de comunicações em diferentes níveis de renda, descobriram que, em vez de uma fronteira digital, o que existia na verdade era um "salto à frente digital", porque países de renda média e baixa estão até mesmo à frente das nações mais abastadas nesses terrenos. Enquanto a tecnologia no mundo desenvolvido tende a ser uma propriedade individual, as empresas precisam se dar conta de que a tecnologia no mundo em desenvolvimento é freqüentemente de propriedade de um grupo, ou pode ser acessada por um grupo. Existem televisões comunitárias, terminais de computador compartilhados, e telefones celulares divididos de acordo com a demanda (como discutimos no Capítulo 6). Sam Pitroda, quando assessor para tecnologia do ex-primeiro-ministro Rajiv Gandhi, da Índia, estabeleceu uma rede de cabinas telefônicas STD (multiplexação dos dados de transmissão) em regiões isoladas, rede essa que se expandiu para 600 mil cabinas. Em vez de se concentrar na valorização da densidade dos telefones individuais, uma tarefa desafiadora, Pitroda se deu conta de que mais importante ainda seria proporcionar o acesso por meio de telefones comunitários. O projeto tornou-se um modelo para outros países em desenvolvimento. Suas implicações indicam que não se deve focar exclusivamente na venda de produtos individuais, mas também na de produtos para grupos de usuários.

Há residências que têm condições de proporcionar tecnologia para os empregados domésticos, e empresas que proporcionam *laptops* ou acesso à Internet aos funcionários autorizados a levá-los para utilização em suas casas. Isto se acrescenta à dispersão da tecnologia muito além daquele índice que seria possível promover com base exclusivamente na renda de cada família.

As empresas precisam desenvolver estratégias baseadas em abordagens coletivas da tecnologia. Devem igualmente reconhecer que as oportunidades para serviços relacionados com tecnologias podem ser bem maiores do que a penetração de equipamento ou *software* poderia indicar, graças aos usuários múltiplos e à tão amaldiçoada pirataria. Há países provavelmente muito mais conectados às novas tecnologias do que à primeira vista parecem ser. Seria tudo isso uma oportunidade para criar uma rede global capaz de se transformar na McDonald's dos cafés da Internet?

ALÉM DA TECNOLOGIA APROPRIADA

Os avanços tecnológicos estão mudando a vida em todas as partes do planeta, mas acima de tudo nos mercados dos 86%. Essas tecnologias avançam com extraordinária rapidez, sem depender do lento processo da substituição de sistemas existentes porém antiquados. Elas também estão sendo apropriadas por consumidores ansiosos por entrar no mundo moderno. A penetração das tecnologias modernas muitas vezes se aprofunda a um ritmo consideravelmente mais rápido que aquele registrado no mundo desenvolvido. Inovações capazes de reduzir custos ou adaptar produtos às condições e à cultura locais são especialmente importantes. Muitas das inovações percebidas como necessárias pelos países pobres estão sendo desenvolvidas no âmbito desses mercados dos 86%. As pessoas que sentem os problemas são justamente as mesmas que estão criando as soluções.

No passado, o foco da tecnologia para os países em desenvolvimento esteve quase sempre concentrado nas tecnologias "apropriadas" às limitações desses mercados. Eram tecnologias menos desenvolvidas, destinadas a encontrar as necessidades dessas populações no meio do caminho. Agora, no entanto, o foco muda cada vez mais de tecnologias "apropriadas" para aquelas de "queima de etapas". Líderes governamentais, organizações não-governamentais (ONGs) e outras empresas se dão conta de que é possível criar soluções de baixo custo que são, não raramente, mais avançadas que aquelas do mundo desenvolvido. Essas tecnologias e as estratégias criativas constituem a plataforma de lançamento para os saltos tecnológicos. Empresas capazes de reconhecer, criar ou utilizar tais tecnologias podem igualmente desenvolver negócios que queimam etapas paralelamente ao desenvolvimento desses mercados.

A solução dos 86%

- Tendo em vista um produto ou mercado determinado, avalie de que forma você poderá utilizar novas tecnologias na queima de etapas para superar os desafios decorrentes da infra-estrutura existente e consolidar seus empreendimentos.

- Analise a rapidez da adoção das novas tecnologias nos mercados em desenvolvimento. Como poderá essa adoção acelerada facilitar a venda de produtos tecnológicos ou produtos e serviços dependentes dessas tecnologias?

- Analise as oportunidades para a digitalização de seus produtos ou serviços a fim de proporcionar-lhes uma expansão mais acelerada.

- Desenvolva inovações capazes de imitar outras tecnologias a custo mais baixo.

- Atravesse a divisa digital utilizando aldeias e outras comunidades para promover a utilização comunitária dos recursos.

- Encontre maneiras de utilizar o mundo em desenvolvimento como um campo de testes para as novas tecnologias.

Leve o mercado aos consumidores 9

Muitas áreas dos mercados em desenvolvimento são virtualmente inacessíveis pelos sistemas tradicionais de distribuição, o que faz com que as empresas busquem atingir esses pontos por meios menos convencionais, com entregas em bicicletas, lojinhas e muito conhecimento do local para fazer com que o mercado chegue aos consumidores.

Kwame bate à porta de um armazém em Accra, Gana. Ele é um "portador" que leva produtos da Unilever a diversas localidades que ficam a algumas horas de distância dessa cidade, a capital do país africano citado. Depois de falar com um gerente, Kwame enche uma mala com pequenos pacotes de frascos de xampu, sabonete, pasta de dente e outros itens semelhantes. Toma então o rumo do ponto de ônibus. Enquanto espera, percebe, com orgulho, que um televisor no terminal está mostrando comerciais dos produtos que ele transporta. Isso, certamente, facilita o seu trabalho.

A viagem de ônibus leva duas horas. No seu ponto de destino, ele compra uma Coca-Cola numa lojinha de conveniência junto a um posto de gasolina, loja essa que se resume a um refrigerador movido por um gerador pequeno, barulhento. Dali, Kwame caminha por mais meia hora até o centro da aldeia em que mora, fazendo muitas paradas para oferecer seus produtos aos moradores das casas modestas. Com um telefone celular e baterias sobressalentes, ele também oferece aos moradores a oportunidade de fazer telefonemas, cobrando para tanto um pequeno custo que, conforme o número dos chamados, pode representar um bom ganho complementar. Ele chega à aldeia principal em tempo para um festival religioso Ashanti e também para o dia de feira. Kwame então espalha seus xampus, pastas de dentes e outros produtos sobre um cobertor, em meio a produtos como comidas tradicionais da região, roupas e inclusive algumas jóias.

À medida que as ruas se enchem das alegres multidões locais, ele não pode deixar de pensar na enorme distância que existe entre aquele cenário e as sofisticadas ruas de Accra. Mas, prestando atenção aos produtos espalhados à sua frente, passa a considerar que essa distância, afinal de contas, nem é tão grande assim.

As empresas nos mercados em desenvolvimento se ligam aos consumidores por estradas longas e tortuosas, quando existem. Gana é um país com renda per capita de cerca de US$ 300, e mesmo assim, utilizando, entre outras tantas ferramentas, vendedores ambulantes como Kwame, a Unilever construiu ali um negócio de muitos milhões de dólares. Gana tem uma rede de varejo muito primitiva, a maior parte dela constante de lojas pequenas, acanhadas – quando existem. Sem contar com rotas claras e facilitadas até os consumidores, as companhias precisam encontrar métodos inovadores, inclusive vendedores ambulantes como Kwame, para fazer o mercado chegar ao povo.

Fundado em 1945 na Cidade do México por Lorenzo Servitje, o Grupo Bimbo cresceu até se transformar num dos maiores negócios mundiais do setor de padaria, confeitaria e correlatos, dotado também de uma das mais extensas redes de distribuição no continente americano. Para colocar seu pão fresco e outros produtos diariamente em 690 mil pontos de venda espalhados pela América Latina, os EUA e até mesmo a República Tcheca, a empresa movimenta uma frota de 26 mil veículos, que percorrem todos os dias uma distância acumulada equivalente a 39 voltas ao mundo. Essa frota representa mais de 25% do tamanho da frota global da UPS (88 mil veículos), um dos gigantes do setor de entregas rápidas.

Apesar dessas circunstâncias, muitos dos produtos da Bimbo no México são ainda vendidos principalmente nas pequenas lojas familiares, as *tiendas de la esquina*, quase sempre localizadas no mesmo prédio da residência das famílias dos proprietários. A Bimbo utiliza acompanhamento via satélite e controle por *handhelds* para monitorar os estoques das lojas da rede. Todas as semanas, um relatório estatístico dessas lojas garante que elas recebam o estoque apropriado para suas necessidades. Os dados se dividem em quatro categorias principais, para dias comuns, feriados, verão e inverno (o consumo de pão aumenta no inverno, pois os produtos da Bimbo ficam mais saborosos acompanhados de uma bebida quente, como chocolate).

A sua rede de distribuição foi fator importante na transformação do Grupo Bimbo – o nome do ursinho com chapéu de confeiteiro que constitui o logo da empresa – na maior empresa de alimentos do México. As padarias e outros negócios do Grupo Bimbo garantem empregos para mais de 60 mil pessoas, e suas vendas totais atingiram mais de US$ 4 bilhões no ano de 2003. Desde meados da década de 1980, o grupo vem se expandindo pela América Latina, e não perdeu tempo em acompanhar a crescente emigração de população hispânica para os EUA. O Grupo Bimbo começou a vender seus produtos para os EUA na década de 70. Em 1998, o grupo comprou a americana Mrs. Baird's Bakeries. Atualmente, a Bimbo Bakeries USA, com sede em Fort Worth, no Texas, opera 17 plantas nos estados da Califórnia, Texas e Ohio, com mais de 5.300 funcionários.

As redes de distribuição do comércio varejista no México mantêm-se em franco desenvolvimento. A Wal-Mart, conhecida no país como Walmex, cresce aceleradamente, tendo registrado em 2004 vendas de mais de US$ 11,8 bilhões em mais de 690 lojas instaladas em 71 cidades. Com a Oxxo e a 7-Eleven na liderança, o México apresentava, no começo de 2005, mais de seis mil lojas de conveniência, com vendas anuais de mais de US$ 2,5 bilhões. Embora as redes de distribuição de varejo em países como México, China e Índia apresentem rápido desenvolvimento, elas são ainda altamente fragmentadas, particularmente à medida que se afastam dos grandes centros. Essas redes de distribuição fragmentadas e os sistemas de distribuição precariamente desenvolvidos exigem soluções inovadoras.

DISTRIBUIÇÃO COMPLEXA

Os sistemas de distribuição no mundo em desenvolvimento não são nenhuma maravilha. As cidades contam com redes de pequenas lojas de bairro como as *tiendas de las esquinas*, no México, anteriormente referidas. A distribuição nas aldeias e vilarejos rurais é ainda mais complicada. Mais da metade das aldeias da Índia são inacessíveis por veículos motorizados. Isto significa que lá não chegam caminhões de entrega expressa – na verdade, não chega caminhão algum, nem trens ou automóveis. Claro que isso torna as tradicionais abordagens de distribuição nessas localidades muito mais caras que nas áreas desenvolvidas, chegando a ser às vezes esse custo maior que as vendas concretizadas. A Hindustan Lever estima o custo por contato de promoção de produto no interior como sendo quatro a cinco vezes mais caro que nas cidades. Mesmo os melhores sistemas convencionais de distribuição não conseguiram penetrar em cerca de um sexto das localidades rurais da Índia.

Com tudo isso, por que alguém deveria preocupar-se em conectar-se com esses mercados rurais? Simplesmente pelo fato que é ali que vive a maior parte da população. Cerca de 70% da população da Índia vive em suas mais de 600 mil aldeias, e cerca de 90% dessas mesmas aldeias tem menos de dois mil habitantes (e 42% delas têm populações de 500 pessoas, ou menos). Trinta e cinco cidades da Índia, por outro lado, têm, cada uma, mais de um milhão de habitantes. O número de domicílios de classe média e rica tem aumentado rapidamente nas pequenas cidades, como Vijayawada, Nagpur e Ahmedabad. Esse mercado em expansão é o motivo pelo qual os restaurantes KFC e Pizza Hut, além das empresas Reebok International, Bacardi, Ford, Nokia e outras têm investido fortemente nas cidades indianas de população mediana. Na China, dois terços da população – cerca de 800 milhões de pessoas – vivem em áreas rurais, e as empresas voltam-se cada vez mais para esse mercado, conjugado com o das cidades menores, em busca de novas oportunidades. (Na América Latina, contudo, o desenvolvimento urbano levou 75% da população para as cidades, criando problemas específicos de infra-estrutura.) As empresas que focalizam apenas em cidades do porte de Mumbai (antiga Bombaim) e Pequim estão, portanto, ignorando a maior parte da população que constitui os mercados em surgimento nessas regiões.

Embora os mecanismos de distribuição possam ser inacessíveis ou caros demais, empresas como a Bimbo e a Unilever encontram boas oportunidades através da utilização de abordagens inovadoras para resolver desafios decorrentes da "localização no último quilômetro". Os mercados em desenvolvimento têm suas próprias redes de distribuição, mas o problema é que talvez não representem a solução ideal para as novas questões decorrentes do aumento das atividades empresariais. A população rural tem redes sociais capazes de facilitar a consolidação de mercados. Mesmo que esses canais não apresentem a mesma efetividade que a venda por intermédio de uma grande rede de varejo, desde que se utilizem as estratégias adequadas estes canais têm as condições de criar uma forma de chegar aos consumidores extremamente dispersos dos mercados em desenvolvimento.

ESTRATÉGIAS PARA LEVAR O MERCADO AO CONSUMIDOR

De que maneira as companhias conseguirão levar o mercado ao consumidor? É evidente que, para tanto, os gerentes precisarão repensar e replanejar suas cadeias de valor, para que satisfaçam as distintas demandas dos mercados em desenvolvimento. Embora cada mercado apresente características especiais que precisam ser levadas em consideração, características que estão em geral presentes ao longo dos mercados dos 86% condicionam as estratégias de levar o mercado ao consumidor.

Estratégia n° 1: Um lugar para as *paanwallas*

Pequenas lojas chamadas *paanwallas* amontoam-se em virtualmente cada esquina e espaço disponível das cidades indianas, de maneira parecida com as lojas *sari-sari* nas Filipinas ou as *tiendas de las esquinas* no México. *Paan* significa "depois do almoço" ou do jantar. E as lojinhas começaram vendendo as miudezas, cigarros e outros artigos que as pessoas normalmente lembram de comprar numa caminhada pós-refeição. Essas lojas representam atualmente cerca de um terço dos 6 milhões de estabelecimentos de comércio varejista na Índia. E embora as redes locais e internacionais de grandes lojas e os *shopping-centers* apresentem acelerado crescimento, eles ainda representam apenas 3% do total das vendas do varejo registradas na Índia em 2004. As lojas *sari-sari* nas Filipinas são responsáveis por cerca de 90% do varejo nacional e aumentaram mais de 11% no ano de 2003. Havia então mais de meio milhão de lojas desse tipo, em comparação com menos de mil supermercados. Essas lojinhas presentes praticamente no mundo inteiro funcionam em geral em horários mais elásticos que os do comércio de grande porte, e se fazem presentes em praticamente cada esquina das grandes cidades. Os donos das lojas têm sólido relacionamento com a comunidade em que estão instalados, e muitas vezes são até fonte informal de crédito de emergência para os clientes. Isso acaba criando uma forte lealdade da parte dos clientes que passam em média por esses estabelecimentos uma vez por dia.

A importância das *paanwallas* no comércio local fez com que passassem a vender também produtos que têm geralmente em estoques pequenos, como pão e refrigerantes, telefones celulares, pilhas, detergentes e xampus. À medida que as companhias passaram a reconhecer a importância desses estabelecimentos, instalou-se uma feroz concorrência pelo limitado espaço nas gôndolas dessas lojas tipo 2,50m x 3 metros (ver a Figura 9-1). Embora a Pepsi esteja presente em apenas 50 mil das cerca de 2 milhões de *paanwallas* da Índia, este canal representa mais de 10% das vendas totais da empresa no país. As *paanwallas* são mesmo o lugar ideal para levar produtos do dia-a-dia, como cigarros e refrigerantes, ao crescente segmento da classe média na Índia.

Na China, boa parte da distribuição é realizada por intermédio de lojas de pequeno porte. Em Ningbo, por exemplo, na costa leste chinesa, uma rede de seis mil lojinhas de esquina, independentes, é responsável por 90% das vendas de cervejas. A marca local KK, com um sistema de distribuição projetado para pronta entrega de caixas de cerveja a esses pontos independentes de venda, controla 90% do mercado. As marcas locais parecem saltar das prateleiras dessas lojinhas, enquanto algumas escassas garrafas de cerveja de marcas mundialmente famosas ficam ali mofando, muitas vezes até esgotar-se o seu prazo de validade.

FIGURA 9-1 Embora grandes redes de varejo, como a Wal-Mart, continuem se expandindo e crescendo, a distribuição nos países em desenvolvimento se faz muitas vezes em estabelecimentos mínimos, como o da foto, uma lojinha de rua de Gana, na África.

Estratégia nº 2: Criar níveis múltiplos de distribuição

Há empresas que estabelecem múltiplos níveis de distribuição para atingir diferentes partes dos mercados. A Hindustan Lever, da Índia, por exemplo, criou vários programas destinados a fazer a progressiva expansão de sua marca para muito além dos centros urbanos. O primeiro desses programas foi a "Cobertura Indireta", no final da década de 1960, tendo como alvo varejistas em aldeias acessíveis perto dos mercados urbanos. Como a Hindustan Lever era a única grande empresa a dar atenção a esses mercados, os varejistas das aldeias muitas vezes tinham de viajar até áreas urbanas quando por acaso pretendessem comprar produtos dos concorrentes, o que, sem dúvida, significou uma substancial vantagem para a Hindustan Lever.

Na década de 1990, essa empresa lançou sua nova onda de distribuição rural, uma iniciativa batizada de "Streamline". A companhia escolheu distribuidores rurais que, por sua vez, indicavam "grandes vendedores" nas aldeias vizinhas. Um "grande vendedor" utilizava meios locais de transporte, como motocicletas, jinriquixás, jipes e carros de boi, para levar os produtos aos varejistas nas localidades menores. A "Streamline" desta forma expandiu o alcance da Hindustan na Índia a mercados até então considerados inacessíveis.

Ainda assim, grande parte da Índia mais interiorana continuou fora do alcance deste sistema de distribuição, com cerca de 500 mil aldeias ainda inalcançáveis. A Hindustan Lever lançou então um novo programa, destinado a penetrar mais profundamente nesses mercados rurais. O "Projeto Shakti", lançado no ano 2000, é baseado num modelo direto-para-casa organizado em torno de grupos de auto-ajuda – grupos de 10 a 15 mulheres de baixa renda, cada um, incentivados por organizações governamentais ou não-governamentais. Mediante o Projeto Shakti – sendo *shakti* uma palavra que significa, em sânscrito, "poder" – essas mulheres se tornaram embaixadoras da marca em localidades inatingidas pelas mídias modernas, comunicando os benefícios da utilização daquele produto e daquela marca. Esse canal pessoal de comunicação e distribuição é especialmente eficiente num ambiente quase que totalmente inatingido pela mídia eletrônica e com altos índices de analfabetismo.

A Índia tem atualmente mais de um milhão desses grupos de auto-ajuda, e eles não param de surgir. Esses grupos têm acesso ao microcrédito, embora poucas oportunidades para criar microempresas, devido à escassez de possibilidades de negócios. O Projeto Shakti promove o desenvolvimento local e ao mesmo tempo proporciona à Hindustan Lever a penetração em aldeias que estão entre as menores existentes na Índia. No ano de 2005, a meta da empresa era contar com mais de 25 mil "empreendedoras *shakti*" treinadas e cobrindo cerca de 200 mil aldeias e influindo sobre as vidas de 100 milhões de consumidores das áreas rurais. Isso, uma vez concretizado, deveria duplicar a penetração da empresa nas áreas rurais do país.

Outros sistemas eficientes de distribuição rural foram criados por entidades públicas, como o sistema Anganwadi, governamental, para distribuir medicamentos, preservativos e informações e suprimentos de saúde. Para cada 25 aldeias, existe uma central de saúde, que dispõe de *vans* para transportar suprimentos e pessoal habilitado para outras tarefas paralelas ao objetivo principal. Enfermeiras auxiliares regionais se encarregam da campanha e distribuem os produtos disponíveis. O governo estabeleceu também um Serviço Público de Distribuição encarregado de proporcionar querosene, óleo de cozinhar, açúcar e cereais à população das vilas. Os centros desse Serviço funcionam de duas a três horas por dia, e seus atendentes são pagos em mercadorias.

Estratégia N° 3: Usar as bolhas de distribuição para encontrar os clientes que ali estão

Em contraste com os instrumentos permanentes de distribuição nos mercados desenvolvidos, a distribuição nos mercados em desenvolvimento, especialmente nas áreas rurais, é feita muitas vezes por meio de canais temporários, como festivais regionais e dias de feira, ou até mesmo pelas *vans* que circulam nas aldeias e acabam criando um mercado. Tudo isso é parecido com as bolhas que surgem na superfície de um lago e em seguida desaparecem. As empresas precisam ser suficientemente ágeis para descobrir e capitalizar sobre essas bolhas, para estar onde o mercado estiver. Por exemplo, todos os anos os berberes da África do Norte descem dos seus redutos nas montanhas para um festival de três dias perto de Imilchil, no Marrocos. O festival atrai berberes de toda a região para três dias de frenéticas transações mediante as quais esse povo auto-suficiente das montanhas acumula estoques para o ano inteiro. Esse mercado é uma oportunidade que surge uma vez só a cada ano.

Em Gana, a Unilever estabeleceu múltiplos níveis de distribuição, como fizera na Índia (questão já abordada em capítulo anterior). Mas, depois de criar uma rede de distribuidores e subdistribuidores que lhe permitiu atingir 80% dos locais de varejo na área rural, a Unilever concentrou sua atenção em canais menos permanentes e menos formais. Em 2003, a empresa começou a atrair seus representantes rurais de vendas (os ambulantes) para distribuir seus produtos nas aldeias mais remotas e com mercados rotativos (dias de feira, por exemplo) que dificilmente aderem a qualquer plano regular de cobertura. Esses ambulantes também passaram a fazer vendas diretas e levar amostras para os clientes. Em Gana, onde o poder de compra dos clientes estava diminuindo, os negócios da Unilever continuam, com essas providências, a crescer em termos de volume e de lucros.

Nas aldeias indianas, as empresas instalam mesas nos mercados, tocando música dos filmes de Bollywood para atrair as multidões e fornecendo informações educacionais sobre os produtos e suas finalidades. Elas também fazem uso de festividades periódicas, como a do *melas* na Índia, a fim de vender produtos e aumentar a exposição dos seus produtos (ver Figura 9-2). Embora o mundo desenvolvido tenda a se concentrar na distribuição a cargo das lojas, o mundo em desenvolvimento tem uma estrutura muito mais complexa e fluida. As empresas precisam adaptar-se a esta estrutura para descobrir os mercados, onde e quando aparecem. Essas festividades são em geral concentradas em torno de um grande feriado religioso, que muitas vezes varia de região para região num determinado país.

As empresas não precisam limitar-se a esperar por tais oportunidades: está ao seu alcance promovê-las em conjunto com os governos locais. Por exemplo, feiras internacionais que convidem empresas de diferentes países para instalar estandes a fim de exibir suas marcas e produtos na Índia. Por que não promover essas feiras, realizadas geralmente nas cidades, também em áreas mais rurais, levando assim a globalização verdadeiramente ao interior de um país de tamanhas proporções?

FIGURA 9-2 Festivais religiosos ou folclóricos, como o "melas" indiano (nas fotos), proporcionam oportunidades de distribuição e comercialização para empresas que saibam como tirar proveito dessas ocasiões.

Estratégia n° 4: Tirar o banco das suas agências

Na Índia, por lei, os bancos estrangeiros são limitados a um determinado número de agências distribuídas em algumas cidades do país. Por isso o Citibank criou o Citibank Suvidha, um banco sem agências (*suvidha* significa "instalações"). Como os clientes não podem ir a filial alguma, o banco vai às residências deles. O Citibank faz uso de *vans* e de uma rede de nove mil agentes de vendas diretas em cinco cidades, os chamados Amigos do Citi, a fim de promover seus cartões de crédito, empréstimos e outros serviços em visitas às residências dos clientes. Enquanto as visitas residenciais reduzem a necessidade de agências e outras infra-estruturas físicas para os bancos, os clientes vêem esse atendimento personalizado como um símbolo de *status*. O banco tem também uma rede de caixas automáticos em Bangalore, que na prática são bem mais do que isso – agências virtuais, na verdade – com guardas e recepcionistas que ajudam os novos usuários a operar os equipamentos automáticos. O custo reduzido do banco sem agências permitiu ao Citi diminuir o limite mínimo de novas contas das anteriores 10 mil rúpias (US$ 224) para meras 100 rúpias (US$ 22). A partir da sua única agência permitida em Bangalore, o banco cresceu para atender a 600 mil clientes na cidade, e um total de um milhão de cidadãos em toda a Índia. Tirando proveito da experiência do Citibank no negócio de empréstimos de varejo, o banco tornou-se igualmente uma das principais forças na concessão de pequenos empréstimos. Nas aldeias rurais da Índia, o serviço de microempréstimos Basix instalou caixas automáticos simplificados, nos quais está à disposição permanentemente no mínimo um recepcionista para auxiliar e ensinar os moradores a usar essa "filial" local.

O Banco Kotak, indiano, levou esse passo ainda mais adiante, oferecendo serviços de entrega e busca de dinheiro em casa, sem taxas (a partir de somas como 5.000 rúpias, ou cerca de US$ 115) para os seus clientes de contas de poupança. Trata-se de um serviço que a maioria dos bancos oferece exclusivamente aos clientes titulares de contas de muitos dígitos, mas que começa a fazer sentido num país como a Índia, em que a penetração e a aceitação dos bancos e dos cartões de crédito são ainda muito reduzidas. O espaço é escasso, criar agências bancárias representa grandes dificuldades, a mão-de-obra é relativamente barata e a densidade populacional, imensa. Isso modifica o modelo de negócio para os serviços bancários, que tinham até pouco tempo atrás seu foco concentrado no estabelecimento de bons pontos de varejo. Um serviço bancário que vai à casa do cliente significa que a localização desse banco perde importância. (A propósito, quantos norte-americanos clientes das pizzas Domino's conhecem o endereço da filial que faz as entregas em suas casas?) Por que oferecer apenas pizza como produto com entrega em casa? Qual o motivo para não se lançar aos serviços bancários a domicílio? E você, que outros produtos e serviços pensaria poder entregar a domicílio?

Estratégia nº 5: Desenvolver percepções locais

A distribuição em cada mercado em desenvolvimento é sabidamente complicada, além disso cada mercado apresenta complexidades bastante particulares.

Pelo fato de procurar entender e se adaptar às condições e normas vigentes em cada ponto de seu interesse, a Aramex International transformou-se, de uma empresa que tinha em 1982 dois pequenos escritórios em Amã (Jordânia) e em Nova York, numa potência avaliada em US$ 200 milhões que trabalha com todas as áreas de transporte e logística, com 3.400 funcionários em 125 representações em 37 países, conforme os números de 2004. "O Oriente Médio são 22 países, e cada um deles tem leis diferentes, maneiras diferentes de agir, e estratégias igualmente diferentes em relação ao setor privado", descreveu Fadi Ghandour, o CEO da Aramex. Na Tunísia, por exemplo, todas as entregas são feitas obrigatoriamente por via postal, e por isso a única maneira de uma empresa como a Aramex fazer negócios no país passa pela assinatura de contratos com os correios nacionais. Alguns países têm taxas especiais para serviços de entrega de encomendas, enquanto outros impõem limites às empresas estrangeiras.

Conquistar e preservar boas relações pessoais e comerciais no país, e empregar cidadãos da nação em que se opera, são fatores cruciais para conseguir entender e funcionar de acordo com os complexos sistemas e regulamentos locais. A Aramex estabelece operações baseadas num modelo federado, com CEOs locais. "As pessoas que trabalham para nós são da região", disse Ghandour. "Alguns dos obstáculos que enfrentamos podem preocupar investidores ocidentais, mas as pessoas que trabalham conosco cresceram na região, e por isso sabem como fazer negócios ali, independentemente de quaisquer riscos políticos. Eles jamais consideraram a guerra civil no Líbano ou a invasão do Kuwait pelo Iraque como um risco do ponto de vista físico. Afinal de contas, são filhos e filhas desses países, que pertencem a todos eles." A Aramex esteve entre as primeiras empresas a entrar no Iraque depois da invasão liderada por forças norte-americanas no ano de 2003, e o fez apenas dez dias após a proclamação do fim da invasão. "Treinamos pessoas na Jordânia antes mesmo da guerra, e no minuto em que as hostilidades em sua primeira etapa cessaram, possibilitando a retomada de serviços de transportes rodoviários de carga, nós já estávamos em condições de passar a operar no Iraque", acrescentou Ghandour. "Já se fazem muitos negócios no Iraque, e nós estamos comprometidos com esse mercado. Afinal, só em Bagdá são cinco milhões de habitantes, e eles certamente não vão ficar em casa, sem fazer nada, até a situação se normalizar por inteiro."

A Aramex descobriu inclusive uma vantagem na complexidade e instabilidade de muitos desses mercados, pois elas acabavam criando uma barreira inicial à penetração dos concorrentes. A importância de percepções locais como essa pode ser vista na decisão da DHL, adotada em novembro de 2004, de comprar uma fatia majoritária das ações da Blue Dart, a maior transportadora nacional de encomendas expressas na Índia.

As empresas precisam adaptar a distribuição, além de todas as outras dificuldades, às exigências fiscais de cada país. Uma proibição das vendas de porta em porta decretada na China em 1998 afetou principalmente a Avon e sua tradicional modalidade das vendas pessoais. Devido a este fato, a companhia começou a vender seus produtos em pequenas "boutiques de beleza" e em franquias localizadas em hipermercados e lojas de departamentos. (Como parte do cumprimento das diretrizes da Organização Mundial do Comércio, o governo chinês se comprometeu a suspender essa proibição ao longo do ano de 2005.)

Estratégia n° 6: Criar sistemas de distribuição a partir do zero

Nancy Abeiderrahmane, uma engenheira nascida na Grã-Bretanha, criou um novo sistema de distribuição baseado em redes com raízes locais para estabelecer uma cadeia de suprimentos para a primeira fábrica de produtos lácteos à base de leite de camelo na Mauritânia, uma nação da África Ocidental. Antes da criação dessa fábrica em 1989, vendia-se leite de camelo à beira das estradas em latões. Nesse clima árido e quente, o leite rapidamente se deteriorava. Embora o leite de camelo fosse um tradicional alimento de nômades africanos, as preocupações com a saúde e a crescente população urbana da África acabaram levando a uma crescente dependência de leite importado, ultrapasteurizado, longa vida, mas de vaca. A nação estava importando mais de 50 mil toneladas de leite em pó esterilizado da Europa a cada ano. O leite de camelo oferecia algumas vantagens em relação ao leite de vaca, inclusive um maior índice de potássio, ferro, magnésio e vitamina C, e baixo colesterol. Ele é menos alergênico e bom para prevenir a diabetes. O que não existia era um sistema eficiente de coleta, pasteurização e distribuição desse leite de camelo.

A Laticínios Tiviski, de Abeiderrahmane, e seu sistema de distribuição tornaram o leite de camelo uma bebida saudável para as populações urbanas, proporcionando, ao mesmo tempo, uma nova e valiosa fonte de renda aos pastores nômades. O sistema começa a partir de uma rede de fornecedores que buscam o leite de camelo todas as manhãs nas aldeias e vilas e o transportam para uma usina perto de Nuakchott, a capital do país. O leite é então pasteurizado, embalado, resfriado e embarcado, na mesma manhã, por uma frota de *vans* que entregam o produto nas inúmeras lojas de esquina da região. Caixas de leite são normalmente transportadas via aérea para a cidade de Nouadhibou, no norte do país, embarcadas via rodoviária para Rosso, no sul do país, ou até mesmo transportadas por via marítima para o vizinho Senegal. O sucesso, contudo, depende em última distância do fato de a rede de pequenas mercearias das cidades dispor de energia elétrica para manter o leite pasteurizado sob refrigeração.

As vendas da Tiviski mais do que triplicaram entre 1993 e 2002, quando a produção atingiu 20 mil litros diários (antes de uma severa seca que se abateu sobre a região). A crescente linha de produtos lácteos, em especial o queijo de leite de camelo, proporcionou uma plataforma para crescimento adicional. Um importador alemão propôs comprar toda a produção de queijo de leite de camelo da empresa, mas a produção para exportação deste "camelbert" foi bloqueada pelas normas de importação da União Européia (EU). Esses regulamentos, criados para subprodutos mais tradicionais de leite de vaca e de cabra, não cobrem especificamente os de leite de camelo. Se não fosse o obstáculo representado por essas restrições, o sucesso do negócio do leite de camelo nessa pequena nação africana poderia ter-lhe proporcionado uma plataforma de entrada nos mercados desenvolvidos da Europa.

O debate a respeito da importação (proibida) de queijo de leite de camelo pela Europa serve principalmente para colocar em destaque as diferenças entre as perspectivas a partir das quais as nações desenvolvidas e em desenvolvimento observam o mundo. Embora a Laticínios Tiviski siga padrões europeus de produção em seus produtos, os testes para a pasteurização do leite de vaca não servem para os do leite de camelo. Os burocratas da União Européia insistem que para garantir altos padrões de higiene, as fêmeas dos camelos deveriam ser ordenhadas por meios mecânicos. Os mauritanos consideraram ridícula essa imposição, uma vez que o leite é coletado em aldeias do interior, por criadores nômades. Mesmo se tivessem condições de superar os problemas técnicos que essa mecanização da ordenha para eles representaria, os pastores não cansam de advertir, sem resultado prático, que os camelos são sabidamente temperamentais, e não vacilam em cortar a produção de leite quando não concordam com os processos que ela desencadeia.

Estratégia n° 7: Utilize as redes existentes com criatividade

É muito grande o potencial de utilização criativa das redes existentes. A empresa aérea indiana Air Deccan, de preços populares, desenvolveu um sistema de venda de passagens em postos de gasolina, caixas bancários automáticos e telefones celulares. Isto permitiu, entre outros feitos, que a empresa se conectasse a uma rede de seis mil postos de gasolina HPCL, muitos dos quais já tinham conexões de Internet que facilitaram as vendas, e também com uma crescente rede de caixas bancários automáticos e telefones celulares. Tudo isso facilitou para os clientes, sendo que muitos deles nunca haviam voado antes disso, a compra de passagens, à vista ou no crediário.

Outras empresas encontraram maneiras criativas de atingir seus mercados. O Banco Azteca, no México, tendo como alvo preferencial o público de 16 milhões de famílias com renda mensal entre US$ 250 e US$ 1.300, criou miniagências nas lojas de acessórios eletroeletrônicos do Grupo Elektra. Como maior varejista do setor no país, o Grupo Elektra vende cerca de 70% dos seus produtos a crédito, e por isso fazia sentido instalar agências bancárias nas suas lojas. O banco também investiu pesado em leitoras de impressões digitais, de alta tecnologia, para autenticar as compras dos clientes que não usam carteiras de identidade nem cartões empresariais. Mais ainda, o banco tem uma equipe de 3.000 mil agentes de empréstimos em motocicletas. Mesmo que os tomadores de empréstimos paguem, em sua maioria, apenas oito dólares por semana, o banco recebe 48% de juros sobre os empréstimos e ostenta com orgulho um índice de 97% de retorno do capital emprestado.

A Elle 18, marca jovem de esmaltes de unhas, batons e outros cosméticos da Índia, vende seus produtos pela rede de cafeterias Barista, um dos pontos de encontro preferidos de estudantes de segundo grau e primeiros anos da universidade. Não seria um ponto favorável de distribuição para cosméticos, mas a verdade é que ele representa uma maneira criativa de reposicionar a infra-estrutura disponível de distribuição.

A distribuição de cerveja na África do Sul durante muito tempo foi dependente de bares modestos, os *"shebeens"*, que ofereciam seus próprios aperitivos em canecas na maior parte das vezes velhas e amassadas. Até 1962, os sul-africanos negros eram proibidos de comprar cerveja normal para revenda. Quando a proibição foi levantada, a South African Breweries (SAB) passou a fazer uso dos *"shebeens"* e locais semelhantes para consolidar seu negócio, fornecendo quase toda a cerveja vendida nesses estabelecimentos. A SAB desenvolveu uma rede de motoristas capazes de transportar produtos ao longo de poeirentas e esburacadas estradas rurais, muitas vezes recorrendo a ex-empregados que tinham organizado seus próprios empreendimentos de transporte. Sem deixar nada ao acaso, a companhia também precisou garantir que os seus distribuidores rurais contassem com refrigeradores e geradores para manter as geladeiras em funcionamento.

A empresa fez uso dessas estratégias para consolidar seu negócio, um *shebeen* atrás do outro, por toda a África do Sul e outros países da região. A SAB acabou adquirindo o controle da Miller Brewing Company, dos EUA, no ano de 2002, transformando-se na segunda maior companhia de cervejas do mundo (em volume). Essas estratégias criativas permitiram à empresa progredir de um pequeno mercado em desenvolvimento para um negócio que atinge hoje mais de 40 países, inclusive com significativa presença na China, na Índia, na maioria das nações africanas, e em outros mercados em desenvolvimento.

As companhias precisam contar com um amplo leque de métodos para atingir diferentes partes do mercado. A frota de distribuição da Coca-Cola na Índia vai desde caminhões de 10 toneladas até triciclos modestos mas capazes de transitar por todos os tipos de becos e ruas estreitas levando cargas de refrigerantes, além de motos e carrinhos de transporte mais modernos. A Coca-Cola também utiliza ambulantes para vender refrigerantes às platéias dos jogos de críquete, um dos esportes mais populares no país. Um projeto desenvolvido pelo Indian Institute of Technology, em Kapur, criou um jinriquixá a pedal que transporta um computador com acesso de alta velocidade à Internet, veículo esse que pode ser pedalado até vilas próximas às grandes cidades, acompanhado, é claro, por um instrutor que ensina princípios de computação aos moradores desses locais. Outro projeto-piloto utiliza um táxi a pedal para ajudar os médicos da cidade a proporcionar consultas por videoconferência a pacientes em localidades remotas. Embora sejam, todos, projetos de desenvolvimento social, servem muito bem para ilustrar as abordagens criativas muitas vezes tão necessárias para chegar aos mercados em desenvolvimento.

Um dos mais notáveis exemplos do uso criativo de redes existentes é o fenomenal "sistema *dabbawala*" de entrega de almoços por todas as áreas de Mumbai, na Índia. Trata-se, provavelmente, do mais eficiente sistema de entrega de refeições em uso no mundo. Uma cooperativa dirigida por empreendedores analfabetos, ou quase, faz uso de trens, carros, bicicletas e transportadores a pé para coletar 175 mil refeições feitas em casa nas residências dos trabalhadores e depois entregá-las nos respectivos locais de trabalho. (É tradicional entre os indianos a coleta e entrega de refeições domésticas em seus locais de trabalho.) Os almoços, em embalagens especiais, chamadas "*dab*", são recolhidos das casas entre as 7 e as 9 horas da manhã, e, transportados de trem, bicicleta ou a pé, entregues no trabalho às 12h30min.

Este sistema instituído há 120 anos usa um elegante sistema de "troca de embalagem". Cada transportador de metal, chamado de caixa de almoço, tem um código impresso que proporciona sua movimentação por meio de uma rede de equipes de entregadores, os *dabbawalas*. A embalagem muda de portador três ou quatro vezes entre a origem e o destino. O sistema é praticamente à prova de erro, com uma estimativa de um engano para cada oito milhões de entregas. E esta notável jornada custa apenas de 150 a 300 rúpias (entre US$3,50 e US$7) por mês, dependendo do local e horário da coleta. Isso demonstra as possibilidades para o desenvolvimento de sistemas de distribuição criativos e flexíveis utilizando-se a estrutura disponível de transporte ferroviário, rodoviário ou simplesmente manual.

ENXERGANDO OPORTUNIDADES QUE AINDA ESTÃO FORA DE ALCANCE

Dado que grande parte da população do mundo em desenvolvimento é considerada "fora de alcance", o desafio é como conectar as empresas ao mercado. A maior parte das oportunidades nos mercados em desenvolvimento se faz presente nas pequenas cidades ou nas áreas rurais. A fim de atingir esses mercados dispersos, as empresas precisam repensar suas abordagens de distribuição. Os custos devem ser reorientados e enxugados, sempre, porém, pela aplicação da tecnologia da informação, comunicações sem fio e redes de pequenos distribuidores inovadores. Cada dólar investido precisa ser justificado pelo valor criado para os consumidores finais, extremamente preocupados com os custos.

As redes de varejo expandem-se em ritmo crescentemente acelerado no mundo em desenvolvimento, alterando consideravelmente o panorama da concorrência. A rede Wal-Mart havia estabelecido, até 2004, 40 supermercados em cidades da China, e outros 15 tinham sua instalação prevista para o ano de 2005, ao mesmo tempo em que muitos outros varejistas globais ou nacionais se instalaram na China ou expandiram suas redes nesse gigantesco mercado em constante avanço. A longo prazo, Wal-Mart, Tesco, Carrefour e outras marcas globalizadas, da mesma forma que redes locais, continuarão a consolidar seus canais de distribuição como têm feito nos mercados desenvolvidos. Mas, a médio prazo, os produtos fluirão ao longo de pontos de varejo muito fragmentados, e diretamente para os mercados rurais. Nesse contexto torna-se de vital importância entender esses canais e as maneiras pelas quais eles poderão ser usados para estabelecer conexões com os mercados.

As empresas precisam reconhecer e tirar proveito dos sistemas de distribuição idiossincrásicos existentes nesses mercados. São sistemas que às vezes em nada lembram aqueles dos países desenvolvidos. As empresas podem precisar lançar mão da distribuição por meio das pequenas lojas *paanwalla*, usar abordagens inovadoras como o sistema de distribuição de almoços *dabbawala*, ou criar sistemas a partir do zero.

A solução dos 86%

- Projete sistemas de distribuição capazes de atingir as *paanwallas*, *tiendas de las esquinas* e outros pequenos pontos de negócios do mundo em desenvolvimento. De que maneira você precisa repensar sua cadeia de suprimentos e produtos?

- Faça contatos com potenciais parceiros locais ou redes empreendedoras que sejam capazes de entender e conectar-se com os mercados locais.

- Explore as oportunidades de criação de múltiplos níveis de distribuição a fim de servir as cidades e as áreas rurais.

- Encontre pontos temporários de distribuição, como dias de feira e festivais regionais, e desenvolva estratégias para essas "bolhas" de distribuição.

- Examine o impacto das normas e restrições em vigor no local de seu novo empreendimento. De que forma será preciso repensar seus sistemas de distribuição tendo em vista esses obstáculos?

- Examine atentamente os ônibus, trens e outros sistemas de transporte para identificar as criativas oportunidades do tipo '*dabbawala*' para levar seus produtos ao mercado.

Desenvolver com o mercado 10

Os mercados em desenvolvimento representam alvos em permanente mutação, o que obriga as empresas a fazer com que suas estratégias evoluam de acordo com o mercado.

Soo jamais imaginou que um dia seus filhos chegariam a assistir programas de TV numa tela na porta do seu refrigerador LG em Seul, na Coréia do Sul. Como na porta desse mesmo refrigerador há uma câmara de vídeo instalada, ela também pode, do seu local de trabalho, acessar a Internet e acompanhar os movimentos de sua filha – que continua em casa. Distantes estão os dias em que os únicos desenhos na porta de um eletrodoméstico como esse eram os das próprias crianças, sem nada de digital. Hoje, sua filha adolescente se diverte com jogos no computador de tela plana na sala de estar, computador que lhe proporciona ainda conexão de alta velocidade pela Internet para baixar música, vídeos e livros de quase todas as partes do mundo. Quando Soo nasceu, em 1963, a renda per capita da população sul-coreana mal chegava a US$ 100; hoje, já chega perto dos US$ 10 mil, o que coloca a Coréia do Sul em 12° lugar no ranking das principais economias do mundo.

A ironia da história é que uma irmã de Soo – Min, que emigrou para os Estados Unidos dez anos atrás em busca de oportunidades – ainda tem apenas acesso discado à Internet. Min não tem computador algum no seu refrigerador; ela ficou feliz por ter conseguido comprar um modelo com um congelador embutido. Em 2004, cerca de 75% dos domicílios sul-coreanos tinham acesso de banda larga à Internet, enquanto que apenas 20% dos lares norte-americanos tinham o mesmo recurso. Soo também pode assistir televisão em seu telefone celular GSM quando está presa num congestionamento de trânsito ou esperando na fila numa loja.

Claro, atualmente ela passa pouco tempo em filas, pois paga todas as suas contas através do telefone celular, e faz muito tempo que não vai a um banco. O mundo muda tão depressa.... Soo sorri ao pensar que ficou com ciúmes quando Min partiu para estudar numa universidade norte-americana e começar vida nova uma década atrás. A casa de Soo pode ser um pouco menor que a da irmã, mas a sua tecnologia e a qualidade de vida sem dúvida já igualaram e ultrapassaram os índices desfrutados pela irmã americana. Agora é Min quem tem ciúmes – e chega a pensar em levar toda a família de volta para o país de origem.

Com 48 milhões de habitantes, a população da Coréia do Sul é muito menor que as de países que já passaram folgadamente do um bilhão de pessoas, como a China e a Índia. Ainda assim, a Coréia do Sul precisou de cerca de quatro décadas para conseguir ascender ao clube da renda per capita de US$ 10 mil. Ao longo do caminho, os consumidores e a sociedade de maneira geral passaram por mudanças fundamentais. Nesse processo de desenvolvimento, poderosas novas empresas e marcas emergiram, como a Samsung e a LG. As companhias que conseguem entender essas mudanças e a elas se adaptam têm as melhores oportunidade de crescer junto com o mercado.

Os mercados emergentes nunca estão em suspenso. As receitas e o produto nacional bruto (PNB) continuam a crescer. Por definição, uma nação "em desenvolvimento" nunca pára de se desenvolver. Esse processo pode levar décadas, mas durante todo o tempo o mercado continua mudando e oferecendo oportunidades sempre renovadas. As estratégias que hoje são garantia de sucesso amanhã podem simplesmente desmoronar. À medida que os mercados continuam a se desenvolver, passam por um sem-número de mudanças, em geral previsíveis, que conformam a direção do seu futuro. Entender e antecipar esses padrões de mudança – e as outras oportunidades proporcionadas pelo desenvolvimento – são fatores que ajudam as empresas a criar soluções funcionais e negócios rentáveis.

ESTRATÉGIAS PARA CRESCER JUNTO COM O MERCADO

Qual a melhor maneira de levar as empresas a identificar as mudanças e transformações em marcha nos mercados em desenvolvimento e a tirar proveito disso? Como poderão agir no sentido de exportar fórmulas de sucesso de uma cultura para outra inteiramente diversa? As dúvidas existem, mas a verdade é que existem incontáveis estratégias para que as empresas se mantenham permanentemente atualizadas com as mudanças.

Estratégia nº 1: Identificar padrões de mudança

Quando os países evoluem de renda per capita de mil dólares para US$ 5 mil, ou US$ 10 mil, isto ocorre através de determinados estágios. São as mudanças que criam novas oportunidades. Embora cada nação siga uma estratégia própria de desenvolvimento, a evolução da economia tem etapas previsíveis. Cada uma dessas mudanças cria novas oportunidades, ou pode sinalizar o estágio em que a empresa precisará alterar seu posicionamento ou objetivos. Algumas dessas medidas são previsíveis, tais como o avanço profissional das mulheres e a emergência de uma cultura de consumo que ocorre paralelamente à maturação das economias. Com o aumento de seus ganhos, os consumidores avançam ao longo da "hierarquia de necessidades" de Abraham Maslow, à medida que vão trocando seu foco da sobrevivência básica para a preocupação com segurança, amor, auto-estima e permanente atualização individual.[1] Outras semelhanças em matéria de desenvolvimento são aquelas baseadas na geografia e nas tradições religiosas e culturais. Sabendo entender e aceitar esses padrões, as empresas podem antecipar-se às mudanças à medida que consolidam ou transformam seus empreendimentos.

A fim de visualizar tais mudanças, pense um pouco nas diferenças existentes nos países ao longo dos vários estágios dessa trajetória. Por exemplo, compare a renda per capita de mais de US$ 30 mil dos EUA e muitas das nações européias com a de um país como a Coréia do Sul, que há muito pouco tempo entrou no clube dos US$ 10 mil. Compare então um país com uma renda per capita intermediária, como o México (cerca de US$ 6 mil), com uma nação recém-chegada ao limite dos mil dólares – a China –, e com economias de renda per capita inferior a mil dólares, como as da Índia e de Gana. Os economistas do desenvolvimento já apresentaram inúmeras teorias extremamente complexas sobre o que acontece com os países à medida que se desenvolvem, mas este exercício muito simples pode proporcionar *insights* a respeito das mudanças e das oportunidades que elas representam.

Analise a história de nações atualmente desenvolvidas, e identifique alguns dos seus pontos fundamentais de virada. E a partir daí busque indícios dessas mudanças no país atualmente em foco. Uma vez acontecendo essa mudança, até que ponto a sua estratégia precisaria ser alterada? Alguns exemplos de mudanças no caminho do desenvolvimento são o crescimento da indústria das refeições prontas à medida que as mulheres ingressam no mercado de trabalho, o aumento da preocupação ambientalista com os efeitos da expansão industrial, e as pressões sobre a infra-estrutura. A China já vem experimentando e apresentando mudanças em relação ao sexo, casamento e divórcio, todas elas representando mudanças sociais fundamentais, inclusive o aumento do índice dos divórcios, que de 3% dos casamentos na década de 1970 passou para 14% das uniões formais de hoje. Espetáculos globais de televisão como as telenovelas brasileiras mudaram comportamentos sociais ao abordar temas até então proibidos, como os casamentos inter-raciais e a participação cada vez maior das mulheres nas atividades econômicas e políticas anteriormente exclusivas dos homens.

À medida que as economias se desenvolvem, os consumidores assumem seu poder de influenciar em todas as esferas de atividades. Exigem melhores produtos e qualidade dos serviços. Com o aumento da concorrência pelo seu dinheiro, irão se tornando cada vez mais exigentes no âmbito do desenvolvimento de uma cultura do consumo. As empresas precisam prestar muita atenção a mudanças como essas e adaptar suas respectivas abordagem dos negócios para que os mesmos não fiquem irremediavelmente para trás.

O desenvolvimento econômico é apenas uma das forças motoras da mudança. Significativas mudanças sociais ocorrem paralelamente, várias delas relacionadas com o progresso econômico. No Irã, por exemplo, onde os cães foram durante eras considerados "impuros", sua aceitação como animais de estimação cresce em forte ritmo, e com isso, evidentemente, aumenta o número desses mascotes. Os donos de cães no Irã sempre estiveram sujeitos ao pagamento de multas ou a outras restrições quando se atrevessem a andar com eles em público (muito embora o tabu contra os cães presente nos escritos do líder espiritual Ruhollah Khomeini não tenha sido transformado em lei escrita). O uso de cães em operações antidrogas e em serviços de busca e salvamento tem funcionado como arma de abrandamento dos preconceitos do público iraniano em relação aos cães. Essa visão mais favorável dos animais de estimação já teve confirmação com a primeira exposição de mascotes patrocinada pelo governo, realizada em Teerã, a capital do país, em setembro de 2004. Tendências como essa são fatores que é imprescindível monitorar. Imagine as oportunidades em matéria de alimentos (e outros produtos) para cães que poderiam ser criadas pela disseminação em massa do número de mascotes no Irã. (O mercado norte-americano gasta por ano US$ 32 bilhões com os animais de estimação, e a população norte-americana desses animais superou a população de seres humanos no ano de 2003.)

Estratégia nº 2: Desenvolver soluções com os governos, ONGs e outros protagonistas

À medida que os mercados emergentes evoluem, governos, fundações e ONGs passam a ser atores centrais desse desenvolvimento. A fundação médica Narayana Hrudayalaya, com base numa rede de hospitais, desenvolveu um plano de saúde nas áreas rurais da Índia ao inimaginável custo, para cada participante, de apenas 11 centavos mensais. Com esse plano de saúde, a fundação já está proporcionando tratamento de saúde sem custo a mais de dois milhões de agricultores no estado indiano de Karnataka.

Parcerias público-privadas são fundamentais no encaminhamento de soluções para outros desafios econômicos e sociais. A fim de enfrentar as deficiências de iodo, no ano 2000 a Unilever associou-se com o Unicef e o Ministério da Saúde de Gana para lançar, nesse país africano, o sal iodado de baixo custo Annapurna (a partir do seu sucesso em uma campanha realizada anteriormente na Índia). A empresa disponibilizou o sal em sachês de 100 gramas pelo equivalente a seis centavos de dólar (ou 500 cedis, a moeda de Gana), um preço ao alcance dos mais pobres dos consumidores. A iniciativa ajudou a duplicar o uso de sal iodado nesse país entre 1998 e 2002, de 28% para 50%, ou um acréscimo de quatro milhões de pessoas.

Trabalhando em parceria, os sócios criaram uma situação ganha-ganha. O Unicef e o Ministério da Saúde de Gana concretizaram significativos progressos em seus programas destinados a reduzir a deficiência de iodo, enquanto a Unilever passou a ter lucro apenas 18 meses depois do lançamento do produto, ou dois anos antes da meta inicialmente prevista. A empresa conquistou a metade do mercado de sal no país, e planeja lançar o produto em outras nações africanas, além de produtos como bolachas enriquecidas com vitamina A e zinco. A Unilever trabalha também com outras ONGs em Gana a fim de criar um mercado local e um ecossistema de distribuição para azeite produzido a partir das nozes de Allanblackia, uma árvore abundante em todo o país, como alternativa ao óleo mais caro de palmeira em produtos como sabões e margarina. Isso serviria ao mesmo tempo a dois objetivos: reforço da economia local e oferta de uma fonte mais barata de azeite.

Rigorosos métodos de negócios passam a ser igualmente aplicados às questões políticas. A Ashoka, uma fundação global desenvolvida por Bill Drayton, um antigo consultor da McKinsey & Co., vem promovendo projetos de "empreendedorismo social" em vários países. Sustenta, por exemplo, o trabalho de 1.500 Sócios da Ashoka que já conseguiram exercer influência positiva sobre as vidas de milhões de pessoas em 53 países. A Fundação Naandi (ou "novo começo") vem utilizando uma estratégia de "convergência público-privada" para fazer com que governos, corporações, instituições acadêmicas, comunidades e outros protagonistas da vida pública trabalhem em conjunto na Índia. A fundação – criada por líderes empresariais de Hyderabad em colaboração com o governo do estado de Andhra Pradesh – já conseguiu implementar várias iniciativas de sucesso, em áreas como abastecimento de água potável, criação de escolas, rações de emergência, segurança, empregos e cuidados médicos para mais de 300 mil pessoas na Índia. A Katha, uma organização não-lucrativa que promove programas de alfabetização na Índia, aliou-se com o Tata Group, British Telecom,

Intel e outros líderes empresariais e governamentais para o lançamento de uma iniciativa destinada a levar os benefícios da tecnologia da informação a escolas e comunidades das regiões rurais.

Importantes fundações do mundo desenvolvido utilizam seu profissionalismo na abordagem de questões econômicas e sociais. Por exemplo, a Fundação Bill & Melinda Gates patrocinou um estudo na Índia e identificou que uma das maiores fontes da transmissão da AIDS eram as profissionais do sexo e os solitários motoristas de caminhões de carga de longas distâncias. Passou então a trabalhar com governos e outras organizações a fim de estabelecer uma rede de 50 clínicas em pontos de parada dos caminhões a fim de promover o sexo seguro entre os três milhões de profissionais do sexo e os cinco milhões de motoristas de caminhão em áreas de alto risco. Essa foi uma das principais linhas do plano de prevenção da AIDS chamado Avahan, programado para cinco anos, ao custo de US$ 200 milhões. Sob o comando de Ashok Alexander, veterano da McKinsey & Company, essa iniciativa está colaborando para definir políticas públicas de saúde no país que tem o segundo maior contingente de pessoas afetadas pela AIDS em todo o mundo. A Fundação Gates e outras do gênero utilizam estratégias rigorosas destinadas a obter sempre o maior impacto possível com seus investimentos, e mantêm rigorosas auditorias a fim de garantir que o dinheiro destinado a vacinas e outros tratamentos não seja desperdiçado ou roubado. A Fundação Michael & Susan Dell tem um fundo de mais de US$ 1 bilhão para iniciativas destinadas a melhorar a saúde, educação, segurança e desenvolvimento das crianças. Em novembro de 2004, essa fundação fez uma doação de US$ 1 milhão à Water Partners International, uma inovadora organização sem fins lucrativos que pretende proporcionar água potável a mais de 200 mil crianças e adultos na Índia ao longo da próxima década. A Fundação Gates e vários governos nacionais também destinaram US$ 1,5 bilhão em fundos para a vacinação infantil nas nações mais pobres do planeta.

Comunidades formadas pelos mais pobres habitantes das nações em desenvolvimento estão se organizando a fim de resolver suas principais carências. As crescentes populações de miseráveis que vivem em favelas e estão sob permanente risco de serem despejadas de prédios e terrenos ocupados, começaram a se organizar a fim de melhorar suas condições de vida. Por exemplo, em Mumbai, na Índia, a Sociedade para a Promoção dos Centros de Recursos de Área (SPCRA, ou SPARC, a sigla em inglês), fundada por Sheela Patel, e a Federação Nacional dos Moradores de Rua trabalharam com favelados a fim de garantir terra, habitação e infra-estrutura para os citadinos pobres.

Como discutimos no Capítulo 3, sobre a "economia do ricochete", os imigrantes também enviam, a partir dos países em que vivem, substanciais contribuições ao desenvolvimento das suas nações de origem, na forma de doações ou investimentos. Empresas e organizações sem fins lucrativos podem trabalhar em conjunto para facilitar esses fluxos de capitais. Por exemplo, depois do devastador *tsunami* e do terremoto de dezembro de 2004 que matou mais de 100 mil pessoas no Sudeste da Ásia, o Sulekha.com, *website* da comunidade indiana, decidiu ajudar. Arrecadou em apenas três dias, entre os membros da comunidade indiana espalhados pelo mundo, mais de US$ 500 mil para programas de resgate, trabalhando em parceria com a Associação para o Desenvolvimento da Índia.

Estratégia n° 3: Exportar os sucessos

As soluções testadas e aprovadas em um mercado em desenvolvimento muitas vezes podem ser exportadas para outros desses mercados em que as restrições e os cenários são parecidos. Por exemplo, o modelo Alto, da montadora de automóveis indiana Maruti Udyog (criado com a japonesa Suzuki, sócia do empreendimento) já faz sucesso na Europa, e seus modelos de baixo preço passaram a ser exportados para outros mercados em desenvolvimento. O econômico Maruti 800 tem feito sucesso em países como o Chile, Uruguai, Argélia, Egito, Sri Lanka, Iugoslávia e Malta. O versátil Omni foi lançado no Quênia, Moçambique, Chipre e no Nepal. O Gypsy tem sido um campeão de vendas, em sua versão com tração nas quatro rodas, em muitos países da África e Ásia. A montadora de automóveis chinesa Chery também está incursionando nos mercados externos. Em 2004 a empresa lançou uma fábrica no Irã, e está projetando operações na Polônia, Malaísia, Paquistão, Egito, Venezuela e Síria. Os veículos projetados para o seu mercado interno têm características que se adaptam às condições existentes em inúmeros mercados em desenvolvimento.

As oportunidades e desafios envolvidos na criação de um "carro mundial" foram demonstrados pelo Fiat Palio, lançado no mercado brasileiro em 1996. Foi um modelo com engenharia européia adaptada às condições das estradas e às preferências dos consumidores brasileiros. Por isso mesmo, um sucesso desde o lançamento. Entre 1981 e 1999, enquanto o mercado automobilístico no Brasil apresentou um crescimento de 225%, a Fiat cresceu ainda mais, chegando ao índice de 487%. Até o ano 2000, a Fiat havia vendido mais de 1,5 milhão de modelos Palio a clientes em 41 mercados, entre os quais Alemanha, Itália, França, Espanha, África do Sul, Marrocos, Rússia, Vietnã e Índia. A Fiat demonstrou que quando se cria um produto de sucesso para um mercado em desenvolvimento, é possível torná-lo aceitável em muitos outros. Mas o progresso do Palio experimentou um desaquecimento nos últimos tempos, devido às crises financeiras registradas na Ásia, Europa Oriental e América Latina, e também, é claro, com o endurecimento da concorrência. Tudo isso serviu para comprovar a natureza instável de qualquer tipo de sucesso, especialmente nos mercados em desenvolvimento.

Todos os segmentos têm oportunidades de transferir sucessos de um país em desenvolvimento para outros. A montadora Dacia, da Romênia, comprada pela Renault, lançou seu modelo Logan em 2004. É um carro projetado para as estradas difíceis, os climas pesados, o uso continuado e os orçamentos apertados das famílias de classe média nos mercados em desenvolvimento. Com um preço médio de 5.700 euros (cerca de US$ 7.500), o veículo apresenta boa altura do chassi, carroceria grande, filtros de poeira e manutenção fácil. Além das vendas na Romênia, a Renault planejava exportar esse tipo de "carro mundial" para a Colômbia, Rússia, Marrocos, Irã e, mais tarde, China e Índia. Mesmo os veículos de duas rodas podem proporcionar o salto para novos mercados. O fabricante indiano de *scooters* Bajaj, depois de criar uma *scooter* de baixo preço mas resistente para seu mercado interno, passou a incrementar suas exportações para o Oriente Médio, Leste da Ásia, e até mesmo para os EUA. Essas vendas ajudaram no crescimento de 50% ao ano, e a empresa já fixou como meta chegar a 500 mil desses veículos anualmente em 2007.

Segmentos e produtos especializados também podem se tornar bem-sucedidos em mercados diversificados. Carros blindados fabricados no Brasil e testados em duras condições de terreno, alcançaram alto nível de exportações, tornando esse país o principal produtor de veículos à prova de balas em 2001, com encomendas procedentes de países como o Iraque. A Bahrat Electronics e a Electronics Corp., na Índia, que desenvolveram uma urna eletrônica movida a bateria, de US$ 200 a unidade, para as eleições de 2004, criando um negócio nacional de US$ 200 milhões, já passaram a estudar a possibilidade de sua utilização em países como Sri Lanka, Ilhas Maurício e Cingapura.

Por fim, como registramos no Capítulo 4, "Conecte as Marcas ao Mercado", marcas de renome mundial e celebridades são itens capazes de atravessar fronteiras em vários mercados. Aishwarya Rai, a atriz indiana de Boolywood e ex-Miss Mundo, tornou-se uma celebridade global com 24 filmes, primeiramente nas nações em desenvolvimento e a seguir nos países ricos. Ela chega a ser comparada com figuras lendárias do mundo cinematográfico, como Grace Kelly e Ingrid Bergman. As redes sociais discutidas no Capítulo 3 podem igualmente ajudar a transferir produtos e serviços por todo o mundo. Por exemplo, o banco ICICI lançou na Índia uma promoção de muito sucesso no endereço eletrônico Sulekha.com. Cada visitante ganhava descontos de US$ 2 por ingresso em cinemas exibindo produções de Bollywood, em troca de autorizar o banco a fazer contato para oferecer a abertura de contas para parentes e amigos em território indiano. Essa e outras campanhas permitiram ao ICICI conquistar 20% do mercado de indianos nos EUA.

Estratégia nº 4: Buscar oportunidades de "reversão colonial"

Surpreendentemente, os vestígios de antigos períodos coloniais às vezes são extremamente úteis nesse processo de exportação global. Por exemplo, a cultura portuguesa na península chinesa de Macau tem servido como um imenso conduto de negócios chineses com os 220 milhões de cidadãos de língua portuguesa na América Latina e outros pontos do mundo. Com isso a China se tornou igualmente o segundo maior parceiro comercial do Brasil (em primeiro lugar, os EUA), e é o país no mercado de maior crescimento das exportações chinesas, com o intercâmbio entre os dois países explodindo para US$ 6,7 bilhões no ano de 2004. Fora da América Latina, o conhecimento da língua portuguesa serviu também para fortalecer as relações chinesas com Angola, na África, e com Portugal.

Da mesma forma, a alta concentração de cidadãos que se expressam no idioma inglês na Índia, um subproduto do passado deste país como colônia britânica, ajudou a transformar a nação numa central de serviços de retaguarda e de *call centers* para os EUA. Cidadãos conhecedores do francês e do inglês em nações africanas estão igualmente ajudando a impulsionar o crescimento do seus prósperos negócios de terceirização, com *call centers* visando países como França e Grã-Bretanha. Filmes africanos falados em francês conquistam igualmente mercados na Europa e outras partes do mundo. A comida da indonésia é muito apreciada na Holanda, a culinária indiana tem o mesmo *status* no Reino Unido, e os pratos marroquinos fazem sucesso na França – tudo em decorrência dos antigos laços coloniais.

Embora os resquícios do passado colonial representem às vezes prejuízos para os países, em outras oportunidades podem ser equilibrados de maneira a forjar novas relações globais, à medida que as nações em desenvolvimento vão fazendo sentir sua presença em outras partes do mundo.

Estratégia nº 5: Enfrentar os "problemas crescentes"

O desenvolvimento traz consigo muitos desafios e um aumento dos problemas a serem resolvidos. O rumo do desenvolvimento é muitas vezes prejudicado por turbulências políticas e econômicas, pressões sobre a frágil infra-estrutura (como discutimos no Capítulo 7), e desafios ambientais. Em Pequim, os planejadores estão sofrendo para construir novas vias capazes de dar vazão à explosão do número de automóveis, que no final de 2004 já eram mais de dois milhões somente na capital chinesa. Os motoristas indianos, por sua vez, compraram quase um milhão de automóveis e outros veículos no período de 2003-2004. Aeroportos e portos marítimos tiveram de ser construídos aceleradamente em países em desenvolvimento, que precisaram igualmente reconstruir rodovias e ferrovias. O acelerado desenvolvimento das viagens aéreas na China, que registrou mais de 100 milhões de passageiros em 2004, foi a causa principal das encomendas de jatos comerciais no valor de US$ 8 bilhões feitas à Airbus e à Boeing no começo de 2005.

A qualidade da água e do ar na China está diminuindo em virtude do seu rápido desenvolvimento. Florestas, climas, diversidade biológica e saúde humana são, todos, afetados pelos subprodutos do desenvolvimento. Um estudo do Banco Mundial constatou que a China é um dos países com piores problemas de erosão dos solos. A qualidade da água e a qualidade do ar são ruins, e pioram a cada dia. Noventa por cento dos rios que atravessam as cidades chinesas estão seriamente poluídos com esgotos, lixo e rejeitos da indústria. Se a sua economia continuar crescendo aos mesmos índices de agora, a China acabará superando os EUA como a maior fonte mundial de gases do efeito estufa dentro de três décadas. Geradores e construções criam também a poluição sonora.

Por outro lado, todos esses crescentes problemas fazem surgir oportunidades econômicas paralelas, da mesma forma que já aconteceu no mundo desenvolvido. Seguros e outros instrumentos ajudam a amenizar os riscos financeiros. As empresas podem colaborar com a infra-estrutura necessária ou oferecer alternativas tais como energia e equipamentos de baixo índice de poluição. A dependência da China em relação ao carvão contribui para aumentar seus problemas de qualidade do ar, e as pequenas usinas geradoras aumentam a poluição sonora; mas são problemas que acabam criando pressão para uma mudança em favor do gás natural ou da energia solar.

Estratégia n° 6: Exportar produtos para o mundo desenvolvido

Segmentos dos mercados desenvolvidos que precisam de produtos rústicos, de baixa manutenção ou com custo reduzido também poderão se voltar para as soluções do mundo em desenvolvimento. O fabricante de tratores Mahindra & Mahindra, depois de testar a resistência dos seus projetos e produtos no mercado rural da Índia, fez sua entrada no mercado norte-americano, tendo como público preferencial fazendeiros de fim de semana que usam os tratores como lazer ou em pequenos estabelecimentos rurais. Os tratores pequenos e eficientes criados para as pequenas propriedades nos mercados em desenvolvimento acabaram se revelando uma escolha mais do que adequada para as necessidades desses produtores norte-americanos.

Novas potências econômicas globais emergem continuamente no mundo em desenvolvimento e se expandem em direção aos países desenvolvidos. Entre elas, citamos o complexo Ranbaxy Laboratories, da Índia, que já se tornou uma das empresas de crescimento mais acelerado na indústria dos medicamentos genéricos. A TLC, da China, tornou-se o maior produtor de televisões do mundo ao comprar a RCA; sozinha, ela controla 19% do seu mercado doméstico. O Tata Group, da Índia, sob a presidência de Ratan Tata, adquiriu o controle da unidade de telecomunicações da Tyco. A Cemex, do México, tornou-se uma das maiores empresas mundiais do setor de cimento. A Lenovo (antiga Legend), outra companhia chinesa, passou a ser uma das maiores produtoras mundiais de computadores depois da adquirir a unidade de PCs da IBM. E esses são apenas alguns exemplos do que vem acontecendo na economia mundial.

Às vezes, produtos inovadores que são projetados para resolver desafios característicos do mundo em desenvolvimento acabam se revelando sucessos no mundo desenvolvido por motivos diferentes daqueles pretendidos em sua origem. Um tecido parecido com seda, feito de grãos de soja, foi criado como uma alternativa barata para os mercados chineses, mas acabou fazendo sucesso em vários mercados desenvolvidos por ser considerado ecologicamente correto. Depois do sucesso obtido nos mercados domésticos, a Shangai Winshow Soybeanfiber Industry Co., fundada pelo empreendedor Li Guanqi, passou a exportar e a vender muito bem a sua "seda de soja" na Coréia do Sul, EUA e Europa. Nesses mercados ela têm feito muito sucesso entre os consumidores que buscam tecidos ecologicamente corretos.

As artes em suas diversas formas também desenvolvem platéias globais, graças, em parte, às crescentes populações de expatriados radicadas nos países desenvolvidos. É este o fator que está na origem do sucesso e dos altos preços das peças de arte indianas, por exemplo. Um leilão de arte indiana realizado em dezembro de 2004 teve vendas totais de US$ 2,9 milhões, e trabalhos individuais de arte contemporânea já alcançam cotações superiores aos 400 mil dólares.

Estratégia nº 7: Importar clientes do mundo desenvolvido

Além de exportar produtos para o mundo desenvolvido, as tecnologias digitais e o baixo custo das viagens possibilitam aos países em desenvolvimento importar consumidores do mundo desenvolvido. As nações em desenvolvimento se transformam aceleradamente em destinos procurados por "turistas para fins medicinais", procedentes tanto dos países desenvolvidos quanto do próprio mundo menos aquinhoado. Tailândia, Malásia, Jordânia, Cingapura e Índia, em conjunto, hospedam mais de um milhão desses viajantes por ano, ganhando com eles soma superior a US$ 1 bilhão apenas no que se refere aos custos dos tratamentos aos quais se submetem. Esse mercado deve atingir, só na Índia, cerca de US$ 2 bilhões no ano de 2015, conforme as melhores expectativas. A economia que os pacientes fazem com tais viagens é impressionante. Por exemplo, um cidadão do estado norte-americano da Carolina do Norte, que não tinha seguro-saúde, viajou até o Escorts Heart Institute, de Nova Delhi, para fazer uma operação de substituição de válvula cardíaca. Nos Estados Unidos, a operação teria custado a ele 200 mil dólares, enquanto que o processo todo realizado na Índia – passagens aéreas incluídas – não passou de dez mil dólares. Pacientes do mundo desenvolvido viajam aos países em desenvolvimento em busca de cirurgias plásticas, tratamento cardíaco, transplantes de órgãos e cirurgia ocular. Uma ritidoplastia completa (rejuvenescimento facial), que nos EUA pode custar entre 8 mil e 20 mil dólares, na Tailândia pode ser feita pelo equivalente a US$ 2.682 (pacote completo). Além do turismo médico, há um crescente fluxo de imigrantes do mundo desenvolvimento que preferem passar seus anos da aposentadoria em países como México e Costa Rica, onde o custo de vida é bem menor.

O número de viagens por motivos médicos a esses destinos aumenta ao ritmo de mais de 20% ao ano. O Bumrungrad Hospital, na Tailândia, tratou de 300 mil pacientes de 130 nações em 2003, o que representou 25% do número total de seus pacientes. Esse hospital tem uma central de atendimento que oferece assistência em 12 idiomas diferentes. Estrangeiros gastaram cerca de US$ 470 milhões nos hospitais da Tailândia em 2003. A Apollo Hospitals, da Índia, lançada pelo Dr. Prathap C. Reddy, criou a maior rede hospitalar fora dos EUA ao concentrar-se nas necessidades de visitantes estrangeiros – tanto de países em desenvolvimento quanto daqueles mais abastados. A rede Apollo oferece de tudo, desde o próprio hospital até o processamento de dados complementares às cirurgias, em uma rede de 35 hospitais com mais de seis mil leitos no Sul da Ásia. Seu *website* oferece preços fixos em dólares americanos para cada procedimento, variando desde US$ 120 para um *checkup* executivo (incluindo exame de sangue, eletrocardiograma, testes das funções do fígado, perfil dos lipídios e teste de estresse cardíaco) a uma cirurgia para aumento dos seios ao custo de US$ 1.400.

Embora grande parte dos US$ 40 bilhões gastos anualmente com o "turismo médico" no mundo inteiro ainda proceda de pessoas ricas que vivem em países em desenvolvimento, os quais têm escassos recursos na área da saúde, buscando especialistas nos EUA, Europa e outros mercados desenvolvidos, os fluxos das viagens relacionadas com a saúde já ocorrem crescentemente na direção inversa.

Outros serviços usam canais digitais para "transportar" clientes do mundo desenvolvido até eles. A empresa indiana de terceirização Wipro, fundada por

Prem Azimji, tem criado muitos negócios em matéria de serviços internacionais terceirizados. Ao conectar clientes no exterior com trabalhadores indianos de baixos salários, Scott Bayman e Pramod Bhasin transformaram a GE Capital International Services num negócio de US$ 400 milhões em rendas antes de vender 60% das ações da empresa a duas companhias norte-americanas do setor de seguros em novembro de 2004. A venda, por US$ 500 milhões, foi a maior envolvendo uma empresa de terceirização de logística. Fundada em 1981 com um investimento de 250 dólares pelo presidente Narayana Murthy e seis sócios, entre eles seu atual CEO, Nandan Nilekani, a Infosys tornou-se a primeira companhia indiana incluída nos índices da NASDAQ, em 1999, com uma capitalização de mercado que cresceu para mais de US$ 11 bilhões no ano de 2004.

Centros de contato com clientes de serviços terceirizados na Ásia geram atualmente cerca de US$ 4 bilhões em receitas, e a previsão é de que continuem apresentando um crescimento de 15% ao ano. As empresas estão começando a transferir a cobrança de dívidas para o exterior. Companhias farmacêuticas como a Novartis, Roche e Pfizer voltam-se para a China e a Índia para pesquisa e desenvolvimento de novos produtos, em instalações próprias ou nas de sócios locais, com o que conseguem mais facilmente contratar pesquisadores nacionais altamente qualificados mas cujos serviços são mais baratos que em outros pontos, principalmente em suas matrizes. Esses laboratórios de pesquisas ajudam a controlar os custos num mercado cada vez mais competitivo e suscetível aos mesmos, como é o dos EUA. O teste da segurança dos produtos também está seguindo a produção, a caminho do exterior. Quais seriam outras oportunidades para levar os participantes desses ramos a uma presença física ou virtual no mundo dos 86 por cento?

Estratégia n° 8: Utilizar capacidades conhecidas de novas maneiras

As empresas conseguem modos de utilizar capacidades tradicionais de novas maneiras à medida que os mercados se desenvolvem. Por exemplo, os tradicionais artesãos de Bangalore, na Índia, vêm sendo retreinados como artistas nas indústrias de vídeo e animação. Empresas chinesas como a Global Digital Creations Holdings, de Shenzhen, usam suas vantagens em matéria de custo baixo e pessoal altamente capacitado para começar a enfrentar a Pixar e a Disney na animação cinematográfica. Embora essa indústria emergente seja decididamente *high-tech*, ela tem uma longa tradição asiática de animação cinematográfica em Xangai que data da década de 1920. Liderada pela Shangai Animation Film Studio, a indústria foi a fornecedora de incontáveis desenhos animados exibidos na TV norte-americana na década de 1980. À medida que os mercados se desenvolvem, as empresas deveriam buscar oportunidades para aproveitar as capacidades históricas de cada país, mesmo que necessariamente sua aplicação seja feita de maneiras novas.

QUATRO CAMINHOS

Empresas de TI como a Tata Consultancy Services, Wipro, Infosys e Satyam, na Índia, descobriram boas oportunidades pela concentração dos recursos do mundo em desenvolvimento nas necessidades do mundo desenvolvido. Cerca de 85% da produção total indiana em *software* e serviços relacionados com TI são exportados, principalmente para o mundo desenvolvido. Essas empresas estão ajudando a melhorar o padrão de vida de seus empregados, num setor que emprega atualmente 800 mil pessoas na Índia, e promovendo o progresso de suas regiões. (Embora as companhias de TI indianas tenham conseguido muitas manchetes, a verdade é que ainda não apresentam um sentido muito exato de suas perspectivas. As cinco maiores empresas de TI da Índia tiveram, em seu conjunto, receitas de cerca de US$ 5 bilhões em 2004, o que não chega a equiparar-se à da Mattel – uma única companhia –, fabricante norte-americana de brinquedos eletrônicos.)

Não deixa de ser irônico o fato de que os melhores serviços aos consumidores do mundo estejam sendo prestados em países em desenvolvimento – entre eles Índia, Panamá, Filipinas e República Tcheca – onde ainda é ausente um padrão de consumo e serviços. (Esta inexistência de uma cultura de consumo torna às vezes mais difícil envolver-se em estratégias como a das vendas casadas e incentivadas.) Não teria chegado o momento de aplicar parte desta capacidade de excelente serviço ao mercado local? Terão as empresas condições de introduzir esta inovação e conhecimento aos desafios de seus próprios países? Não estarão as empresas focadas nos mercados dos 14% perdendo por falta de conhecimento a oportunidade do mercado dos 86% que aparece claramente à sua frente?

As empresas nos mundos em desenvolvimento e desenvolvido enfrentam quatro caminhos (A, B, C e D), como está na Figura 10-1. Algumas empresas dos mercados dos 86%, como a Infosys, concentram-se em atender os mercados desenvolvidos (D). Outras empresas do mundo em desenvolvimento, como a Hero, fabricante indiana de veículos de duas rodas, fundada e comandada por Brijmohan Lall Munjal, e a panificadora e confeitaria Grupo Bimbo, do México, estão focando as oportunidades que surgem perto de casa ou em outros mercados dos 86% (B). Ao mesmo tempo, muitas empresas do mundo desenvolvido,

CAPÍTULO 10 ■ DESENVOLVER COM O MERCADO

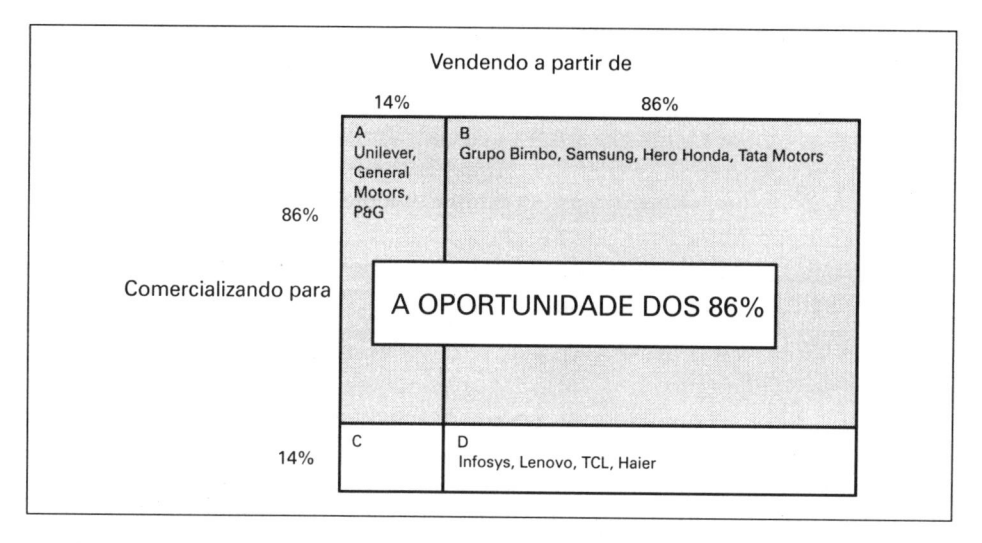

	Vendendo a partir de	
	14%	86%
86% Comercializando para	A Unilever, General Motors, P&G	B Grupo Bimbo, Samsung, Hero Honda, Tata Motors
	A OPORTUNIDADE DOS 86%	
14%	C	D Infosys, Lenovo, TCL, Haier

FIGURA 10-1 Embora o foco tradicional tenha estado no canto inferior esquerdo (C), as maiores oportunidades para o futuro concentram-se em vender para o mundo dos 86% (A e B).

desde montadoras de veículos como a General Motors até produtoras de artigos de cuidado pessoal como a Procter & Gamble começam a ingressar no mundo em desenvolvimento a fim de conquistar as vantagens dos 86% (A). Outras empresas nos países desenvolvidos, no canto esquerdo inferior (C) da figura, concentram-se nos mercados dos 14%, que são já um campo superpovoado, de lento crescimento e intensa concorrência.

Essas quatro estratégias têm também algumas implicações políticas, uma vez que diferentes regulamentos representam abordagens diferentes. Se os países em desenvolvimento têm incentivos para a exportação de seus bens e serviços aos mercados desenvolvidos, as empresas tendem a ignorar oportunidades mais perto de suas sedes. Regulamentações e políticas comerciais devem ser estabelecidas de uma forma que equilibre a busca dos mercados dos 14% desenvolvidos do mundo com a concentração da atenção empreendedorista nas necessidades dos mercados internos.

Embora não exista nenhum caminho único para a prosperidade e o crescimento, as empresas precisam reconhecer e levar em conta que a maioria da população mundial se localiza nos países em desenvolvimento. Os gerentes, especialmente nos mercados em desenvolvimento, precisam localizar e analisar com o maior cuidado as oportunidades que se apresentarem diante dos seus olhos.

OPORTUNIDADES DE EVOLUÇÃO

Os caminhos que as empresas vierem a adotar em seu desenvolvimento irão se refletir no seu futuro progresso e no desenvolvimento das nações em que elas operam. No próximo meio século, ou menos, os mercados dos 86% sem dúvida estarão enfrentando alguns dos mesmos desafios pelos quais passou o mundo desenvolvido. Essas nações terão de lidar com os efeitos colaterais do desenvolvimento, entre os quais, o do aumento das populações cada vez mais idosas.

Mas, a caminho desses desafios característicos das nações desenvolvidas, os países em desenvolvimento terão várias décadas de oportunidades de crescimento. A China e a Índia ainda não serão nações desenvolvidas ao longo das próximas gerações. Nesse mais imediato longo prazo, a dinâmica desses mercados oferecerá imensas oportunidades e exigirá um repensar das estratégias de mercado que deram bons resultados no mundo desenvolvido, ou mesmo numa determinada empresa em um dado período anterior.

Com a intensa concorrência, uma base de clientes sempre em transição, e tecnologias emergentes, as empresas não podem se permitir o luxo da imobilidade. Mesmo se tiverem uma fórmula de sucesso para o presente, as empresas precisam continuar testando a profundidade das águas. Tais experimentos servirão no mínimo para ajudá-las a entender melhor o mercado e revelar as estratégias destinadas a dar bons frutos num determinado mercado em determinado momento específico. Os mercados em desenvolvimento são cheios de surpresas à medida que vão se desenvolvendo. As empresas precisam estar sempre junto aos seus clientes a fim de entender as próximas inovações necessárias para ambas as partes. São inúmeras as pequenas experiências que podem ajudar a manter as eventuais surpresas desagradáveis suficientemente pequenas tanto em dimensões quanto em custos, ao mesmo tempo que proporcionam as condições para que sejam identificadas as mais ricas oportunidades.

A solução dos 86%

- Busque sempre identificar os padrões da mudança nos seus mercados. Analise de que maneira influenciam as oportunidades para produtos e serviços específicos.
- Estude os padrões de evolução dos mercados desenvolvidos. Você espera que a trajetória de seus mercados emergentes seja similar ou diferente?
- Examine as oportunidades de exportar sucessos de um mercado em desenvolvimento para outros mercados emergentes.

- Explore todas as possibilidades de utilizar a história de um país (mesmo a parte negativa, como, por exemplo, o período da submissão colonial) como uma plataforma para a expansão.

- Busque oportunidades de exportar clientes de mercados desenvolvidos, como turistas de saúde, para mercados emergentes, ou de utilizar a tecnologia para fazer o transporte virtual desses clientes.

- Descubra as melhores formas de exportar produtos que são bem testados nas condições difíceis dos mercados emergentes para os países desenvolvidos.

- À medida que esses mercados continuarem em transformação, não deixe de analisar com assiduidade suas necessidades de alterar as ofertas e estratégias para manter seu negócio a par de todos os novos avanços.

NOTAS

[1] Abraham Maslow. *Motivation and Personality*. Segunda Edição. Harper & Row, 1970.

Conclusão:
Uma oportunidade imperdível

Como pudemos verificar nos capítulos anteriores, as soluções para os mercados dos 86% são diferentes das exigidas pelo mundo dos 14%. Projetar e colocar tais soluções em prática é algo que exige criatividade e motivação para superar obstáculos e adaptar-se às condições locais. A fim de concretizar as oportunidades dos mercados dos 86%, empresas, ONGs, governos e outros protagonistas precisam incentivar o empreendedorismo para tanto exigido. Os países em desenvolvimento devem assumir a iniciativa e encaminhar as soluções de seus problemas, em vez de ficar à espera da ajuda do mundo desenvolvido. "Não peça empregos; crie empregos", deveria ser o slogan em cada universidade e instituição destinado a incentivar os jovens a assumir o comando do processo em andamento.

Este livro foi inspirado por uma pergunta muito simples: O mundo dos 86% tem condições de se auto-sustentar? A resposta é sim. Os últimos 50 anos são a melhor prova disso. Empreendedores na Coréia do Sul, Índia, China, México, Brasil, África do Sul, Egito e outros países mostraram que podem desenvolver soluções para os mercados dos 86%. Incentivados pelo microfinanciamento, os empreendedores representam quase sete de cada dez adultos nos países em desenvolvimento. Um estudo divulgado em 2005 pela Babson College e a London School of Business constatou que 73 milhões dos 784 milhões de habitantes pesquisados em 34 países eram donos de um novo empreendimento. Mesmo em Dharavi, Mumbai, uma das maiores favelas da Ásia (que se estende por mais de 500 acres e tem a metade da população total da cidade), pequenos empreendedores produzem bens avaliados em mais de US$ 500 milhões por ano. As pessoas que têm problemas acabarão encontrando soluções, se tiverem oportunidade para tanto.

Empresas nos países em desenvolvimento que prestam atualmente serviços aos mercados dos 14% deveriam examinar com maior cuidado as oportunidades existentes em seus próprios limites. Gerentes de todas as empresas que têm atualmente escassa presença nos mercados em desenvolvimento devem criar uma estratégia coerente para avaliar as necessidades desses mercados, hoje e no futuro. Companhias como a Unilever e a Nestlé, Nokia e LG, que tinham mercados domésticos relativamente pequenos, foram forçadas a se tornar mais agressivas na busca de oportunidades fora dos limites desses mercados. Outras empresas com mercados maiores à disposição já precisam desenvolver um sentido semelhante de urgência. Com as mudanças demográficas, os maiores mercados do presente poderão começar a desaparecer, o que justifica essa urgência. Essa mudança pode durar décadas, como também as empresas podem precisar de anos, ou mesmo décadas, de experiência para cultivar o entendimento local de mercados em desenvolvimento necessário para elaborar soluções coerentes. Quantas empresas têm estratégias bem elaboradas para os mercados em desenvolvimento? Quantas são as empresas que já contam com os projetos de produtos, marcas e sistemas de distribuição mais adequados para esses mercados? Quantas empresas têm centros de pesquisas focados no desenvolvimento de soluções para esses mercados?

Os líderes empresariais também precisam cultivar o sentido da importância dos mercados em desenvolvimento. A PriceWaterhouse Coopers lançou um programa no qual consultores de alto potencial e ambição de fazer carreira são enviados às nações em desenvolvimento para missões *pro bono* de oito semanas. O Programa Ulysses testa os talentos desses consultores em condições extremas e expande sua percepção das realidades dos mercados em desenvolvimento. Esse tipo de experiência é fundamental para gerentes que pretendam entender as soluções destinadas a dar bons resultados nos mercados dos 86%.

Nações, ONGs e governos têm um papel central no desenvolvimento. Políticas governamentais restritivas e mudanças legislativas imprevisíveis podem ser grandes obstáculos ao crescimento econômico. Países que incentivam a globalização, como Brasil, China, Hungria, Índia e México, aumentaram sua renda nacional per capita à taxa de 5% ao ano na década de 1990, enquanto outros, menos globalizados, viram sua renda nacional per capita reduzir-se ao longo desse mesmo período.[1] É mais do que claro que as decisões e rumos políticos e econômicos influem decisivamente sobre as possibilidades de crescimento dos mais diversos países com as oportunidades dos mercados globalizados. Existe também resistência do mundo em desenvolvimento, e inclusive oposição interna nos EUA, à terceirização da economia, e até mesmo implicações relativas à segurança nacional numa transação como a venda da divisão de computadores pessoais da IBM à Lenovo, da China. Semelhantes preocupações e oposição poderão crescer à medida que os mercados em desenvolvimento forem assumindo importância cada vez maior na economia globalizada.

Existem muitas oportunidades para que novas iniciativas concentrem maior atenção em inovações e liderança para os mercados dos 86%. Não estaria na hora de se estabelecer um reconhecimento dos "melhores projetos de produtos no mundo em desenvolvimento", ao estilo daquele com que a *Business Week* e a *Fortune* destacam os "melhores produtos" dos mercados desenvolvidos em edições especiais? Por que não se criam prêmios internacionais para, por exemplo, os melhores CEOs nessas regiões? Não seria uma boa idéia realizar uma conferência internacional, semelhante à convenção COMDEX em tecnologia de informação, que pudesse dar às empresas uma oportunidade de colocar na vitrine as últimas inovações destinadas especificamente a resolver problemas do mundo em desenvolvimento? Não deveríamos ter a capacidade de criar novos consórcios público-privados, semelhantes à US Sementech, iniciativa para a fabricação de *chips*, focados nas possibilidades de saltos tecnológicos para os países em desenvolvimento? Juntamente com o International Motor Vehicle Program, do Massauchetts Institute of Technology (MIT), não se deveria dispor de um programa para veículos de duas rodas para dar igual atenção a esse importante segmento da indústria dos transportes? As grandes universidades tecnológicas não deveriam estar desenvolvendo programas de ensino destinados à formação de mestres e doutores na aplicação de soluções tecnológicas para as economias em desenvolvimento? Não se deveria estar já considerando a África como um mercado viável? Terão as principais faculdades de administração e negócios nos países desenvolvidos condições de criar um fundo de pesquisas destinado à criação do "instituto de *marketing* dos 86%" para identificar e aperfeiçoar as estratégias de mercado para os países em desenvolvimento discutidas neste livro? Não seria indispensável a criação de novos centros de empreendorismo para esses mercados?

E por que deveríamos fazer tudo isto? Não seria tão-somente para melhorar a qualidade de vida nesses países (embora isto, por si, constitua um nobre objetivo). Todas essas iniciativas mencionadas são necessárias a fim de identificar as oportunidades para um futuro crescimento econômico. Essas soluções melhoram a qualidade de vida das pessoas, mas não se trata de caridade. São negócios. Afinal, esses mercados estão gastando trilhões de dólares em produtos e serviços, e esses gastos tendem apenas a aumentar à medida que tais mercados forem se desenvolvendo. As empresas que pretenderem continuar sendo grandes dentro de uma ou duas décadas precisam aprender a agir com sucesso nesses mercados.

UM ENTRELAÇAMENTO COMPLEXO

Embora este livro tenha se concentrado principalmente no mundo em desenvolvimento, as inter-relações entre povos dos países desenvolvidos e em desenvolvimento serão uma parte importante do progresso das economias emergentes e das oportunidades de crescimento daquelas já desenvolvidas. O mundo está interligado de diferentes formas, e essas interligações criam um complexo entrelaçamento. Como se destacou no Capítulo 3, centrado na economia do ricochete, redes sociais abarcam o mundo, criando "nações" dentro de nações e ainda outras "nações" ao longo de nações. As interações entre essas sociedades às vezes criam relacionamentos inesperados. A Boto, uma fábrica chinesa, por exemplo, embora esteja num país que é principalmente taoísta e budista (oficialmente ateu), exportou mais de US$ 1 bilhão em árvores artificiais *high-tech* de Natal em 2004, principalmente para os Estados Unidos. A Coréia do Sul, um país tradicionalmente confucionista e budista, é a segunda maior fonte de missionários cristãos do mundo. As políticas e o progresso de um país se refletem sobre os de outros de maneira definitiva, desde o impacto do crescimento da presença chinesa e indiana nos negócios norte-americanos até os efeitos das preocupações norte-americanas com sua segurança interna depois dos ataques terroristas do 11 de Setembro (2001) sobre o fluxo de bens e pessoas (especialmente estudantes universitários e trabalhadores especializados) para os EUA. Essas restrições significam que o custo dos produtos importados dos países em desenvolvimento sofrerá aumentos e que estudantes de muito talento e possibilidades terão sua entrada vetada nesse mercado.

As mudanças nos produtos farmacêuticos da Índia são um indicativo das complexidades dos ecossistemas do mercado em desenvolvimento. Regulamentos mais rígidos sobre patentes, estabelecidos pelo governo indiano em 2005 em face das exigências impostas para o ingresso desse país na Organização Mundial do Comércio, podem incentivar a indústria de medicamentos genéricos da Índia a concentrar suas atenções nos mercados dos EUA e outros países desenvolvidos. E este fato já despertou grandes preocupações sobre o custo dos medicamentos na África e outras regiões do mundo em desenvolvimento, nas quais as exportações de fabricantes indianos como Cipla e Ranbaxy têm ajudado a reduzir o custo dos tratamentos anti-AIDS dos US$ 15 mil por paciente de uma década atrás para cerca de 200 dólares, hoje. À medida que a Índia buscar incrementar e fortalecer suas relações econômicas com o mundo dos 14%, quem suprirá as necessidades das populações vulneráveis dos mercados dos 86%?

O aumento das receitas também significa que os países precisam continuar a transformar-se. Com o aumento de salários em seu território e a crescente concorrência de produtos chineses e assemelhados, o México perdeu mais de 270 mil empregos industriais no período de 2000 a 2004. À medida que sua vantagem original em matéria de baixos custos for se desvanecendo, os países em desenvolvimento precisarão conduzir sua transição para atividades de maior valor agregado a fim de continuar sustentando o impulso adquirido nas últimas décadas.

A CONVERGÊNCIA DAS CIVILIZAÇÕES

Embora Samuel Huntington tenha apresentado sua famosa visão das civilizações mundiais como ilhas desconectadas avançando para um "choque de civilizações" (e a verdade é que existem muitas oportunidades para conflitos), existe uma força contrária de conexões entre diferentes países, culturas e economias.[2] Essas conexões estão facilitando o crescimento e o progresso tanto para nações ricas como para países em desenvolvimento. Não podemos limitar nosso pensamento com noções preconceituosas sobre fronteiras entre sociedades ou visões simplistas de brechas entre os mundos desenvolvido e em desenvolvimento. As oportunidades muitas vezes surgem ao longo dessas fronteiras. O mundo em desenvolvimento pode representar uma fonte de soluções de inestimável valor para o mundo desenvolvido, e vice-versa. Até mesmo termos como "em desenvolvimento" e "desenvolvidos" constituem uma diminuição da importância do significado deste complexo entrelaçamento de culturas e economias que ocorre em escala global.

Os programas de ajuda lançados depois do *tsunami* que assolou a Ásia em dezembro de 2004 serviram para mostrar ao mundo quão precária e instável é a situação nos países em desenvolvimento. Mas seria preciso um *tsunami* para que pudéssemos nos dar conta desta realidade? Deveria ser criada uma "iniciativa *tsunami*" para concentrar as atenções nas deficiências atuais em infra-estrutura, água potável e outras necessidades básicas nessas regiões? Aquele desastre também demonstrou a crescente vontade e capacidade dos países em desenvolvimento em matéria de auto-suficiência, com a Índia chegando a rejeitar ajuda estrangeira. Como veio a comentar, um diplomata ocidental, a Índia "tenta se enxergar como parte da solução, não do problema".[3]

As características das nações em desenvolvimento apresentam tanto riscos quanto oportunidades para o planeta. Por exemplo, a onda jovem que pode representar um motor para o crescimento, como se discutiu no Capítulo 5, pode igualmente ser um barril de pólvora para conflitos. Os jovens constituem a maioria das milícias no mundo em desenvolvimento e podem contribuir significativamente para a inquietação civil. Um estudo de 2003 da Population Action International constatou que países com ondas jovens (em que os jovens representam mais de 40% dos adultos) eram cerca de 2,5 vezes mais propensos a sofrer surtos de guerra civil na década de 1990 do que as demais nações.

O efeito negativo da onda jovem não é, porém, inevitável. Um estudo sobre países em desenvolvimento de 1950 a 2000 concluiu que uma combinação de ondas jovens, pobre desempenho econômico e limitadas oportunidades para migração pode levar a situações explosivas.[4] Países com situações robustas em sua economia podem transformar populações jovens potencialmente militantes em mercados de consumo e forças de trabalho mais produtivas. Assim, os países desenvolvidos e aqueles em desenvolvimento necessitam uns dos outros. Eles devem com urgência trabalhar a fim de conseguir condições vibrantes da economia, não apenas pensando em melhorar sua qualidade de vida, mas, também, como forma de aumentar sua estabilidade política.

O aumento das receitas tem um impacto positivo sobre a qualidade de vida – até um determinado ponto. O Estudo Mundial de Valores realizado pelo Worldwatch Institute em 65 países, no período de 1990 ao ano 2000, indicou que a valorização da satisfação com a vida aumentou com o crescimento da renda para até US$ 13 mil anuais em termos de paridade de poder de compra. (Depois disso, a renda agregada contribuiu apenas modestamente para a autoproclamada felicidade pessoal.)

CONSOLIDANDO OS GANHOS

Não existem garantias de que o aumento das rendas no mundo em desenvolvimento levará automaticamente ao real progresso econômico para os cidadãos. Definições e ações políticas e econômicas sólidas são indubitavelmente indispensáveis para fazer com que qualquer aumento de prosperidade econômica beneficie igualmente a todos os setores de uma nação. Em termos gerais, o crescimento econômico nos países em desenvolvimento levou à redução dos índices de pobreza, o que significa que os cidadãos estão tirando proveito individual do progresso econômico ampliado. Em particular, países como Uganda, Índia, China e Vietnã vêm apresentando índices de redução da pobreza fortemente compatíveis com seu crescimento.

Entretanto, muita coisa ainda tem que ser feita. Embora a pobreza global esteja sendo diminuída, a metade dos trabalhadores do mundo ainda ganha menos de dois dólares por dia, e mais de um bilhão de pessoas ganham menos de um dólar por dia. Na verdade, um relatório de 2004 das Nações Unidas chegou à perturbadora conclusão de que o número de pessoas em situação de fome em todo o mundo aumentou pela primeira vez em nove anos, chegando a 852 milhões. Isso tudo no momento em que os consumidores norte-americanos enfrentam uma "epidemia" de obesidade e, em conseqüência, gastam bilhões de dólares na luta contra o excesso de peso. (Ironicamente, isso vai se transformando em preocupação crescente nos países em desenvolvimento à medida que se desenvolvem. Um relatório de 2005 no Brasil, por exemplo, constatou que enquanto quatro milhões de brasileiros são subnutridos, cerca de 10 milhões de adultos, ou 40% da população, estão acima do peso considerado saudável.) O Unicef relatou em 2004 que um bilhão das crianças do mundo são severamente ameaçadas pela fome, doenças, exploração ou falta de segurança. Embora a maioria das crianças do mundo freqüente a escola, mais de 130 milhões de crianças em idade de ciclo fundamental nos países em desenvolvimento não conseguem escola – sendo mais da metade delas da Índia, Bangladesh, Paquistão, Nigéria e Etiópia.

Os países em desenvolvimento vestem o mundo, com Bangladesh exportando US$ 4,5 bilhões em roupas e têxteis em 2002, o que representou 74% de suas exportações totais. Enquanto essas exportações servem para vestir os consumidores no mundo desenvolvido, muitos dos cidadãos dos países exportadores não têm roupas, alimentos, água e serviços sanitários em nível adequado. Os governos têm condições de exercer um papel decisivo nessas áreas. Este impacto pode ser visto no fato de que embora a fome tenha aumentado globalmente, 30 países da África, Ásia e América Latina reduziram a percentagem de pessoas famintas em 25% na última década mediante a redução dos conflitos e a promoção do desenvolvimento rural.

Da mesma forma que o progresso econômico não basta para garantir o aumento do padrão de vida para o setor mais pobre, renda sólida e crescimento dos mercados também não garantem para sempre os lucros empresariais. Um estudo da *China Economic Quarterly*, por exemplo, constatou que embora as empresas norte-americanas na China venham montando negócios realmente lucrativos, esses lucros não foram tão altos quanto em alguns mercados menores e de crescimento mais lento. Enquanto as empresas norte-americanas geraram US$ 4,4 bilhões em ganhos na China em 2003, elas levaram para casa US$ 14,3 bilhões no México. Margens reduzidas e concorrência voraz, decorrentes da eficiência e capacidade locais, foram indicadas como os motivos pelos quais muitas empresas estrangeiras ainda não obtiveram todo o lucro esperado dos seus empreendimentos na China. Embora esses mercados estejam em ascensão, as empresas ainda precisarão chegar a um entendimento mais completo dos mercados e à instauração de modelos de negócios efetivos para que consigam os lucros esperados desse crescimento.

As ONGs contribuem para assegurar que os ganhos econômicos se traduzam numa melhoria da qualidade de vida para os países dos 86%. Isto é especialmente verdadeiro quando se trata de iniciativas lideradas por expatriados que retornam aos países de origem. Eles sentem um desejo verdadeiro de garantir que outros venham a compartilhar de sua prosperidade, educação e desenvolvimento. Contam com a sabedoria e a experiência do setor privado que oferecem uma abordagem profissional para a resolução de problemas resistentes a soluções convencionais. Eles querem realmente garantir que ninguém seja deixado à margem do progresso. Embora exista muita coisa ainda a ser feita no rumo da concretização desses desejos, os resultados apresentados por esses empreendedores chegam a ser, algumas vezes, fenomenais.

POPULAÇÃO EQUIVALE A LUCRO

A longo prazo, os números estão ao lado do mundo em desenvolvimento. A recente emergência da China e da Índia demonstra toda a rapidez com que populações imensas como as desses países podem se transformar em vorazes mercados consumidores. Duas décadas atrás, quem se atreveria a prever que esses dois países pudessem transformar-se em novos líderes da economia mundial? Quem iria imaginar que a Coréia do Sul abalada pela guerra fosse emergir como um dos principais protagonistas da era da globalização da economia? Quem dedicaria um minuto do seu tempo a prever que Cingapura chegasse a ser reconhecida como uma sólida economia, principalmente antes de o ex-primeiro-ministro Lee Kwan Yew se dedicar a provar que isso poderia acontecer?

A transformação global está apenas em seu início. Certamente haverá obstáculos ao longo do caminho e novas surpresas ocorrerão nas próximas duas décadas, com o eventual surgimento de novas "Chinas" e "Índias". A única certeza é a de que os mercados dos 86% estão aí para ficar. São, na maioria, mercados jovens e em crescimento. Ainda que não consigam se transformar em países desenvolvidos já amanhã, eles certamente representam o futuro. E as empresas que tiverem condições e capacidade de desenvolver as soluções adequadas para suprir as necessidades desses mercados encontrarão aí uma rica fonte de crescimento.

NOTAS

[1] *Globalization, Growth and Powerty*. Banco Mundial e Oxford University Press, 2002, pp. 5-6.

[2] Samuel Huntington, *The Clash of Civilizations and the Remaking of World Order*. Nova York: Simon & Schuster, 1996.

[3] Edward Luce. "India Defends Refusal to Accept Foreign Aid." *The Financial Times*, 5 de janeiro de 2005.

[4] "Population and Its Discontents". *WorldWatch Magazine*, WorldWatch Institute, setembro/outubro 2004, p. 21; e Henrik Urdal, "The Devil in the Demographics: The Effect of Youth Bulges on Domestic Armed Conflict". Banco Mundial: *Social Development Papers,* Paper #14, julho/2004.

Índice

A

Academia de Ciências Sociais da China, 38-39
arábicos, idiomas, 97-98
áreas rurais
   ausência de infra-estrutura básica, 141-142
   falhas na infra-estrutura, 142-145
   foco do *marketing*, 131-134
   pequenos pagamentos, 131-134
   segmento dos mercados em desenvolvimento, 39-40
   sistemas de distribuição, 179-180
      adaptação às normas/condições locais, 186-188
      bolhas de distribuição, 183-186
      consciência das oportunidades dos setores não atendidos, 191-192
      fazendo surgir novos sistemas do zero, 187-190
      múltiplos níveis, 181-184
      serviços bancários a domicílio, 184-186
      transações em caixas automáticos, 184-186
      uso criativo dos sistemas existentes, 189-192
      vendedores, 177-178, 180/183-184
áreas urbanas, brechas na infra-estrutura, 142-145
Associação para o Desenvolvimento da Índia (AID), 198-199
automóveis, mercado, 36
Avahan, iniciativa de prevenção da AIDS, 198

B

Banco Mundial (BM)
   estudos sobre brechas em estruturas financeiras e reguladoras, 144-145
   programa World Links, 119-120
   recomendações para melhorar a infra-estrutura financeira, 76-77
bancos, serviços, 184-186
   contas de imigrantes, 76-77
bengali, idioma, 97-98
berberes da África do norte, mercados das festividades, 183-184
Biblioteca Pública de Nova York, 166-167
Bill & Melinda Gates Foundation, 59
   combatendo a expansão da AIDS, 198
   matrículas de estrangeiros em universidades dos EUA, 119-120
Bollywood, filmes de, 115
   lançamentos na Índia, 32, 34-35

C

cabinas telefônicas STD e ISD, 39-40, 173-174
cabo, pirataria com TV a, 145-146
câmeras, movidas a bateria, 141
chaebols (grupos empresariais), 145-146
Charolar Institute of Technology (CITC), 169
China Europe International Business School, 119-120
chinês (mandarim), idioma, 97-98
CIBER-SIGHT, projeto de telemedicina, 167-168
clientes de baixa renda
   abordagem *just-in-time* às compras, 129-132
   pagamentos reduzidos, 131-134
cobertura de água e serviços sanitários, 142-145
cobertura global de água e serviços sanitários conforme a Organização Mundial da Saúde, 144-145
colonialismo reverso, 200-202
comunicador pessoal via Internet, 135
concurso Miss Mundo, 115
consumerismo, inexperiência em, 59, 61-62

D

dabbawala, sistema de entrega de refeições, 190-192
Dell, Michael. Ver Michael & Susan Dell Foundation
demanda, *pool* de, 136-139
densidade populacional, 128-130
desafios de *marketing*, religião, 62-65
desenvolver com os mercados
   colonialização reversa, 200-202

consciência dos padrões de mudança, 194-195/200-201
desenvolvendo soluções com governos/ONGs/outros, 196-199
exportando produtos para os países desenvolvidos, 202-203
focando os recursos dos países em desenvolvimento nas necessidades dos países desenvolvidos, 205-208
importando clientes dos países desenvolvidos, 203-205
oportunidades de evolução, 207-208
resolução imediata de problemas, 201-202
transferência de técnicas bem-sucedidas, 198-201
usando habilidades tradicionais de novas formas, 205-206
digital (mídia) como oportunidade de queima de etapas, 164-168
distribuição, sistemas de, nos mercados em desenvolvimento, 178-179
   adaptação às normas/condições locais
   bolhas de distribuição, 183-186
   como criar serviços a partir do zero, 187-190
   consciência da existência de oportunidades não convencionais, 191-192
   distribuição de múltiplos níveis, 181-184
   lojas de bairro, 179-182
   serviços bancários a domicílio, 184-186
   serviços bancários de entrega/coleta, 184-186
   serviços bancários em caixas automáticos, 184-186
   utilização criativa dos serviços existentes, 189-192

E

EachNet, 98-99
e-choupal, projetos de, 136-138, 164-166
economia do ricochete, 72-74
   compras dos imigrantes para parentes-amigos nos países em desenvolvimento, 80-84
   empreendedorismo dos imigrantes nos países desenvolvidos, 79-80
   exemplo, 71-72
   mercado dos imigrantes nos países desenvolvidos, 80-84
   parte significativa do PNB, 74-77
   redes globais em expansão
   segundo maior fluxo financeiro, 73-74
   servindo os imigrantes, 76-78
   servindo os imigrantes que voltam do exterior, 83-85
   telecomunicações com países em desenvolvimento, 79-80
   transferências financeiras para países em desenvolvimento, 79
economias de mercado estagnado, 92-94
efeito Swades, 84-85
emigração para os países desenvolvidos, 41-42, 46-47

espanhol, idioma, 97-98
etíope, programa do Windows em versões de amárico (um dos idiomas da Etiópia) e ucraniano, 96-97
Europa. Ver Europa Ocidental

F

falhas (brechas) da infra-estrutura financeira nos países em desenvolvimento, 144-146
falhas na infra-estrutura regulamentadora nos países em desenvolvimento, 144-146
família, empresas de, 178-179/181
Federação Nacional dos Favelados, 198
festivais, mercados de, 183-185
festivais para marketing e criação de oportunidades de distribuição, 184-185
fibras de células solares, 168-169
focos do *marketing*
   abordagem *just-in-time* nas aquisições, 129-132
   áreas rurais, 131-134
   clientes de baixa renda, 131-134
   combinando produtos para poupar espaço, 133-134
   combinando produtos/serviços para fins de acessibilidade, 135-137
   embalagens menores, 126-128
   grupo de demanda de produtos/serviços, 136-139
   pagamentos reduzidos, 131-134
   precificação invertida, atraindo novos clientes, 127-129
   produtos para residências compactas, 128-130

G

Gana, Ministério da Saúde de, 196-198
Gates, Bill. Ver Bill & Melinda Gates Foundation
globais, marcas
   adaptando marcas globais ao gosto dos mercados locais, 95-98
   ampliar sem romper o alcance das marcas, 102-103
   anunciando marcas nas áreas rurais, 102-104
   avaliando as deficiências das marcas, 100-102
   consciência de marca, 94-95
   marcas locais crescentes, 99
   nos países desenvolvidos, 90-92
      concorrendo com marcas locais, 89-91
      mescla com marcas locais, 89-90
      significados dos nomes das marcas, 100
   respeito da maioria da população pelas marcas locais, 92/94
   utilizando marcas locais para ganhos em vendas, 98-99
Global CEO Study (IBM), **xxiv**
global, cultura, 115-118
globalizado, futuras mudanças no consumo, 33
Grupo dos 7 (G7), países industrializados, 76-77
Gutenberg, Bíblia de, 166-167

ÍNDICE **221**

H
Harry Ransom Center, 166-167
hindi, idioma, 96-98, 135-136
"hinglês", linguagem 97-98
Hollywood, lançamentos de filmes, 32, 34-35

I
ICT4B, projeto (Information and Communications Technology for Billions), 171-172
identidade, carteiras de (matrícula consular), 76-77
impressoras movidas a bateria, 141
Indian Institute of Science (IISc), 135-136
Indian School of Business (ISB), 119-120, 164-166
informais, economias, 144-146
infra-estrutura, brechas nos países em desenvolvimento
    avançando as cadeias de suprimento, 158-159
    brechas normativas e financeiras, 144-146
    criações do mercado, 147-150
    descobrir tesouros no lixo, 151-153
    infra-estruturas superpostas, 158-159
    infra-estruturas, uso criativo das existentes, 154
    montando infra-estrutura para as empresas, 152-154
    oportunidades, 146-147
    oportunidades da economia informal, 155-156
    oportunidades de salto tecnológico (queima de etapas), 162-164
        criações de tecnologia da próxima geração, 168-169
        desenvolvimento da tecnologia comunitária, 173-175
        mídias digitais, 164-168
        superando as tecnologias apropriadas, 174-175
        surfando as ondas da adoção rápida, 163-166
        tecnologia utilizada de maneiras novas
        tecnologias criativas de replicação, 172-174
    reconhecimento de rivais não divisados, 156-158
    soluções paralelas, 149-152
inglês, idioma, 97-98
Institute for Affordable Transportation, 56-57
intelectual, propriedade, 145-146
International Motor Vehicle Program (MIT), 212-213
Internet
    acesso à, em jinriquixá e bicicleta, 190-192
    ampliando redes globais, 84-85
    quiosques, 137-138
Islam, lei da Sharia, 63-64

J
Jack F. Welch Technology Centre, 170-171
just-in-time, abordagem de, em relação às compras, 129-132

K
kannada, idioma, 135-136
Katha, Fundação, 197-198

L
Learning Channel (Canal do Aprendizado), 168-169
Liga de Basquete Amador, 154
locais, marcas nos países em desenvolvimento
    adaptando as marcas globais às preferências locais, 95-98
    ampliando sem romper as marcas globais, 102-103
    anunciando marcas globais nas áreas rurais, 100/102-103
    concorrendo com marcas globais, 89-91
    consciência de marca, 94-95
    crescendo, 99
    respeito pela maioria da população, 92/94
    significados da marca global, 89-90
    utilização pelas marcas globais para ganhar em vendas, 98-99
    visando às deficiências das marcas globais, 100/102
lojas de *sari-sari*, 181
lojas virtuais, 131-132

M
maglev, o trem, 142-143
mandarim, idioma chinês, 97-98
marca, consciência de, 94-95
    marcas globais
        adaptação aos mercados locais, 95-98
        ampliação sem rompimento, 102-103
        anunciando em áreas rurais, 102-104
        avaliando os pontos fracos de, 100/102
        inexistência de marcas globais nos países em desenvolvimento, 91-92
        significado das marcas globais para os países em desenvolvimento, 100
marcas locais, 89-90
    crescimento, 99
    utilização pelas marcas globais para aumentar as vendas, 98-99
mercado da população jovem nos países em desenvolvimento, 108-109
    adesão a culturas tanto locais quanto global, 115-118
    conscientização
        das mudanças no papel das mulheres, 121-123
        das oportunidades para a educação, 118-121
        sobre quem exerce influência, 117-118
    crescimento da classe consumidora, 112-113
    foco
        na migração para as cidades, 120-121
        nos pais jovens, 118-119
        nos produtos/serviços para jovens, 113/115
    poder político e econômico, 115-116
    programação da MTV, 108-111
    versus população cada vez mais idosa dos países desenvolvidos, 110-113
mercado, desafios de
    estratégias
        inexperiência em consumo, 59/61-62

preço baixo X qualidade baixa, 57-59
respeito por religiões/culturas, 62-65
soluções inovadoras, 58-59
visando aos cidadãos de grande influência, 66-68
Ikon, da Ford, 54-55
projetando o Veículo de Transporte Rural (VTR), 52-54
veículo utilitário, 56-57
verificando o significado mais profundo dos produtos, 64-67
mercados a partir de brechas na infra-estrutura, 147-150
    construindo infra-estruturas para os negócios, 152-154
    descobrindo tesouros no lixo, 151-153
    infra-estruturas que se superpõem, 158-159
    melhorando as cadeias de suprimentos, 158-159
    oportunidades da economia informal, 155-156
    reconhecimento de concorrentes não previstos, 156-158
    soluções alternativas, 149-152
    uso criativo das infra-estruturas existentes, 154
Michael & Susan Dell Foundation, 198
microcrédito, 182-183
microempresas, 182-183
microempréstimos, 184-186
MTV, 95-98, 116-117
    conteúdo diversificado nos mercados em desenvolvimento, 109-110
    mercado jovem nos países em desenvolvimento, 108-111
    projeto mundial, 109-110
MTV Índia, 96-97
MTV, iniciativa mundial, 109-110
mudanças no papel das mulheres, 121-123

N

número de identificação do contribuinte, 76-77

O

oportunidades da economia informal, 155-156
oportunidades de queimas de etapa (saltos tecnológicos) a partir de brechas na infra-estrutura, 162-164
    criações da tecnologia de próxima geração, 168-169
    criações inovadoras em imitação de tecnologias, 167-168/173-174
    desenvolvimento de tecnologias comunitárias, 173-175
    mídias digitais, 164-168
    superação das tecnologias apropriadas, 174-175
    surfando as ondas da rápida adaptação/adoção, 163-166
    tecnologia usada de novas formas, 170-173
Organização Aduaneira Mundial, 145-146

Organização para a Cooperação e Desenvolvimento Econômico (OCDE), 29

P

paanwallas, 181-182
paridade do poder de compra (PPC), 29
"passaportes duplos" 116-117
PNB, padrões de mudança, 194-196
população, densidade, 128-130
populações idosas *versus* jovens, 110-113
portadores (vendedores), 177-178, 180, 183-184
precificação
    conectando produtos/serviços para redução de custos, 135-137
    grupo de demanda, 136-139
precificação invertida, 127-129
produtos em embalagens pequenas, 126-128
    abordagem *just-in-time* das aquisições, 129-132
    atraindo novos clientes, 127-129
    produtos de tamanhos adaptáveis, 128-130
produtos que poupam espaços, 133-134
Programa de Desenvolvimento das Nações Unidas (PNUD), 119-120
Projeto da Biblioteca Digital de Um Milhão de Livros (Million Book Digital Library Project), 164-167

R

rede de distribuição de serviços públicos, 183-184
refrigeradores eutéticos, 152-153
renda anual per capita de 10 mil dólares, nos países em desenvolvimento, 28-31
roubo ou cópia de produto, 145-146
russo, idioma, 97-98

S

segmento de classe média dos mercados em desenvolvimento, 38-39
segmento super-rico nos mercados em desenvolvimento, 37-39
serviços sanitários
    cobertura de água, 142-145
    versus tecnologia, XXIII, XXIV
sistemas de distribuição por lojas de bairro, 179-182
Sociedade para a Promoção dos Centros de Recursos de Área, 198
Solar Electric Light Fund, 168-169
Star Alliance, 83-84
Sulabh International Social Service Organization, 148-149

T

tâmil, idioma, 135-136
    região de língua tâmil em Tamil Nadu, 97-98
tecnologia
    desafio da tecnologia não desenvolvida, 44-47
    versus serviço sanitário, xxiii-xxiv

teledesertos, 39-40
telegu, área desse idioma em Andhra Pradesh, 97-98
tendências de compra, países em desenvolvimento, 27-28
tiendas de las esquinas, 178-179

U

UNIX, 135-136

V

Virtual Development Academy, 119-120

W

WaterPartners International, 198
Welch, Jack F., ver Jack F. Welch Technology Centre
Windows Lite, sistema operacional, 156-157
Windows XP Starter, 161
Worldwatch Institute, Estudo Mundial sobre Valores, 216-217

X

Xiaolingtong, 172-173

Conheça os lançamentos e promoções da Bookman

Faça agora seu cadastro com a Bookman Editora informando suas áreas de interesse para receber na sua casa ou no seu computador as novidades da Bookman.

Nome: _____

Escolaridade: _____

Data de nascimento: _____

Endereço residencial: _____

Bairro: _____ Cidade: _____ Estado: _____

CEP: _____ Telefone: _____ Fax: _____

Empresa: _____

CNPJ/CPF: _____ e-mail: _____

Costuma comprar livros através de:
- ☐ Livrarias
- ☐ Mala-direta
- ☐ Feiras e eventos
- ☐ Internet

Sua área de interesse é:
- ☐ Estratégia
- ☐ Finanças
- ☐ Gestão de empresas/empreendedorismo
- ☐ Gestão de pessoas/organizações
- ☐ Logística
- ☐ Marketing
- ☐ Operações
- ☐ Gestão da informação e do conhecimento

www.bookman.com.br

CARTÃO RESPOSTA
NÃO É NECESSÁRIO SELAR

O SELO SERÁ PAGO POR
BOOKMAN EDITORA

AC BOM FIM
90041-970 – PORTO ALEGRE – RS

Bookman®

Carta Resposta
1733/2003-DR/RS/
AC/BOM FIM
Artmed Editora SA
CORREIOS